U0946348

WINNING NOW，WINNING LATER：
How Companies Can Succeed in the Short Term
While Investing for the Long Term

[美] 高德威（David Cote）／著　崔传刚／译

关注短期业绩，
更要投资长期增长

长期主义

WINNING LATER

WINNING

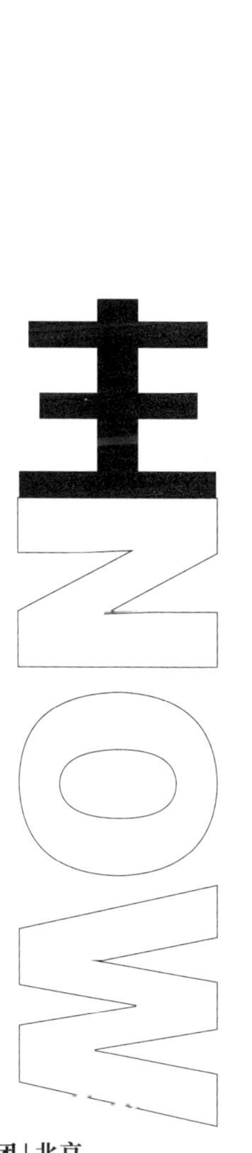

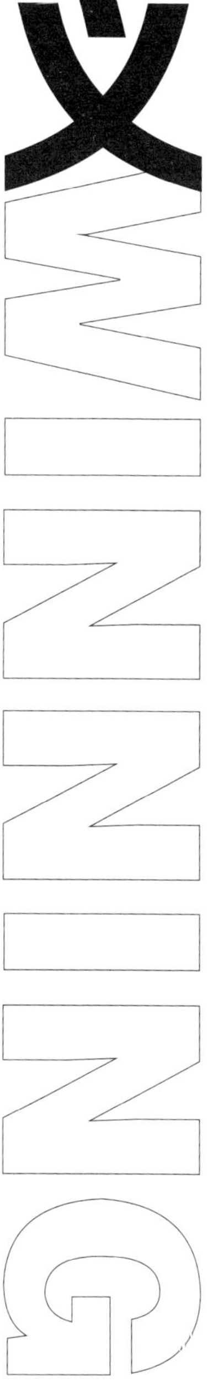

中信出版集团 | 北京

图书在版编目（CIP）数据

长期主义：关注短期业绩，更要投资长期增长 /（美）高德威著；崔传刚译 . -- 北京：中信出版社，2021.10（2025.3 重印）

书名原文：Winning Now，Winning Later

ISBN 978-7-5217-3578-9

Ⅰ . ①长… Ⅱ . ①高… ②崔… Ⅲ . ①企业管理－研究 Ⅳ . ① F272

中国版本图书馆 CIP 数据核字（2021）第 194986 号

长期主义——关注短期业绩，更要投资长期增长

著者：［美］高德威
译者：崔传刚
出版发行：中信出版集团股份有限公司
（北京市朝阳区东三环北路 27 号嘉铭中心　邮编　100020）
承印者：北京盛通印刷股份有限公司

开本：787mm × 1092mm　1/16　　印张：21.5　　字数：240 千字
版次：2021 年 10 月第 1 版　　印次：2025 年 3 月第 13 次印刷
京权图字：01-2020-3590　　书号：ISBN 978-7-5217-3578-9

定价：69.00 元

此书献给我那欢乐大家庭中的每一位充满个性的成员，他们包括我年过 86 岁但仍精神矍铄的母亲，我故去多年的父亲，我的两个儿子瑞安和约翰，以及他们的妻子希瑟和克里斯特尔，当然还有给家族延续带来无限乐趣的 8 个孙女、孙子——汉娜（“香蕉”）、泽维尔（“X 战警”）、萨曼莎、马修、罗伯特（“小蚊子”）、艾德琳（“艾迪狮子”）、雅各布以及卡亚（“卡亚鳄”）。我尤其要感谢我的大儿子瑞安，当年他的出生曾让我惊慌失措，但也正是他让我认识到立业开基的迫切性。我还要把这本书献给我那既体贴又聪慧的妻子莫琳，多年来她一直在鼓励我执笔著述，她真是一位无所不能的人。这一切都是肺腑之言。

目录

第四部分　保护你的投资

推荐序一

亨利·保尔森

美国前财政部长

在我的职业生涯之中，我有幸同众多商业领袖结识与共事，也阅览过无数商业图书。尽管如此，《长期主义》仍是我读过的最棒的商业著作，高德威也是我所知的最为杰出的商业领袖之一。无论是我担任高盛首席执行官和美国财政部长期间，还是如今作为一名致力于促进可持续及稳定美中关系的研究机构的主席，我都会运用书中所包含及阐述的众多商业原则。无论对于中小企业主，还是大型企业的所有者，这本书都值得一读。书中所列举的种种商业实践会让你成为一名更为卓越的领导者，同时为你的企业带来更瞩目的业绩。

商业是一个崇高的行业。工作、生计、产品、服务以及技术是人类进步和繁荣的基础，而商业则是打造这一基础的关键。我们都可以成为更为卓越的领导者。更卓越的领导力会创造更为瞩目的企业业绩，这是一个颠扑不破的真理。建立正确的企业文化，找到有助于打造这一文化，而非破坏该文化的人才，理解并改进流程，有效地开展会议集思广益，成功地开展并购完成整合，积极有效地应对衰退和处理领导权力交接，打造强劲的企业增长点——这些都是企业领导者应更好展开学习与实践的领域。这不仅仅适用于新企业，也同样适用于那些正在经历事关生死变革的老牌企业。

高德威接任时的霍尼韦尔濒临倒闭，很多人都在思考这家工业企业还有没有未来，但高德威却把它转变成一家全球领军企业。结果是最好的证明。在高德威任职期间，霍尼韦尔的市值从200亿美元增长至1200亿美元，其股东总回报率更是高达800%，比标准普尔指数高了2.5倍。除了亮眼的财务业绩，霍尼韦尔还投资上百亿美元，解决了这家百年化工企业一直悬而未决的历史遗留环境问题（这本只是一个业务部门的问题），大幅改进了安全记录，降低了温室气体排放，解决了石棉问题，并且在关乎退休员工美好未来的养老金计划方面进行了投资。这些成绩说明，企业不仅能够创造瞩目的财务业绩，也能为社会做出应有的贡献。这也充分展示了本书所提出的主张：成功总是意味着要同时完成两件看似相互冲突的事。

中国的发展着实让人赞叹，这不仅为新企业创造了机遇，也对那些想要在当今快速变化的世界求得生存和发展的老牌公司提出了变革需求。高德威不仅长期关注中国，更在那里获得了成功。从高中开始，高德威就迷上了中国，并撰写了不少关于中国和中国历史的论文。对中国的这种着迷使他在上任之初就开始关注霍尼韦尔在中国的发展。起初，霍尼韦尔在中国仅有不到1000名雇员，年销售额约3.6亿美元。但如今该公司在中国的员工数已经超过13000，年销售额也增长至30亿美元的规模。霍尼韦尔在中国仅有75名非本土员工，这是因为高德威强调在中国实现真正的本地化，从综合管理、设计权限、采购、制造以及员工职能部门等无不如此。他把霍尼韦尔的亚太总部迁至上海，并让中国公司的领导直接向他汇报。中国已成为霍尼韦尔在美国以外的最大产品销售市场，而且与众多在西方的企业部门不同，中国分公司能创造可观的利润。专注于服务中国，加入同本土企业的竞争，以及中国服务世界（东方服务世界）的战略使其在中国的运营变成全球解决方案创新的关键。他们把在中国的成功作为在世界其他发展中国家分公司的样板。卓越的业绩使得高德威获得了习近平、胡锦涛、李克强、温家宝、吴邦国、汪洋、盛华仁等人的接见。这其中很多都是在人民大会堂举行的活动，当时我都在场。高德威也在中国获得了诸多荣誉，例如，他获颁北京航空航天大学荣誉教授称号，并且在那里创办了整合各学科以促进新产品开发的高德威卓越工程项目。此外，他还被任命为中国人民对外友好协会的全球首席执行官委员会成员。

无论对于小企业及新企业的老板，还是亟待变革的大企业以及政府部门的领导者，这本书都有诸多值得学习之处。它有助于你更好地完成任务，在实现短期业绩目标的同时创造长期价值。伴随着企业的持续扩张及竞争全球化，它们也可以借鉴高德威的经验，以让一家美国企业更具全球竞争力，并在中国取得非凡的成功。

推荐序二

何小鹏

小鹏汽车董事长、CEO

我曾经问一家规模较大的上市公司的CEO："你的企业上市后，你会关注它多久的发展态势？"他犹豫了一下，告诉我，他会关注大部分业务在6到12个月的发展态势。但是另外一位朋友告诉我，并不是这样，自从上市后，他主要关注的一般不会超过6个月，顶多3个月。数年后，我再次了解这家企业的业绩，发现其收入虽然在稳步提高，但利润却在不断下降，市值也在不断下降，并没有取得理想的经营效果。

一位著名的投资人曾经告诉我，他对过去100年间世界前50名企业做了一个详细分析，得出一些有趣的结论，让我猜猜影响企业沉浮的第一个因素是什么。我说自己不知道。他说："在品牌市场费用高于收入的某个比例，且研发费用低于收入的某个比例后，5到10年，这家企业的排名会不断下降，反之，则不断上升。"

将上面的结论，放到我的两次创业（UC和小鹏汽车）中解读：从战略上，可以翻译为"赢在格局，输在细节"；从组织上，可以翻译为"创业期合伙人为先，规模期体系为先"。

放到我的投资上观察，就是投资长期趋势，不看短期变化，因为投资者不需要考虑当前经营，也管不了。

放到当前我在小鹏汽车的管理上思考，就是大量、长期、结构性或底层的科技创新是构建中国和全球第一个核心差异的基石，之前燃油汽车的定位逻辑、本土运营逻辑仅仅更容易在短线和区域产生更大价值。

用大白话说就是：为未来布局，你才可能赢；为现在努力，你才可能活；当前活着而不考虑未来，未来你可能活不好。

这本书非常系统，从一个企业家的角度阐明了如何卓越地实现短期和长期业绩，特别是书中的“短期-长期业绩表现三原则”，非常简单清晰。

值得一提的是，企业面向未来和现在的战略和策略，还需要一个非常好的组织体系。这本书用了大量章节描述优秀的组织建设才是赢在现在、赢在未来的核心基础，我极其赞同这一点。虽然很多企业家有非常好的愿景，但是没有与之匹配的组织架构和方法论，以及有效的战术，致使无法赢在未来。

最后，我想补充的是，虽然我们没有办法复制一家企业的成功，因为那是天时、地利与人和的有机组合，但是我们可以学习它们的方法和策略，可以了解它们在什么阶段面对什么挑战，以及应对挑战的思考逻辑。

相信每一位读者都可以从这本书中找到有价值的智慧结晶。

推荐序三

沈达理

霍尼韦尔全球高增长地区总裁

2004年9月1日，我以霍尼韦尔中国区新任总裁的身份，步入了其位于上海市中心的办公室。在混乱无序的前台等待了许久之后，我才被带到自己的办公室，一个已经空闲数月之久的位置。办公桌上积了一层厚厚的灰尘，这不禁让我想起，早在6个月之前高德威面试我时，他就坦陈霍尼韦尔对中国市场缺乏足够的重视。通用电气尝试收购霍尼韦尔的举动严重影响了公司在亚太，尤其是在中国的发展。大多数高管已经各奔西东，公司里到处都能感受到巨大的管理真空。

用一块湿布擦干净办公桌和家具之后，我在空荡荡的办公楼层里快速巡视了一圈。几乎没有人正眼看我，也大概没有人知道我是谁，我在这里干什么。整个楼层弥漫着一种呆滞的安宁。我跟几个人打了招呼，做了自我介绍，从大家的反应中感受到了普遍的忧虑和恐惧。之后我回到办公室，向窗外望去。熙熙攘攘的上海，到处都是正在施工的起重机，川流不息的人潮和车辆让人倍感振奋。城市遥远的天际线散发着这个大都市的繁荣与活力，与我们陈腐的办公室形成令人窒息的对比。

我回到办公桌前，思忖起自己的这次职业选择。我并不想太早妄下结论，但这间办公室着实不同于过去 10 年间我在上海待过的其他地方。眼前明明是寂静的，却让人震耳欲聋。说自己有点失望未免有点轻描淡写，然而再仔细一想，我其实对眼前这一切也早有些许心理准备。毕竟，我加入霍尼韦尔不是因为它已经在全世界都取得了成功，不是因为它在中国是一家领先的跨国公司，也不是因为它有良好的绩效文化。关于这些问题，高德威早就警告过我。他的雄心是要将这家业绩不佳、以美国为中心、企业文化支离破碎、经营组合分散、技术不足的多行业巨头转变为一家真正世界级且全球领先的科技公司，并对世界各地的人的生活产生积极影响。我相信他描述的这个愿景，并且接受他的逻辑。所以，在那天早晨，我非但没有灰心丧气，反而用一封发给高德威的热情洋溢的邮件开启了我此次旅程的第一步。

发件人：沈达理

收件人：高德威

发送时间：2004 年 9 月 1 日星期三 08:59

主题：第一天

德威，这是我在霍尼韦尔正式工作的第一天，请允许我谨以这封简短邮件向您致敬！能够加入贵公司，并成为公司领导团队的一员让我倍感兴奋和荣幸。霍尼韦尔拥有丰富的人才、卓越的技术以及优秀的文化。我期待成为这个传奇的一分子。谢谢你给了我这么好的机会。

祝好！

沈达理

此时，霍尼韦尔总部所在地新泽西州莫里斯敦正当深夜，所以我觉得大概第二天才会收到高德威的回信。但没想到，仅仅几十分钟后，高德威就给我回信了，而这封信的风格也是一如既往简明。

发件人：高德威

收件人：沈达理

发送时间：2004 年 9 月 1 日星期三 09:41

主题：答复：第一天

这将是一趟精彩旅程。你会爱上它的！

这封信为我同高德威在接下来 15 年的合作定下了基调，而我们携手开启的，正是 21 世纪最伟大的工业转型故事之一。无独有偶，我每 5 年都会给高德威转发这封邮件，为的就是告诉他，我们仍然沉浸于这趟精彩旅程，而我又是多么乐在其中。他也会马上给我回信，寄语未来 5 年，期许会有更加精彩的挑战。

霍尼韦尔转型的故事现在已成为传奇，并在这本书中得到详尽介绍。中国和其他高增长地区是这一转变的重要组成部分。我期望能以这篇简要的文章，为大家概括霍尼韦尔这则故事的几个重要亮点。

借口和托词

在接下来的几天中，我和各业务线的领导者召开了一系列评估会。由于这些领导者都不希望自己的那一亩三分地受到集团层面的干预，因此他们对相关的评估活动颇为抵触。2004 年，霍尼韦尔在中国的年销售额仅为 3.6 亿美元，约占全球销售额的 1%。除了工厂的工人，我们的一线员工和领导加起来也只有 500 ~ 1000 人。我们没有一名真正意义上的市场营销人员。没有人知道我们到底赚不赚钱，因为我们的体系并不提供国家层面的准确数据。我们的预期增长率为 4%，这对于我们的美国管理者来说似乎已经够好了，毕竟他们在传统市场的业务一直萎靡不振，而且每况愈下。然而，中国的 GDP（国内生产总值）正在以每年 10% 以上的速度增长，工业增长更几乎是这个速度的两倍。从一开始我就很清楚，我们正在丧失市场份额。我们要么对此浑然不觉，要么则不断用各种故事和托词欺骗自己，我们总是说在中国开展业务太难了，又说作为一家跨国工业企业，我们在中国存在各种不平等的劣势。

我在会议上听到各种各样的借口——知识产权保护不力、山寨、不公平商业行为、价格敏感、劳动力不稳定、法律体系不健全、地方能力不成熟等。当然，在过去 10 年里，当我在众多的中国本土和跨国公司工作时，我也听到许多同样的抱怨。但霍尼韦尔仿佛是把所有劣势都占了，并且还有自己的特殊毛病。我们简直可以用这些借口和托词掩饰自己的所有缺陷。此外，我们只使用符合我们精确产品特性的市场分类计算市场份额，这意味着我们永远不会面向更广泛的市场，也不相信会有很大的市场需求，哪怕只是在很小一部分的细分市场。职能部门也好不到哪儿去。我们的政府关系能力很弱，这致使后者对我们印象不佳。我们的品牌也几无识别度。

重要的是态度和行为

我就任后的第一次出差是前往位于深圳的一家工厂。这家工厂拥有 800 多名年轻女工，生产的产品则销往全世界。我们每个班次的产能利用率不到 60%，工厂业绩不佳。然而，工厂清一色的香港管理团队却一直为他们的成就而自鸣得意。他们在远离车间的管理层会议室中高调展示着霍尼韦尔的五项战略举措和十二项行为准则。墙上挂着关于我们产品的彩色海报。但让我们的经理们极为失望的是，我竟然坚持要和工厂的工人共进午餐，他们觉得我开了一个错误的先例。

我从那顿午餐中了解到很多情况。我和工厂的很多工人进行了交谈，这些年轻人来自中国各地，他们会把赚到的钱寄给家人，他们也会努力攒钱，以求能在返回老家后过上更好的日子。我询问了他们的工作情况，以及为何选择到霍尼韦尔来工作。我问他们如何看待霍尼韦尔的五项战略举措和十二项行为准则。没有人知道我在问什么，也没有人能说出其中的哪怕一条行为准则。事实上，很多人根本没有意识到，公司的名字早在 10 多年前就已经改成霍尼韦尔，他们还以为是在为之前那家老合资企业打工。他们只是觉得这里能提供安全的工作、生活环境，收入不错，又不会受伤，这已经让他们心满意足。在企业文化认知上，我们的管理者和当地员工之间存在明显的错位。

我了解得越多，就越能感受到整个企业文化的支离破碎。在和霍尼韦尔合并前，皮特威就在中国设有工厂，其文化对合并后的公司仍影响深远。此外，老联合信号和霍尼韦尔之间的敌对情绪也仍旧留存。几年前通用电气试图收购霍尼韦尔，结果让公司的整个亚太地区部门遭受重创。据我所知，当时负责霍尼韦尔项目的通用电气高管认为欧盟最终会批准这项收购，因此对当时的霍尼韦尔团队说，他们待在通用电气不会有任何未来，应当早点看看别的机会。时值亚洲和中国的经济繁荣期，各地都在纷纷招揽高端人才，而此时公司里的那些表现优异者发现局面已难以维持，于是纷纷另谋高就。表现不佳者则在等着裁员补偿，但可惜收购最终失败，他们想要的补偿也最终没能等来。到最后，公司只剩下一片残骸。

在我就任后的第一个星期里，针对人力资源的评估会可以算是最让我震惊和警醒的一次会议。我想和我们的人力资源主管交流一下，对关于员工的方方面面都做个盘点。我要求这位人力资源主管第二天就跟我汇报，但没想到遭到对方百般推辞。对方说需要时间进行准备，于是在几番讨价还价之后，我们把会议时间定在下一周的周一上午。开会那天，当我走进会议室时，人力资源部门员工之间急促而大声的对话戛然而止。我立即注意到他们都是在用广东话沟通，于是我也以一句轻松的本地方言开场，请他们开始做汇报。

整个会议他们汇报的情况简直就是一场灾难。组织架构图没有更新，薪酬结构不一致，绩效评估非常随意，人才梯队全无设置，对员工发展和管理的总体办法更完全是随心所欲和临时拍脑袋的结果。公司有 17 种不同的福利项目，但我们超过 60% 的员工甚至连基本保险都没有。我们的人力资源管理完全由非本地员工负责，这帮人在本地人和外国人及海外华人之间挖了一道“我们 vs 他们”的鸿沟。我接着问他们来自哪里，家住何处。这是一个猝不及防的问题，因为这些人不想让我知道他们都住在香港或者亚洲其他地方的安乐窝，只是偶尔才到中国大陆出差。但我坚持要问，并且最终得到了答复。我问为什么没有任何本地员工参会，他们答复我说，本地人不够成熟，无法处理薪资、业绩以及人才发展之类的敏感问题。他们跟我保证，这些问题最好还是由经验丰富的海外专业人士来处理。他们完全没想到我对这种言行早已了如指掌，依我所见，这种 20 世纪 90 年代在很多企业盛行的所谓惯例其实是一种恶习。对大多数企业而言，这种做派早已是前朝旧事。也正是因此，我对我们的企业文化和未来工作的担忧更深了。若霍尼韦尔全球有朝一日破产，中国业务肯定难辞其咎。

在向前探究的每一步，我都会回想起半年之前高德威在面试我时和我进行的对话。那天是圣帕特里克节，我前往他在华盛顿特区的办公室和他见面，当时他还应景地打了一条绿色的领带。那一阵子，他正在国会为霍尼韦尔的环保官司多方奔走。在讨论我这个岗位以及在亚洲和中国的工作需求时，高德威对各种问题和霍尼韦尔的不稳定状况直言不讳。对他而言，我们现在是上了一条破船，而他的志向就是要满怀信心一鼓作气地把这条船修理好。全球化正是修好这条破船的支柱举措之一，但高德威认为，要想实现全球化，霍尼韦尔必须从中国启航。在他看来，我们在中国的表现不佳，而这正是他执意解决的问题。高德威坚信，如果中国的业务做不好，世界其他地区的业务就更不用谈了。他对全局看得非常准。中国正迅速成为全球工业巨头，并且拥有所有必需的要素。对于跨国企业而言，现在正是建立深厚影响力，打造品牌，扩大产能，以及为未来几十年打造基础的良机。高德威相信，如果我们不能在中国取得成功，我们在其他地方的成功都将没有任何意义。因为中国既是我们最大的市场，也是我们最大的潜在竞争对手和商业伙伴。当时这并非一种普遍观点，而高德威则是为数不多拥有如此明确信念的全球首席执行官之一。他希望能够直接听到来自中国的反馈，而他想要聘请的是一位实干家，而不是一个象征性的管理者。他也不想重复其他工业跨国公司在中国的平庸表现。他知道这是一项艰巨的任务。在我就职一周年并接受绩效面谈时，他跟我说他非常满意我在第一年的表现，因为这份工作着实充满挑战。

他说在这个职位上有很多传统的候选人，但最终之所以选我，是因为他想追求一些不同的东西。他对我的背景和经历非常感兴趣。我在中国已经待了 10 多年，和跨国公司、本土企业以及国有企业都深入打过交道。我能说流利的中文还有其他几种语言，对东西文化中的细微差别有着深入见解。不过，高德威说，最终他之所以对我产生兴趣，是因为我坚信跨国大公司在中国能有所作为，对霍尼韦尔的潜力感到振奋，并且拥有多年在中国经营企业的经验。他认为我有发展业务的明确态度，能够做出必要的变革举措，而不仅仅是做一个全球掌门人。另外，他相信我能够让全球业务的领导者们更好地理解中国的本土业务需求，并能和他们精诚合作，以做出任何必要的改变。事实上，正是这种清晰的使命和高德威富有感染力的激情打动了我，让我最终加入他的团队。

在最初几周里，我做出的首批决定之一就是要从文化的角度解决我们的问题。我打电话给一家顶级猎头公司的一位老朋友，请他为我们物色一位懂得如何使标准企业文化兼具全球和本土特色的世界级人力资源主管。我想要的是一个实干家，而不是一个空谈家。以任何标准衡量，这都是一个苛刻的要求。我面试了许多候选人，最终有一个人脱颖而出。他的名字叫叶能斌，是一位在中国生活了几十年的新加坡人，也在其他公司做过同样的事情。他是我聘请的第一个员工，在随后的 10 年中，他在为我们于中国创造高绩效文化方面发挥了关键作用。

涡轮一条街

我收到的首批请示之中，有一项是让我授权当地警方对一些中国本土企业的工厂进行突击检查。这些企业“无耻”山寨了我们在汽车市场的旗舰产品——盖瑞特涡轮增压器。他们大肆刊登整版的杂志广告，虽说产品名字都是“卡瑞特”“帕瑞特”“法瑞特”等变体，但展示的产品却和我们的一模一样。警方成功端掉数家类似企业，并打算继续开展突击检查。我问他们这样的企业到底有多少，行动的成效到底如何。答案让我大吃一惊，类似的企业有 100 多家。同样让人惊讶的是，尽管警方在不断关闭一些公司，新的山寨企业却在源源不断地冒出来。他们开玩笑说，这就像是在玩《打地鼠》游戏。

我本能地感觉到，我们的行动并没有从根源上解决问题。我们只是在做表面文章，而那么多企业之所以非得复制我们公司的产品，背后肯定有其合理理由。在与高德威的交流中，我了解到他的意思是，先要“收集事实”，并且一定要考虑清楚再行动。于是我决定不再批准任何突击检查，并试图了解问题的根源所在。我到著名的“涡轮一条街”探访了不少抄袭我们的企业，并与它们的老板进行了深入交流。我很快就明白了，问题显然不在于它们，而是出在我们自己身上。我们的涡轮增压器拥有独特技术，能将发动机性能提升 20%~30%，因此也可以减少气体排放，而后者也正是中国政府迫切希望实现的一项目标。但是我们的所有技术都是在西方设计的，即便是我们的中国工程师，也都是基于全球化的汽车平台工作。之后我们会将我们的西式解决方案“本土化”，以适应中国市场。不用说，这使得我们的产品在性能和价格上都和本土产品存在巨大差距。我们的中国客户原则上会选择我们的涡轮增压器，但由于它在设计时就没有考虑中国燃油的质量、路况以及其他众多的本土具体问题，所以这些客户根本无法将其用于大规模生产。此外，西方的过度设计和供应链使我们的成本远高于中国制造商可以承受的水平。这就吸引了大批中国企业家凭借当地的响应速度和供应链优势，以快速迭代的方式复制我们产品的概念和设计。他们可以在几个月内就生产出适应本地需求的产品，而且价格更加实惠。鉴于当时的中国还没有建立真正的品牌，模仿也只是一种顺理成章的行为。创业做涡轮增压器可比开餐馆容易多了，毕竟后者需要申请更多执照和做出更多创新才能取得成功。

我和我们的团队讨论了这个问题。他们的观点是，在这种情况下，我们不可能与“中国”竞争。他们声称，中国市场的确需要一款质量上乘的涡轮增压器，但由于知识产权保护、本地供应链以及大量模仿者等问题，我们根本制造不出既让客户负担得起，又能让自己赢利的产品。看上去，我们已经束手无策，但我并没有被说服。

我又找高德威商量这个事情。这是我俩关于中国的一系列讨论中的最早期对话之一。他极为坦率，并希望我们能够畅所欲言，无所顾忌。他对这个话题非常感兴趣，但一开始并未发表任何意见，只是专心倾听。为了弄清这件事，他也问了我不少问题。然后他以一颗没受到霍尼韦尔老习惯影响的“新鲜”头脑来征求我的意见。我告诉他，我们的方法太西方化了，我们解决问题的方法是发明一把“钥匙”，然后再找一扇适合它的“门”，而没有了解中国真正需要什么。我们的涡轮增压器是为使用欧洲高质量燃油，续航 25 万英里或更长的汽车设计的。但中国最好的车在报废时也跑不到这个数，而且它使用的燃油质量要差得多，含硫量也高出两个数量级。我们需要一种“在本地，为本地”的理念、设计、制造、销售和服务。高德威一边询问和质疑，一边提供指导和建议。在讨论结束时，很明显他已经完全认可在中国独立开发产品的建议。他要求我们组建最好的团队，并与中国本土汽车制造商合作，以“制造”一款真正的“本地对本地”的涡轮增压器。他没有关注模仿者和他们的假冒品牌，只是要求我们变得强大、富有创新和创业精神。他多次重复“总设计权”的问题。这对我们来说将是一次重大的文化变革，他对此心知肚明。我们总要有新的开始，而现在就是开始之时。东方服务东方（East-for-East，E4E）的理念，就这样应运而生。

东方服务东方

虽然当时我们还没想好如何命名这个理念，但我们的团队却在这种理念的驱动下，开始思考真正能解决中国社会基层问题的新方法。以我们的涡轮增压器业务为例，在不到一年的时间里，我们就有了一个起始客户，一个本地专门的工程团队，一套适应市场的设计，一个完整的端到端解决方案。在每次关于中国业务的评审会上，高德威都会进行质询，发表意见。他给予团队指导，提出更高要求，并且提供全程支持。没过多久，我们满足本土客户精确需求的涡轮增压器就实现本土化生产。更重要的是，由于一切都实现了本地化，我们产品的价格也更具竞争力。在接下来的两年中，中国本土的 12 个汽车制造商中有 11 个成了我们的客户。霍尼韦尔盖瑞特涡轮增压器成了超级品牌。在不到 5 年的时间里，大多数所谓的模仿者都自行关门大吉，只剩下三家提供售后服务的小型本土企业。再也没有必要搞突击检查、关停、法院禁令这些东西。鉴于我们在中国树立了强大的涡轮增压器品牌，我们也开始利用法律制度增强我们在中国法庭上的品牌话语权，并且奏效。我们以本土化方式赢得本土市场的必胜信念最终得到回报。

伴随着这种持续的努力，我们开始以同样的方法思考其他各项业务。我们一个接一个地审查我们的产品业务，以确定是否有通过 E4E 开展全面反思的机会。没过多久，几乎所有的业务就都与当地的产品行动委员会（Product-Action-Council，简称 PAC，负责制定端到端的本地决策，并将产品推向市场）制定了正式方案。在我们所有的本地和全球业务讨论和评审中，E4E 业已成为一种通用语言，高德威也会定期询问全球各业务的领导者其 E4E 项目的进展。要做好 E4E，关键在于确保它不仅仅是全球产品的本地化，而是要在概念阶段就成为采用本土设计的真正产品。这就是我们能保持可靠和强大的秘诀。

E4E 稳固下来之后，高德威又对团队提出新要求：如果我们能够开发出适合中国需求的本土解决方案，并且取得常胜，我们为什么不能把同样的产品和服务带到其他新兴市场？毕竟，我们在中国面临的挑战和在其他快速发展的经济体中并无太大不同。为了应对这一挑战，我们启动了一项名为东方服务世界（East-to-Rest, E2R）的新计划，誓将中国的创新和解决方案带到世界其他地方。

短短几年中，我们在很多新产品类别上都成了中国市场的佼佼者，而且由于我们在中国所研发的这些产品颇具竞争力，我们也在世界范围赢得了胜利。到 2008 年，我们在中国的销售额超过 10 亿美元。这让我们的员工倍感自豪和振奋，他们现在一身干劲，并相信这个国家面貌的翻天覆地改变也与自己的努力不无关联。工作变得更有意义，成为自豪的源泉。我们不仅能够吸引优秀的新人才，而且人员流失率也显著下降，这说明我们能够留住顶尖人才。

一字之别

我们在 E4E 和 E2R 项目上的成功并没有让我们产生松懈和一丝的舒适心理，而是进一步激励了我们的员工开展方法创新，赢得现在和未来。在关于市场的讨论中，我们注意到我们经常把自己同西方的竞争对手相比较——通常是 10 到 15 家在全球与我们展开竞争的公司。不过，到目前为止，我们比大多数公司做得更好，赢得了市场份额，发展势头也不错。接下来我们的方向在哪里？显而易见，西方公司已不再是我们的主要竞争对手，取而代之的是中国新兴的本土公司。这些企业已经开始打造优秀的产品，对客户的了解也非常深入，品牌知名度也越来越高。

我们决定开展一项足以决定我们未来 10 年特性和命运的大胆行动。这项行动就是，今后我们将不再盯住全球竞争对手，而是要把最佳的本土竞争对手作为我们的标杆。我们要重新审视运营的各方面，包括研发、供应链、产品、渠道和人员等，以确保我们能与本土对手展开正面竞争。我们为每一项业务开发了测量、基准、问卷和自我评估工具，并根据竞争力对我们自己进行排名。我们把这项行动称为“成为一个中国式竞争者”(Becoming a Chinese Competitor, BCC) 战略。

怀着热烈的兴奋之情，我带着中国团队奔赴美国参加全球业务评估会，并借此向高德威和公司高层管理团队推介我们的这个新理念。在华盛顿特区的执行董事会会议室，我们向大家介绍了这套名为 BCC 的方案。整场会议充盈着热烈的辩论和讨论，而且经常爆发出笑声和愉悦之情。实际上，由高德威主持的会议一向如此。但是在高德威做出决定性总结发言之前，没有人知道这场会议的结局。高德威首先说，他非常喜欢BCC的想法、路径以及整体的哲学理念，但是它对于我们的命名有一个很大的疑问："有了这么多令人兴奋的故事、程序和方法，你们为什么满足于仅仅成为'一个'（a）中国式的竞争者？现在已经有很多公司有这样的提法了吗？那还有什么值得激动的？如果你们想做好这件事，你们就应该成为'中国式竞争者'①，这才是让我感到兴奋的事情。"整个会议室先是陷入了沉默，但数秒之后，我们的中国同事就开始露出微笑，接着是响彻全场的肯定和欢呼之声，整个会议也由此到达高潮。最后高德威说："把一个中国式的竞争者改为中国式竞争者，我会一年两次亲自评估项目进展。"

开拔令下达后，我们重新审核了调查问卷和自我评估工具，然后对整个流程做了彻底变更。我们的目标是成为每个领域的市场领导者，而不仅仅是参与者。

BCC成了霍尼韦尔中国的经营指南。我们依此创建了方法论、培训研讨会、工作坊、测量标准、技术和工具，以使我们能够在世界上最具活力和竞争的市场上赢得领先地位。高德威也信守承诺，每半年都会抽出半天时间亲自过问BCC的进展。这对我们非常重要，也充分证明了这件事对他的重要性。到2013年，霍尼韦尔中国的营收仅次于美国，同时也成为公司全球增长的最大贡献者。华盛顿会议上的一个看似简单的单词变化（把a变成the）改变了大家的思维方式，转变了聚焦点，也激励了整个团队。

---

① The Chinese Competitor，在英语中the有时候表示的是专属性和唯一性，而a表示的只是其中之一。——译者注

高德威管理团队中有几个人坚持认为，要想在中国取得成功，我们必须进行收购或成立合资企业。他们认为我们力量太弱，靠自己根本无法取得成功。依照我的经验，我知道这是一个不明智的想法，而且困难重重。高德威则认为这会让我们变得懒惰，所以我们必须建立和强化自己的有机增长引擎。他知道，虽然这样发展速度会慢一点，但从长远来看，它将更可持续，更有利可图。凭借 E4E 和 BCC，我们对本地化的不懈坚持以及严格执行，我们在没有任何收购或合资的情况下实现了惊人的增长。我们设定了 20% 的增长目标，这已经远高于之前 4% 的增长率，但实际上通过变革，我们多年来的增长远超 20%。更为重要的是，通过自我有机发展，增长文化如今已变成我们 DNA（脱氧核糖核酸）的一部分，其他公司很难复制我们的成功。

徒有其表？

我们在中国的成功吸引了众多竞争对手、媒体和公众的注意。在没有任何直接广告的情况下，相比在大多数其他市场，我们在中国获得了更高的品牌认知度。华尔街很快注意到我们，我们的各个网站也都被访问请求挤爆了。他们将我们作为在中国运营的全球跨国公司的标杆，并经常将我们的 E4E 和 BCC 战略视为我们在整个市场赢得胜利的创新法宝。我们正在其他全球工业企业尚未涉足的领域开天辟地。但华尔街分析师的一个问题和担忧是，我们进军中端市场，以及展开本土竞争的做法是否会侵蚀我们的全球利润率。在中国，我们是真的赢利了，还是只赢了市场份额，亏了钱？用美国的一句俚语来说：“你的汉堡里面到底有没有牛肉？”

高德威要求我们对业务进行彻底审查，并测算我们在当地的赢利情况，以确保所有相关讨论的准确务实。经过一波时间不短的痛苦操作，我们得到了答案。结果震惊了所有人，我们不仅在中国赢利了，而且也为全球利润的增长做出了贡献！我们在中国赚到的钱比其他大多数市场都多。在开展细致的审核时，我们认识到，这些成果在很大程度上都直接归功于我们的 E4E 和 BCC 战略，以及对“the”这个关键字的强调。因为我们实现完全的本地化，我们的成本也根据本土市场做了调整，这样我们可以既让产品价格具备竞争力，让客户负担得起，也能实现赢利。我们的质量和客户服务绝没有打任何折扣。当市场清晰了解这一点时，霍尼韦尔就真正成为在中国同类产品的领导者。在我随后与高德威的一次讨论中，我们知道已经实现一个重要的里程碑——我们已经将一种既能赢在当下又能赢在未来的企业文化实现制度化。

外滩的雪茄局

我和高德威许多关于商业策略和方法的讨论，都是在非正式场合进行的——在重庆的街道散步时，在北京的车流中行进时，甚至是在深圳、青岛或南京客户的门厅前等待时。我们一起去过中国的很多地方，每年都会共同出差两到四次。有一次是在 2005 年 5 月。当天我们先是和一些内部高管共进晚餐，餐后我就请高德威私下聊一聊。天气很好，我们在上海外滩一家餐馆的露台上坐下，一边抽雪茄一边欣赏外滩的壮丽风景。当时我在这家公司刚刚待了 6 个多月，高德威就问了我一些一般性的问题，比如怎么看待我们和对手的差距，以及我们应该如何推进一些重大的变革等。

我其实已经为第二天的正式讨论做了准备，届时我会在会上分享自己的数据和幻灯片。但高德威现在就想听听我的大致想法，而我也不想失去这个良机。那天晚上我们就航天工业做了交流。我首先说，中国已经开始新的五年计划，并已经下定决心成为全球航空航天工业的重要参与者。但在当时，中国的很多尝试尚显微不足道，所以就中国是否能够成功建立航空航天工业这个议题，持怀疑论者要比乐观者多得多。但我们对现实和未来有不同看法。高德威听得很专注，同时也积极回应我的观点。他认为，以中国的规模和发展势头，加上这个国家的意志力和执行力，它非常有可能成为全球航天生态系统一个不可或缺的组成部分。

等抽完雪茄，我们也精神百倍。中国正在开启一项规模庞大的事业，霍尼韦尔不仅要参与其中，还要以一个全球领先航空企业的身份帮助中国发展航天事业，并且要在这个全球大趋势中扮演一个长期参与者的角色。高德威决心要为我们在中国的航空航天业务寻找一位世界级的企业领导者，并要求我全力推动配合。

得益于我们的快速执行力，我们很快就从一个旁观者变成中国航空航天事业的真正合作伙伴。当中国宣布开发本土窄体飞机 C919 时，作为行业技术和思想领导者的霍尼韦尔很快就找到自己的合适位置，并为该平台交付了部分最关键的技术。更重要的是，我们在不损害自身知识产权和商业机密的情况下做到了这一点，并在美国和中国创造了许多新的高价值工作岗位。这是一项真正的双赢。

今天，霍尼韦尔已经被视为中国航空航天工业的真正合作伙伴。我们的产品和技术适用于中国现有的所有航空公司，而随着中国航空航天行业的发展和成熟，我们也将从未来的行业增长中受益。这一切都可以追溯到那天晚上我俩在上海外滩的谈话。至于第二天召开的正式会议则根本无关紧要。

你会说英语吗？

我们在中国面临的问题之一是我们销售团队的效率。这是世界上效率最低的销售团队之一。高德威让我们找出原因。经过广泛调研，我们发现招聘一名新销售的流程中包含了大量的面试，包括很多同我们在美国和欧洲管理者的多次电话面试。显然，能通过这些面试的人都必须熟练掌握英语。事实上，多数学过一门新语言的人都清楚，能用一门新学到的语言打电话绝对说明其对这种语言的掌握程度已经到了炉火纯青的地步。我们坚持使用电话面试，结果淘汰了多数合格的销售人员。我们更倾向于录取那些毕业于外语院校，几乎或者根本没有任何工业销售经验的人。他们中的大多数人都以优异表现通过面试，因为他们能用英语交流。然而，对于在工业领域销售产品和解决方案，他们关于诗歌和经典名著的知识与英语发音却没有什么用处。看来我们的“自然选择”过程解决的是错误的问题。我们得到的是最适合面试的人，而不是最适合市场需要的人。

我们在与高德威及其领导团队的一次战略会议上讲到了这个故事，这件事我至今仍历历在目。他们都听入了迷，并且对我的发现抱有极大兴趣，空气中一度飘荡起咯咯的笑声。但当我提出应当取消对中国销售人员的英语要求时，在场的多数领导者都认为这是一个笑话。这不可能是一个真正的建议。在明尼阿波利斯、莫里斯敦或伦敦的人怎能“选出”最好的中国销售人员呢？对高德威而言，这其中的讽刺是显而易见的。他非常支持我们，并且以一种强调的口吻表示，我们要做的是雇用最好的中国销售人员，如果全球的经理因为不懂中文而不能面试这些人，那是经理们的问题。作为一位只会说英语的美国首席执行官，高德威展现了惊人的敏感度和适应能力。

我们在中国的管理者都很高兴。我们改变了整个招聘过程，并决定取消对英语的要求，以求能够招聘到最好的本地销售人才。我们为他们设计了中文版的培训和发展材料，并赋予他们各种成功必备工具。此外，我们抛弃了低效的按年招聘销售人员的公司惯例，转而改为每月招聘，并持续关注销售人员的业务培训和生产率。这使得我们在中国的销售引擎成为一股令人生畏的力量。

很快，我们的生产力以及我们的客户满意度和员工保留率都有了极大提高。我们逐渐变成真正的本土竞争者。

天高皇帝远

在华跨国公司面临的最大问题之一是，需要不断得到总部的批准和审查。这种干预的冲动非常强烈，当然也情有可原。毕竟，中国远在天边且情况复杂，如果没有精心设计的控制机制和决策表，管理者怎么知道发生了什么。

过于积极的干预带来了许多意想不到的负面后果。最明显的是决策速度会受到流程的严重影响。鉴于中国的发展速度，这也成了导致公司重大损失和客户不满的主要原因，但问题远不止于此。不断在遥远的异地进行决策审查，使得本地管理者的权限遭到严重削弱。这也导致他们不愿意承担在本地做出良好决策的职责，因为给身在远方的上司解释清楚他们的逻辑，实在是一件太过于复杂的事。与中国相反，西方的文化通常是非常直接的，电话中的讨论也通常由我们的西方管理层主导。因此，来自一线的真知灼见根本无法影响公司的日常决策。

当事情进展不顺利时，我们的全球业务管理者会抱怨地方管理者，说他们没有把情况汇报清楚。如此一来，地方的管理者就更加失望和不满。这种循环的后果极其恶劣，但又非常微妙，它很难被理解，更难以被打破。

在新泽西州莫里斯敦总部与高德威举行全球战略会议时，我们引用了一个著名的中国俗语——“天高皇帝远”来解释这个问题。公司全球业务的领导者就是皇帝，他们虽远在千里之外，但却在不断给我们心力交瘁的本地经理发出各种指令。这个俗语告诉我们，在古代，中国其实是一个松散的邦联，它名义上是一个“专制国家”，但实际上是一个势力割据的集合体，有各种不同的文明群体。尽管这些不同的地方都尊崇皇权天授，但为了维护中国的统一和繁荣，他们也必须各负其责。如果想经营好霍尼韦尔，我们也必须承认，我们需要本土管理者与我们在精神和价值观上保持一致，但是我们也要认识到天高皇帝远，所以必须让这些人拥有因地制宜进行决策的权限。

高德威非常喜欢这个故事。会议室里爆发出一阵笑声，我们也转向了另一个话题。但他记住了这个典故。在之后的工作会、评审会以及员工大会上，高德威经常用这个俗语来强调给地方领导者赋权的必要性。他经常说，他希望地方管理者“只请求谅解，而不请求许可”，他还鼓励我们的全球领导者要对距离和空间有敬畏感。他成为赋权和决策本地化的倡导者。结果非常出人意料，我们的决策速度不仅变快了，而且决策质量也提升了。我们的领导者感受到了尊重，因此备受鼓舞。我们也因此吸引了更多适合公司的高层领导者，他们也真心感受到霍尼韦尔是一家真正具有本土特色的全球公司。我们的客户也立即感受到这种影响，而且迄今为止，这仍是霍尼韦尔在中国和全球的显著特点之一。

高德威一直在想方设法加强对本土员工的授权，减少组织的繁文缛节。他认识到，在中国管理者与其全球领导者进行讨论时，总部往往很难理解当地情况的细微差别，因此对于大多数要求，最简单的回答往往就是一个“不”字。他理解到，在中国文化中，公开与上司或外国客人表明意见不一致会被认为是不礼貌的，而美国文化往往过于直接和强势。为了解决这个问题，高德威传达了一个简单有力的信息。他告诉中国团队：“不要在听到第一个‘不’字时就终止对话。只要有必要，就要继续交流，哪怕这需要五个回合。不要以为对方什么都懂。”这个信息的含义有些微妙，但通过反复强化，最终高德威把它植入中国领导团队的DNA，并使之成为我们领导者预期行为的一部分。

高德威经常说，要同时做两件看起来相互矛盾的事情，这是一个优秀领导者的标志。他把这种理念贯彻到一切工作里，当然也包含在这个决策之中。我们需要能够快速决策的管理者，我们也需要高水平、高质量的管控。我们不需要妥协就可以实现这两个目标。这正是一个真正行业领导者的标志。

中国的真朋友

2008 年 5 月 12 日，我们的公司专机在重庆降落，之后我们按照预定行程与重庆市长及其团队会面。但在会面期间，我们注意到有许多人在紧张地出入会议室。有人告诉我们，在距离重庆几百英里的四川汶川地区发生了 7.9 至 8.0 级地震。地震灾害的消息陆续传来。重庆市长虽然竭尽全力保持待客之道，但在座的所有领导都看到他的忧虑和不安。高德威叫停了会议。他告诉市长，对地震的发生深表难过，尽管震中距离重庆尚远，但他应该以此为重，先去处理相关事宜。

这并非寻常之举，但市长还是深感欣慰。他对高德威的理解表示了赞赏和感激。事实上，高德威已经决定，为了减轻这座城市接待他和随行人员的负担，他会马上离开重庆前往北京。这确实让当地官员松了一口气。我们和他们道别，祝他们一切顺利，就动身去北京了。

当我们逐渐了解到这场灾难的严重性时，飞机上的空气也几乎凝固了。就在回程的路上，高德威决定要以诚意的姿态投入抗震救灾工作。他给重庆市长写了一封亲笔信，并派人尽快送出。这想必是全球企业领导者的第一笔救灾捐助。后来我们了解到，这场地震夺走了 8 万余人的生命，超过 37 万人受伤，许多儿童和家庭因此遭受重创甚至陷入绝境。

灾难让高德威深受触动。在一个多月后，高德威被时任美国总统乔治 · W. 布什任命为美国代表团成员，亲赴地震灾区慰问。我有幸和他一起经历了那一次刻骨铭心的旅行。我们在极端恶劣的条件下行进了几个小时后到达汶川，会见了当地民众、政府工作人员、受灾的家庭和儿童。地震造成了毁灭性的灾害。高德威当即决定，要在受灾地区捐献一所小学。他亲自过问了这一事项。他要求选用最好的承包商，并要求加快工程进度。

2009 年 5 月 12 日，在汶川大地震一周年之际，我们在四川秀水地区建立的第一所小学——霍尼韦尔联合小学正式启用，当地儿童和官员都为这一难以置信的壮举欢呼雀跃。高德威又指示我们再建一座学校，于是不到一年时间，我们就在另一个受灾地区举行了霍尼韦尔保和小学的开学典礼。高德威做这些事情的出发点非常纯粹，那就是为了孩子们的福祉，他不希望我们借此搞市场营销。

这些善举加上其他的个人公益活动，让高德威赢得了多方赞誉，许多中国领导人都称他是“中国人民的真正朋友”。无论是在时任中国石化总经理盛华仁，时任全国人大常委会委员长吴邦国的眼中，还是在同中国的部委领导，甚至包括同习近平主席和李克强总理等高层领导的会面中，高德威都不仅仅被视作一位全球的商业领袖，他还是一个感动中国人民的伟大个人。在高德威看来，承担起世界公民责任，这也是霍尼韦尔在全世界获得成功的一个必要组成部分。虽然高德威不会说中文，但他给自己取的这个中文名字，寓意要讲诚信，有力量，勇于担当，这也常被用来证明他对中国和中国人民有着深厚的友谊与深刻的理解。

在我们为欢送高德威退休而举办的一次聚会上，中国的同事送给他一份特殊的礼物——一个中国鼎。鼎是一种在中国古代使用的圆体三足礼器。鼎的众多含义中，最重要的一个就是“承诺”。这个鼎就是为了表彰高德威对中国的承诺，是他把中国业务变成霍尼韦尔首席执行官的一项重要关注事项，也是他让公司的最高管理层有了来自中国的清晰发声。高德威为此深受触动，他把这个鼎视为霍尼韦尔对中国承诺的象征，并让我们印制了一本小册子，借用“三足鼎立”这一说法来形象展示我们的这一承诺。这立即引起了我们的员工和客户的共鸣。在高德威所收到的来自世界各地的众多礼物之中，这个鼎成了他致力于推动企业全球化的一个突出象征。

在中国实现的转型很快在印度、东南亚以及世界其他高增长地区得到复制。我们在中国的模式和经验教训成为其他地方的成功蓝图。到高德威任期结束时，以中国为首的高增长地区成为霍尼韦尔有机增长的最大贡献者。

今天，在杜瑞哲的领导下，我们持之以恒推进变革，霍尼韦尔也在不断走向壮大。我们并没有停止思考，也仍然在持续进行创新和本地化。我们已经在中国武汉和印度浦那推出全球大众中端市场战略，并正在迅速转型为一家顶级的软件工业公司。

霍尼韦尔中国的故事是霍尼韦尔全球转型故事中的一个传奇。起初，我们只有不到1000名士气低落的员工，年销售额仅为3.6亿美元，还不到我们全球收入的1%。我们的业绩增长跟不上中国的经济增长，利润微薄。仅用了10年多一点的时间我们就扭转了乾坤。如今我们的本土员工人数超过13000，外籍工作人员仅剩75人。年销售额超过30亿美元，仅次于美国本土。我们现在是创造利润的有机增长引擎。我们现在拥有一批杰出的领导干部和一种高绩效的文化，并拥有充实的后备队伍。无论以何种标准衡量，我们都取得了难以想象的成就，是跨国公司在中国和世界高增长地区的标杆。

我为高德威工作了近15年，一起走遍了中国各地和30多个国家，并根据这本书所总结的原则不断为霍尼韦尔开疆拓土。这本书中的许多原则都直接应用于中国，并取得了巨大的成功。这里的经验教训已然超越国界、语言和文化的隔阂。高德威在这本书中概括的那些卓越商业实践，加上因地制宜的本土改进，就是“赢在现在，赢在未来”的秘诀所在。我们在中国就是这么做的。

现在回想起来，高德威从一开始就是对的。这的确是一趟精彩旅程，我热爱它的每一分钟。

	“赢在现在，赢在未来”的十大原则	对中国业务的启示
1	清除认知惰性	创建一家思考型企业 放权本地管理者独立思考
2	规划今天和未来	战略制定要看齐中国的五年规划 衔接当地政府的行动计划 掌握长期趋势并培育创新
3	清除业务上的严重威胁	严格保护知识产权，严格执行合同条款 在合规和诚信方面永不妥协 成为本土竞争者
4	聚焦流程	分析整个市场并制定详细策略 规范评估方式和工作流程，但要保持灵活，拒绝僵化
5	打造高绩效文化	将决策权下放给当地管理者 大胆设定目标，赏罚分明 减少总部的“远程控制”
6	找到并留住正确的领导者	聘用中国最好的人才，决不能只在矬子里拔将军 授予总设计权，并使工作有意义 将领导力培训作为当地优先事项
7	增长为要	对中国的大趋势下重注 行稳致远 千里之行始于足下
8	升级业务组合	使用 80/20 法则，确认你不会在中国做的事情 寻找可以在中国填补的独特空白
9	应对衰退	为周期性趋势做好准备，并确保灵活性 中国业务还没有出现“衰退”迹象，但要未雨绸缪
10	做好领导交接	认真评估本地的后备管理资源 既要有统一的公司规划，也要有本土业务集团规划 尽可能从内部提拔 中国员工全球轮换，全球员工中国锻炼

序　言

组织或团队无论规模大小，其管理者每天都要面对一个看似十分棘手的难题：是应该不惜牺牲公司的长远健康追求短期业绩，还是应该优先考虑长期战略，将季度或年度业绩抛在一边。

大多数企业经理人和高管都会做出第一种选择，即将企业的季度表现置于企业的长远发展之先。领导者可能也会盯着可持续发展、竞争力、成长性等更为宽泛的目标，并且经常对所谓的致力于长远夸夸其谈。但当涉及对稀缺资源的分配时，他们只会关注年度规划，并且动员一切力量实现其短期业绩目标。在他们看来，他们别无选择：他们的工作职责首先是取悦今天的老板和股东，之后才能谈及明天。

认为没有办法同时追求长期和短期目标，因此领导者只能拥抱短期主义，这是今天商界最为有害的盛行观念之一。麦肯锡 2001—2014 年的一项研究发现，奉行长期战略的公司，其平均市值比仅追求短期目标的公司高出 70 亿美元，平均收入增速高出 47%，利润增速则高出 36%。[1] 尽管如此，2014 年的一项研究发现，2/3 的高管和董事宣称，“过去 5 年，他们身上所背负的短期业绩压力有增无减”。[2] 短期主义的这种大肆蔓延态势，遭到了很多有影响力的企业领导者的公开反对，其中有人甚至倡议放松对上市公司的财报要求，因为唯有如此，企业领导者才不会在业绩达标方面拥有如此巨大和持久的压力。

仅仅依靠自我约束并不能带来长期主义，因为我们所面对的是一个复杂且根深蒂固的难题。其实，我们需要各层级领导者和管理者全方位转变思路。不知何故，我们一直奉行一种只有允许把短期业绩搞砸，才能放眼未来的观念。事实可不是这样。短期业绩和长期业绩互斥，这只是一种表象。对领导者而言，你可以鱼与熊掌兼得，而且必须如此。如果你做不到这一点，你和你的团队或组织就永远无法发挥出最大潜力。

我与短期主义的斗争

职业生涯早期，我在通用电气担任各种财务和综合管理职位，我和我的同事一直在为当季和当年业绩目标疲于奔命。除非必须，否则我们根本不会思考第二年的事情。这种对今天的过分关注是以牺牲明天为代价的，我也并不是十分认同。我们的业务会在某一年多数时候都表现良好，为了实现增长，我们会招聘 1000 名新员工。然后到了 10 月和 11 月，当开始制订下一年的方案时，我们却发现除非我们解雇 1000 人，否则根本无法实现我们的业绩目标。裁员不仅会扰乱我们的业务，也给被裁掉的人的生活带来麻烦。我当时就在想，为什么我们事先没把事情想清楚。别招 1000 人，而是招 200 人，这岂不是更好的选择吗？但事实是和多数领导者一样，我们也认为自己没有选择。我们都在埋头苦干，竭尽所能，完全不相信还有其他出路。

当我在 2002 年 2 月成为霍尼韦尔公司的首席执行官时，我才意识到有了改变的机会。霍尼韦尔是一家市值 220 亿美元的工业集团企业，其业务涵盖航空航天、控制系统、汽车以及化学等多个领域。当时霍尼韦尔状况不佳，1999 年与联合信号公司的失败合并，首席执行官走马灯似的频繁更换，以及对联合技术公司及通用电气的出售失利，让这家公司陷入连续多年的困顿。但从招聘者、高管以及其他人所提供的信息，以及经我自己分析所得出的结论来看，这家公司的业务颇有前景，只是管理存在一些问题。如果有人能强力介入，稳定住组织，并且着眼于未来，霍尼韦尔的业绩一定能立竿见影，实现反弹。

在上任后的数月之内，我对公司及其运营展开了一番调研，结果发现公司的基本面非常不妙。原来的一切不过是假象，真实的霍尼韦尔更像是一列失控的列车，正濒临崩溃的边缘。公司拥有数十亿美元未偿还的环保及石棉的债务负担，养老金严重不足，企业“按季度制定目标”的观念根深蒂固，组织受到文化战争的严重侵扰。此外，公司领导队伍人员枯竭，既找不出有效提升效率的流程改进方案，又缺乏在世界其他地区突破的全球化策略，对新产品及服务的投资也严重不足。此类问题，不胜枚举。

还有更为严重的问题。不知何故，直到 2002 年 7 月我就任董事长时，董事会和即将离任的首席执行官才允许我了解公司的财务状况。而当我刚刚接手时，我就立即踩到了一颗重磅地雷：财务团队告诉我，我们必须大幅降低当年的盈利预期。在短短数周之内，我们就两次下调下半年盈利预期，把这个数字累计降低了 26%。分析师和投资者本来就对我信心不足，这样的做法更是让他们恼羞成怒。投资者知道，此前在通用电气时，我并不在杰克 · 韦尔奇的接班候选人之列，我也不是霍尼韦尔首席执行官的第一人选。上任没两天就开始降低盈利预期，并且还不是降低了一次，而是两次，这些举动让投资者对我的忧虑达到极点，他们认为我不过是一个无足轻重的小卒，根本没有能力经营一家像霍尼韦尔这样的大型公司。

与此同时，在探究为何我们未能完成业绩目标的过程中，我对霍尼韦尔的最大担忧变成现实。我们的会计账目，往好里说也是满目疮痍。我们没有做任何违法乱纪的事情，一切操作都在会计准则允许的范围内。但为了满足每个季度的目标，整个组织都在与会计体系博弈（在过去的10年间，公司每一美元的盈利中只能产生69美分的现金，这一事实说明我们采取了非常激进的簿记方式）。这导致我们的领导者对整个业务缺乏清晰和真实的认知。会计是你制定决策的主要信息系统，因此如果信息不佳，决策也会很糟糕。我们的领导者装腔作势，只不过是在假装运筹帷幄，胜任这份工作；实际情况一片混乱，短期主义大行其道。

把霍尼韦尔带入正轨

我吃惊、愤怒、恶心，甚至还有更多难以言表的情绪，但我并没有被打败。在我们财务状况最为混乱的那个阶段，有一天我打开电视收看CNBC（美国消费者新闻与商业频道）的某档节目，听到评论员正对我大加指责，说我根本不配执掌霍尼韦尔。听他讲完，我只是耸了耸肩，然后就去忙自己的事情了。后来房间里的某个人告诉我，当时大家非常吃惊，因为他们以为我会被气得把电视砸了。实际上，我并没有生气，相反，我告诉自己，我要证明给他们看，我要解决问题，让公司打个翻身仗。

当时的我已经养成一种新习惯，那就是尽量抽时间独自静坐，将日常工作的压力抛在一边，对公司的未来展开思考。我把这种习惯叫作我的“蓝色笔记本”会议时间（因为使用的是蓝色封面的笔记本）。我利用这段时间思考应如何把霍尼韦尔带入一条更好的轨道。有一天，我突然意识到，我必须找到一种打造新产品和新服务，改进流程，以及实现地域扩张等的方法。鉴于投资者当时对我评价甚低，我也必须在短期内给他们一些可见的回报，否则我可能会被他们抛弃。我既需要一个确定的未来投资时间表，也不能再次让股东的短期预期落空。我们不得不在同一时间做两件事情，既要赢得现在，也要为赢得未来做好准备。

除此之外，我也认识到，我们确实可以同时做这两件事情。长期目标和短期目标的联系比表面看上去更加紧密。通过正确的行动改进当下的运营，我们也能够借此提升未来的表现，反之亦然。强劲的短期业绩可以证明我们正走在正确的长期道路之上。除此之外，我还总结了一套“短期—长期业绩表现三原则”理论。我相信只要遵循这一理论，我们就能同时赢得现在，赢得未来。

短期—长期业绩表现三原则：

1. 保证会计和商业活动的真实性。

2. 投资未来，但决不过度投资。

3. 在保持固定成本不变的前提下实现增长。

第一，我们要处理所有有问题的会计和商业活动，使业务回归真实。第二，我们要勇于牺牲今天的一部分盈利以投资未来，但要避免过犹不及。我们仍然要注意保持良好的短期业绩。第三，相应地，我们要更加严格地运营，不断提升经营效率效能，唯有如此，我们才能在保持固定成本稳定的同时实现增长。这三个原则的实践能够提升我们的灵活性，使我们在为投资者带来回报的同时，也能投资于各项运营改进及企业增长计划。当这些改进举措和增长计划产生成果，良性循环也开始成形，即当我们能缔造更佳的业绩时，就能产生更多用于投资的现金，而这会带来进一步的业绩收益，如此周而复始，生生不息。

这是我的一套基本方法论，而且已经被证明行之有效。在接下来的几年中，我们做了很多看起来不可能的事情。例如，我们实现了公司的稳定，并且在多个领域同时取得了进展；我们收紧了激进的会计政策，解决了环保负债以及其他历史遗留问题，改进了公司流程和文化；我们投资于包括客户、并购、研发以及全球化在内的一系列增长项目。从本质上来说，这三个原则让我们在进行所有决策时，都要考虑其短期和长期两方面的影响。这三个原则已成为我们文化和运营的规范，令公司能够每时每刻为客户创造更多的价值。我们把公司变成了一台业绩机器，它既可以满足股东的季度需求，也能够从长期上变得更加灵活高效，更具创新性，也更加以客户为中心。

当 2008 年大衰退袭来之时，我们的步履已经变得相当坚实。由于我们一直奉行短期和长期并行的策略，我们也在此期间采取了一系列不寻常的举措，寄希望于在衰退结束后便能够实现快速扩张。结果如我们所愿，截至 2018 年我离开公司之际，霍尼韦尔的市值已经从 200 亿美元飙升至 1200 亿美元，其投资回报率达到 800%（比标准普尔指数高了 2.5 倍）。除此之外，公司还在财务和环保等方面赢得了众多知名奖项。我们还通过员工持股创造了 2500 个 401（k）的百万富翁，其中 95% 都非霍尼韦尔的高管，最低的年薪仅为 4.3 万美元。

我们的经验证明，你无须成为天才便可以同时实现卓越的短期和长期业绩（我们就不是天才）。你也不需要任何神奇的公式，除了短期—长期业绩表现三原则，我们再也没有任何秘密。你需要做的就是相信自己能够同时实现短期业绩增长和长期投资这两个看似互相冲突的目标。另外在日常操作层面，你也必须全身心投入，不断督促自己及团队和组织中的其他人，超越自我，日积月累。领导力非常关键，这千真万确。而我想说的是，一切的诀窍都在于行动。虽然多数领导者都知道运营和战略需要什么，必须以客户为中心，要推出新产品和服务，要推进全球化，要激励员工等，但多数企业都会在执行上出问题。为了既能赢在当下，又能投资未来，你必须真正行动起来，做那些其他人只说不做的事。这要求作为领导者的你，必须从一开始就真抓实干，而且决不妥协。

关于本书

本书接下来的章节将会告诉你，如何才能把你的业务或组织转化为一台业绩机器。依据短期—长期业绩表现三原则，我提出了十大关键策略及运营性战略。在第一部分中，我将探讨同时实现短期和长期优良业绩的智识基础。我在第一章中提出，你首先要在业务方面具备更为严谨的思维，同时还要能够带领其他人共进退。这意味着你和所有人必须竭力超越二元对立，同时推进两个相互冲突的任务。在第二章中，我提出智识规范和好奇心必须转化为战略规划，而作为领导者的你必须坚持诚实与透明原则，就业务或组织，以及它所面对的挑战及机遇展开真诚对话。

本书第二部分的主旨在于，你必须通过推进长期投资化解挑战，以避免业绩遭受拖累。在第三章中，我将详细讲述霍尼韦尔艰难消化其养老金、环保及石棉债务等痼疾的过程。在第四章至第六章中，我讲述了公司改进各种低效、无效流程的过程。通过改革，我们结束了阻碍公司发展的文化战争，重建并强化了我们千疮百孔的领导队伍。这一切使我们在保持固定成本不变的前提下实现了业绩增长，而这一系列努力，反过来增强了我们短期和长期的业绩创造能力。

第三部分的主旨是如何通过今天的决策确保未来扩张。在第七章和第八章中，我介绍了霍尼韦尔在客户体验、研发、全球化以及并购等领域的扩张经验。通过扩张，我们在不损害短期业绩的前提下，创造了最大的投资价值。

第四部分探讨的是如何在一个充满挑战的时代实现短期和长期的同时增长。其中，第九章描述的是我们如何在大衰退期间展开行动，并且在衰退结束后实现爆炸性的业绩增长。第十章讨论的则是如何从不同视角思考高层轮换，以确保即使出现人事变动，长期和短期业绩也能继续保持强劲增长。在结语中，我呼吁所有人都应挑战不可能，充分发挥我们的领导力，以帮助我们的团队和组织实现卓越。

我衷心希望读者能够通过阅读本书扩展视野，重燃希望。不要再以为只有放弃长期，才能赢得短期，也不要把这种错误的信念当作借口，放弃对未来的投资。组织，无论规模、类别以及是否为营利性性质的，无论何时何地，都需要通过投资变得比今日更好。领导者只需要相信这一点，剩下的就是付诸行动。尤其是非营利性组织，它们似乎对个人和组织层面的糟糕绩效具有更高的容忍度。想一想，原本是一家衰败企业的霍尼韦尔也能实现短期业绩和长期投资的齐头并进，你的团队和组织又有什么不能做的？

克服短期主义，这不仅是企业刻不容缓的任务，也是整个经济的当务之急。市场经济是有史以来一股强大的向善力量，推动数十亿人脱离了贫困。政府的赋能推动了商业的繁荣，商业的繁荣则推动了生产力的发展，人类的生活水平（与生产力密切相关）也获得了提升。但谁也不能保证在未来经济可以持续兴盛，美国企业也不一定能保持繁荣。随着中国经济力量的日益崛起，全球市场的竞争也日趋激烈，和 20 世纪 80 年代同日本公司的竞争一样，如今美国企业只有通过持续提升生产力和创新才能继续引领潮流。企业必须在研发、流程改进以及文化建设等方面持续进行重大投资，然而股东只有在看到投资有足够短期回报的前提下，才会愿意推进这些重大投资。

追求增长和实现季度业绩指标是领导者的职责所在。本书以霍尼韦尔为案例，展示出我们可以运用一种崭新的平衡、纪律、严谨及活力管理组织，在取得良好短期业绩的同时投资于未来增长。我们可以战胜对手，并将与这些公司的竞争转化为机遇。我们能够让自己公司的业绩更上一层楼，但前提是我们必须对组织和自我提出更高的要求。我们还在等什么？抓紧前行，切莫错过良机。你肯定能有所作为，现在就付诸行动吧！

第一部分

打地基

第一章

清除认知惰性

2003 年，也就是在我接任霍尼韦尔公司首席执行官一年之际，我前往亚利桑那州凤凰城的航空航天部门检查工作。当时我正在全力主导霍尼韦尔的文化变革，但整个航空航天部门却不太买我的账。原因倒也简单，该部门的主管——我姑且叫他里奇——也曾经竞逐我现在的这个职位，但可惜未能竞逐成功，因此多少有些愤懑不平。我希望通过这次行程强化同里奇及其团队的关系，贯彻我对公司短期及长期目标两手抓的理念，为他们的部门业绩提升献计献策。

一开始进行得很顺利。我同里奇团队的成员一一握手，感觉他们彬彬有礼，而且对我也没有敌意。我们聚集在一个会议室里，然后团队成员开始向我介绍各自的战略规划。我翻了一下已经摆在桌子上的那份报告，发现它还很厚——大概有 150 页，而且里面有很多图表。我当时就想，这糟糕了。在此之前我就发现，霍尼韦尔的高管和经理经常会把汇报搞得特别冗长。他们喜欢用超出所需的事实、数字和评论应对尖锐且批判性的质疑。“看上去你们已经做了很多思考，”我指着厚厚的报告说，“我已经迫不及待想听了。”

里奇朝他的一名团队成员点了点头，后者便开始做汇报。一开始是对整个市场的概述，没什么问题。但几分钟之后，等他讲到第五页的时候，我让他暂停，并询问 Primus Epic 项目的情况。Primus Epic 是我们正在研发的一种非常棒的驾驶舱航电系统，该团队向我保证，该项目目前正在按计划的时间和预算进行。一两页后，我又就如何保证我们在辅助动力单元这一产品线上的领导地位提问。所谓辅助动力单元，就是为地面飞机提供动力的引擎。尽管里奇的团队成员回答了我的这个问题，脸上还挂着微笑，但看得出来他们有点儿不爽，他们私下交换眼神的动作似乎是在问："这家伙行不行啊？"汇报继续，但仅过了 5 分钟，在幻灯片讲到第 14 页时，我又打断了他们，询问起我们在最大项目上超支 8 亿美元这一问题。

里奇此时憋不住了。"你知道，德威，"他说，"如果你不介意，我觉得还是让他先讲下去，后面我们很快会涉及这个问题。"

我瞥了他一眼说："我现在就想知道答案。"

"真的，待会儿就讲到了。我向你保证，你所有的问题都会有答案。"

"好吧，"我说，"我相信你。在哪一页？"

他瞅了一眼自己的一位团队成员，后者马上快速把材料翻阅了一遍。"在第 36 页的上面。"这位主管说。

我翻到第 36 页，浏览了一眼上面的图表："不，这张图表只涉及 Primus Epic 的超支问题。我想了解我们超支的根本原因。是估算出了问题，还是执行出了问题，抑或其他问题？我希望大家能够准确估计真实成本，然后以此为依据制订方案，推进执行。"

里奇狠狠地瞪了我一眼："德威，汇报继续之前，我必须说我反对你这种开会方式。为了给你做这个汇报，我们可是花了大量的时间和精力。希望你能展现尊重，把汇报听完。”

“我明白，里奇，”我说，“但我们要搞清楚汇报的目的。如果我来这儿只是为了看你们作秀，那你说得对，我坐在这儿随便听听就行了。但如果这是为了让我了解你们的业务，发现问题，那你的整个汇报就要以我为主，方便我了解情况。所以我需要随时提问，等我得到我需要的答案后你们才能继续。明白了吗？”

里奇的态度软化下来，我也终于得以能够以一种严谨高效的方式审视业务，为接下来的短期和长期管理寻找机会。令我感到懊恼的是，我们的航空航天业务已经变成一块极度自我粉饰的业务。他们把各种杂七杂八的成本硬塞进预算，表面上却总是遮遮掩掩，这种做法给组织带来了极大的压力。为了实现业绩目标，公司不得不在整年中拿着各种短期方案东拼西凑，这其中就包括实施更为激进的会计政策以及同客户和其他机构展开某些特别交易。这算是我见过的最不正常的业务经营手段了。

从本质上说，将短期和长期管理合二为一的关键，并不在于对特定流程、政策乃至策略的改变，而是应采取一种有别于当下且更为智慧的思维方式。在实现短期业绩的同时为明天播下种子，这比任何单一目标的达成都要难上加难。实际上，很多高管和经理都已经在这个方向上打退堂鼓。为了躲避这种短期—长期双重目标任务，他们不仅拒绝提出尖锐的问题，而且还带头逃避各种深入调研。他们追求短期目标的同时却不热衷于寻找创新和投资的新方法，相反，他们落入传统策略、政策以及流程的窠臼，全然依靠各种会计伎俩交差。

千万别让自己变成这样的人。你完全可以同时实现短期和长期目标。当然，这也意味着你必须季复一季、年复一年地思索探究。给自己、团队以及组织多一点儿压力，以一种比以往更为深入的姿态，认真思考一下客户、市场以及流程，培养一种严谨分析和关注细节的思维能力。对自己和他人提出具有挑战性的问题，不找到最佳答案誓不罢休，即便这意味着你需要面对残酷的现实。你现在就要下定决心，从今往后再也不做被动的业务监督者，而要成为一个认真、专注、诚实的业务研究者。

同时完成两件看似互相矛盾的事

我对智识严谨性的高度认可，可以追溯到20世纪90年代早期，即我于通用电气担任大型家电业务首席财务官的时代。当时为了降低运营的资金成本，我的老板要求业务部门必须减少10亿美元的库存。更让人惊讶的是，老板安排我担任这项工作的负责人，但我完全不清楚该如何推进这项工作，而且我发现其他部门在面对这样的挑战时也经常举步维艰。老板会下令说，为了减少资金占用，今后公司的库存要大幅减少。然而没过几个月，库存水平就会慢慢回升，占用的资金额也涨了回来。

我想试试别的办法，但不知道该怎么办。我们召集了一支跨职能团队，我向他们咨询："为什么库存削减计划总会失败？我们能不能想出点儿新招数？"我对他们说："就算是最后不能成功，我们也要试试新方法。冥顽不灵的定义是不断重复老把戏，却总是期待不同的结果。"制造部门的一位领导认为，客户不满是导致失败的原因。一旦企业降低库存，客户交付就会出现问题，因为我们的库存中经常缺少所需的产品。这时候客户就会抱怨，销售部门就会向业务部门施加压力，让他们储备更多的产品，库存最终又回到最初的水平。库存水平和客户满意度直接相关。低库存和高客户满意度，这两者不可兼得，必须在两种看似矛盾的事物之间做出选择。

以上的观点，起码算得上是一种传统智慧。但我们想知道的是能否找出一种方法，可以在降低库存的同时保证产品的供应，这样就不至于大幅影响客户的满意度。我和团队花了一整天时间思考这个问题。在这个过程中，一位团队成员建议我后退一步，对从预测到供应链、从生产到运输甚至到分销的整个流程进行重新评估。通过分析我们发现，产品自仓库发货到制造端接到补货指令，中间隔了 8 个星期，之后则是生产、运输以及在仓库补货的流程。整个流程看上去非常耗费时间。如果我们能提高整个流程的效率，把整个“周转时长”缩短到一两天，结果会怎样？因为能够更加迅速地补充库存，我们显然可以在大幅降低库存的同时保持高质量客户交付，而且效率的显著提升也能帮助我们大幅降低运营成本。这种改变可能带来巨大的影响。

于是我们的团队就开始想办法改进流程，降低在预测、供应链、生产以及分销等方面的用时。我们开始向工厂即时反馈当天的出货情况，缩短了从订货到交货的时间，降低了生产批量（给定批量生产中一种产品型号的制造数量），还减少了从工厂到仓库的运输时间。通过 4 年持续不断的努力，我们把整个周转时长缩短到了两周左右。我们将库存水平降低了一半，同时把准时交货率从 80% 左右提升到了 90% 以上。同时致力于两个看似矛盾的目标，而不是非此即彼，这使得我们能够从整体角度更为认真地思考业务，提出此前从未被关注的问题。遵循这种颇具强度的思维流程，我们对业务的一些重要环节做了重新规划。如此一来，整个业务便可以更好地在多个指标，而非单一指标下运行。低效的流程正是问题所在，而一旦改进了流程，我们就可以在未来持续受益。

我的“傻子都能行”理论

从这件事情上我得出一个结论：领导力，究其本质来说，是一项智识活动。再傻的人也能做出一定的改进，这根本不需要多少思考或者创造活动。最优秀的领导者都明白，组织中总是会出现各种紧张态势，而他们的职责就是从根本上解决问题，从而为企业创造更佳的业绩。传统智慧认为，从所售商品或服务中获取高利润率的代价是牺牲销售总额。传统智慧也认为，你当然可以把决策权交给一线员工，但你必须承受失去控制权和出现灾难性后果的风险。传统智慧还认为，要提升客户交付满意度，你就得放弃削减库存的目标。我后来开始相信，伟大的领导者会不断督促自我及他人对业务做出深刻理解、深入反思。唯有如此，他们才能同时做好两件看似矛盾的事情。正是这种智识的严谨性，这种严密而好奇的思维规范，让领导者能从容应对他们所面对的最为关键的矛盾冲突：在取得强劲短期业绩的同时，为赢得长期目标而展开对未来的投资。

即便有了这样的认知，我也非常清楚，大多数高管和经理根本不会靠自我驱动迎难而上，也不认同值得为此付出智识上的努力。20世纪90年代初，通用电气的领导者非常满意我们在削减库存上所取得的成效，他们让我们和公司其他业务线的人交流，分享我们的经验。在听完我们的演讲后，一位听众举手提问：“所以，让你们取得这么好成效的最重要的事项是什么？”

我回答说：“并没有什么最佳实践。一切改变都是因为我们有了一种智识严谨性的思维方式。你们应该在组织内部复制的，正是这种思维方式。”

听众纷纷点头称是，但实际上他们并没有真正理解我说的话。几分钟后，有人又举手提问：“好，没错，那是一种思维方式。但能不能说说，是哪件事情给你们带来了真正的改变？”他们想要的是一种立竿见影的方案，这样就不用为自己的业务绞尽脑汁了。事实上，努力思考才是唯一真正的答案。

智识懒惰横行肆虐

令我沮丧的是，这种智识上的懒惰是霍尼韦尔的通病。当10年后我来到这家公司时，我发现这完全是一个不探究问题根本、不愿意提出创新性方案的组织。高管和经理只追求一个维度的目标，那就是无所不用其极地打造漂亮的当季业绩，却全然不顾这些行为的更深远后果。“我们担心完这个季度，又担心下个季度，担心完今年，又担心明年。”大家都是这样的心态。各项业务在原地打转，他们费尽力气实现短期目标，长期目标却停滞不前。领导者从不主动研究开发新的有趣的解决方案，如此一来，业务得不到彻底变革，同时实现多个目标也成了一种奢谈。

这种智识懒惰不可避免地导致日常交流的粗俗化。里奇及其团队的那种做派并不罕见，很多业务部门都存在同样的问题。深入思考的动力缺失，领导者又不给压力，团队会议也因此变成一种形式。他们的汇报里充斥着自我感觉良好的行话和无意义的数字，而那些所谓的分析框架，其目的也不过是掩藏其错误的逻辑，制造一种业务蒸蒸日上的错觉。只要稍微深入其中，你就能发现多数高管和经理根本没有充分理解他们的业务，有时甚至一窍不通。

他们当然不了解他们的客户。说件我这辈子也忘不了的事儿。在我上任之初，我参加了一个航展，并顺便拜访了航空航天业务的一位客户。在听取了业务团队的简要介绍之后，我带着这个业务的领导、产品经理以及销售前往会面地点，心想这次一定要好好讨论一下我们的那款超级棒的新产品。会谈之初，我按照惯例，向客户询问他对霍尼韦尔的满意度情况，但这位客户却这么答复我："感谢你能来，因为我们刚刚确定就你们未按预期完成开发项目问题提起诉讼。"什么？我的同事面面相觑，然后一脸惊愕地看着我。他们竟然都不知道这位客户已经对我们如此愤怒。他们完全失去了对客户体验的洞察。我请求客户给我一点儿时间处理此事，然后经过好一阵的忙乱之后，对方才撤诉结案。

不仅仅这个业务团队存在如此问题，而且也不仅仅是客户方面的问题，霍尼韦尔的领导者根本就没有深入研究过他们的运营流程。他们对技术、市场以及商业周期等一无所知。他们不了解自己的供应链，不清楚我们包括环境诉讼在内的各种关键负债，也不知道为什么自己的业务竟然只能带来如此少的现金流。

难怪我们公司的业绩这么差。

制定更为明智且更有依据的决策

如何大幅提升个体思维与团队讨论的质量，这是我作为首席执行官所面临的首要且持久的挑战。在解释我是如何展开行动的之前，先容我给大家介绍一个我长期以来一直在使用的领导力框架。

在我看来，领导力可以归结为三种截然不同的任务。第一，领导者必须掌握动员大众的秘诀。第二，他们必须为团队或组织确定正确的前进方向。第三，他们必须能够团结整个团队或组织，沿着正确方向，朝着预定目标前行。多数人都把领导力的重心不成比例地放到第一个要素，即激励团队上。他们会联想到史蒂夫·乔布斯这种充满人格魅力的领袖，他们正是凭借深邃的演讲鼓动人心，激发群体能量。但事实上，动员大众仅占领导者职责的5%，最卓越的领导者则几乎把全部时间用在了领导力的后两个方面：做出英明决策，并且始终如一地执行决策。

除非好点子会咬人，否则别指望霍尼韦尔的领导们能做出什么优秀的战略决策。因为他们根本就没有心思了解业务、审视业务。为了解决这一问题，我花费了大量的时间探究诚实、明智及审慎决策的意义。我认识到，要解决这一问题的首要且最佳方式就是通过亲身示范，向大家展示批判性探究的整个过程。没错，我要传递清晰的指令，那就是我们必须通过自我驱动，同时实现两个互相冲突的目标。但我不是简单地规定目标，而是会先让他们做出明智的决定，向他们询问业务方面的关键问题，并且推动他们找出创造性的解决方案。

我和航空航天业务部门领导里奇的对话就非常典型。我没有被动听取报告，而是不时果断但有礼貌地打断他们的汇报，就业务提出问题。我会在会议之前就提出若干关键问题以供团队思考。我们认真听取他们的回答，然后提出更多关切，若答复不令人满意，我也会直截了当地指出来。我是不是有点儿咄咄逼人、吹毛求疵，甚至略微（或非常）惹人厌烦？毋庸置疑。但是，老话说得好，无理的管理要求才是进步的动力，我对此深信不疑。领导者必须对员工有所要求，否则只能取得微不足道的成果。个人和组织的能力，要远超出他们自己的想象。与此同时，领导者也不必穷凶极恶。我总会尽量礼貌地提问，因为我知道，只有彬彬有礼而非随意指摘、颐指气使的领导，才会得到员工的更积极响应。

在每一天的工作和会议中，我坚持以礼貌而执着的态度询问业务。有时候大家会觉得礼貌是软弱的一种表现。当他们真有此想法时，我会立刻纠正。其他人则对我的所有问题都反应消极。但久而久之，他们要么变得更具智识的严谨性，要么就会离开公司。优秀的领导者喜欢和我争论，即便他们发现这也是一件极度费神的事情。

2006 年，我同航空航天部门负责软件开发改进工作的几位高级领导见了几面。在每次会议开始的数周之前，业务团队便开始研究我提给他们的问题。时任航空航天首席技术官，霍尼韦尔负责企业转型的高级副总裁马天明还清楚地记得，在第一次会议上，我就接连不断地提问了 5 个小时。我们讨论了软件开发人员使用技术的细微差别、财务以及人才部署等问题。“的确非常累，”他说，“但也令人振奋。”相比于刚走进来的时候，他觉得走出会议室后的他，“对未来目标更感到兴奋了”。[1]

拒绝模糊思维

为了打破其他领导者的智识障碍，我刻意打破他们组织中通常存在的渐进主义思想，也就是那种只考虑短期业绩却忽视长期发展的倾向。当高管们讨论给一个高成本工厂增加产能时，我问：“为什么不考虑另外选择一个低成本、高质量的地方建设一个新工厂呢？”他们回答说："简单扩建更便宜一点儿。"从短期来看，这样的想法或许是对的。但是，也要考虑到，在其他地方建设一个新工厂，也有可能有利于未来的扩张，所以现在多花一点儿钱建设一个潜在利润丰厚的新市场，可能是一个更为合理的选项。

同样，当领导者评估哪部分是核心业务、哪些可以外包时，他们一开始也倾向于认为 95% 的业务都是核心业务。但经过一番深入研究后，我们发现，他们之所以这么认定，是因为他们觉得把业务外包成本太高。他们无法在脑海中构筑一个更为宽泛、长期的图景：管理这些业务的成本，所需的实体建筑，对经济变化适应能力的削弱，在这些领域继续投资的成本等。要是能够把这些隐藏的长期因子考虑进来，那么整个成本公式就会变得非常不同，把大量业务外包也就变得非常有说服力。（依据我的经验，一个组织通常可以将 30%~70% 的工作外包）。①

作为首席执行官，我敦促领导者在做每一个决定时，都要更深入地思考复杂、长期的图景。此外，我还要求他们仔细考虑可能出现的问题。在决策过程中，人们很容易忽视低概率事件，但实际上这些事件一旦发生便可能造成灾难性后果。通过对不利因素的更积极思考，我们的团队经常能认清可能忽视的重要问题。

你可能会问，多少思考才算多。这取决于业务与决策的类型。周期长的业务总是趋向于将简单的决策变成复杂的工程，周期短的业务

---

① 即使我们已经将核心业务和非核心业务做了正确区分，也必须要求财务团队按照这些原则分解资本支出，因为我们的业务仍在继续投资于被他们认定为非核心的运营。要严防组织惯性，除了 HSE（健康、安全和环保）或基本维护所需的费用，我们禁止任何非核心资本支出。

则倾向于快速推进，对问题的理解较为肤浅。为了鼓励领导者在决策前进行更深入的思考，我会先让他们尽力搞清楚自己的思维偏好是倾向短期还是长期。如果觉得一项决策的结果无关紧要或可有可无，那么他们就可能忽略分析，然后犯下决策过快的错误。所以我会要求他们先花时间仔细研究细节，然后再做决定。

用好你的三分钟

我在阅读一本关于巴拿马运河的书时，曾经看到运河项目总工程师的一则逸事。这位工程师的数学老师常常说："如果给你五分钟解决一个问题，那先用前三分钟弄清楚你到底要怎么做。"后来我把这个故事讲给霍尼韦尔人听，我希望他们能够沉下心来，对问题多做思考。有一次，航空航天业务部门的领导在一起讨论是否应推进一项潜在的收购。在会议结尾，我问整个团队是否真的想推进交易，并且是否能够确保业绩。多数人马上点头称是，但该部门当时的负责人马天明却说："我得用我的三分钟想想。我们周一给你答复可以吗？"我喜欢这样的回应，并欣然答应了他的请求。马天明又把整个交易的细节研究了一遍，并认真思考了其他可能性，最后决定继续推进交易。我们用 6 亿美元收购了那家公司。交易完成后约六个月，马天明的团队获得了一笔 24 亿美元的订单。我们在评估收购时根本没想到会有这样的结局，那额外的三分钟果然起了作用。

鞭策他人也是鞭策自己

要求我们的领导者以更为严谨的方式制定决策，也意味着我也必须更多地投入工作。我不仅需要花费时间在会议前就酝酿好给团队的重要问题，也需要更多地让自己了解特定业务，以及了解影响这些业务的广泛趋势。为了更好地了解我们的运营情况以及他们面临的挑战，我在担任首席执行官的15年中参访过大量工厂，拜访过100多个国家的客户。回到总部，我每天要阅读5份报纸以及许多重要的商业出版物、图书及杂志，涉猎各种不同的话题。我拜会各种各样的人，包括行业之外的首席执行官、金融人士、投资者、政策制定者等，以了解他们对新兴趋势的看法。我也会拿着我的蓝色笔记本，独自坐在办公室思考公司业务。我给自己设置问题，然后尽力回答。我也会反思外部趋势对市场的影响，并研究如何应对。

为了能够保持宽广的视野，我还主动学习了不少专业性知识。在霍尼韦尔任职期间，我仔细研究了信息技术、法律、社交媒体等多个领域。我知道这些领域的新趋势正在对我们的业务产生影响，所以我必须对它们略知一二。我不可能成为所有行业的专家，但是我提出的问题，必须能够激励那些作为专家的团队成员，让他们能够以崭新的创造性的方式进行思考。他们知道我会问一些尖锐的问题，因此他们也得学会用外行人能够理解的方式向我阐述商业理念。对他们而言，这其实是一种优化思维方式的强迫式训练。简明扼要可不是一件轻易能做到的事。法国哲学家布莱士·帕斯卡有句名言，他说自己之所以写了一封长信，是因为实在没有时间写一封更短的信。[2]我也相信，如果你无法用简单几句话表达某个想法，那么这说明你或许没有完全理解它。

我这种努力涉猎不同领域的态度也激励了团队中的其他非专家。如果一位白发苍苍的首席执行官都能对物联网如数家珍，那么我们的法律、人力资源或者运营线上的高管也必须跟上脚步，要不然他们在对话时就可能会显得孤陋寡闻。

围绕战略协调组织

严谨而明智的决策非常重要，但仍不够。理由很简单，领导制定了决策并不意味着万事大吉。为了能够同时实现短期和长期目标，或者其他任何两个看似矛盾的目标，领导者必须采取严谨而明智的执行策略。懒于执行的领导者真的数不胜数，因为他们觉得这应该是下属的事儿。“要不我还招揽什么人才啊，”他们说，“盯住运营的各个细节，这是他们的事情。”领导者还认为不应该管得过细。在他们看来，组织中的中下层员工只有在感受到自主性时才能有主动性，因此领导者该放手时就要放手。

放权和信任当然至关重要——你不可能事事亲力亲为，也不应该如此。话虽如此，但你也不应该完全放弃自己应有的权威。你必须行使监督权，以确保员工和组织真正按预定目标推进执行。我在这方面可有过惨痛的教训。当年我担任通用电气客户服务部门副总裁，负责为客户修理电器等业务。这项业务规模庞大，每年的营收大约有 5 亿美元，但因为产品质量不断提升（人们不再需要经常修理他们的洗碗机和洗衣机），该业务的用户需求不断萎缩，而我们的劳动成本却越来越高。为了改进业务，我启动了一项重组计划（这是我在与客户、服务技术人员以及其他人进行了多次实地考察后做出的一项决策）。我还投重金启动了一项大型 IT（信息技术）项目，用于改善服务技术人员的派单流程。一旦实施，这一项目将在降低成本的同时大幅提高客户的满意度。

我对 IT 所知甚少，因此我主要倚仗 IT 部门的领导，由他向我汇报该项目的进展情况。一切看起来都很顺利，但突然有一天我被告知，项目失败了。我们发现整个系统根本无法运转，而我们已经在这上面浪费数百万美元。这是一场彻头彻尾的灾难。从那以后，我就养成了对重大项目保持密切关注的习惯。

领导可以只关注战略，而把执行交给其他优秀人才的这种想法，完全是一种谬论。你不需要事无巨细，而且你确实需要适时调配对不同领导者的监督权。[①] 但在时间有限且事项紧急的情况下，即便最具才华的员工，也常常会忽视那些复杂且长期的项目。领导者必须深入其中，以确认所有项目都在按计划推进。他们必须确保“机器”每天都在运转——他们必须确保员工拥有执行决策所需的工具及流程，同时必须千方百计改进这些工具及流程。

我为霍尼韦尔领导者确立的智识规范之一，就是要深入了解执行细节。我把掌握实际情况视为己任，正如我之前提到的，我会实地同一线员工交流，我也会和不同层级的经理对话，以了解他们对关键业务问题的看法，我还会定期和直接下属沟通，了解我们的执行情况以及如何才能把事情做得更好。

领导就是绩效教练

对执行情况保持关注，并非仅仅为了让员工负起责任。通过探究式提问，我也担负起这些领导者的绩效教练的角色，我不仅督促他们

---

① 如果你的高管是空降兵，在某个领域能力不足，或者各方面都很平庸，那么你就需要管得更多。如果你的高管能够同时实现短期和长期目标，那你就可以少操心。我曾经告诉各级领导，如果他们能始终如一完成目标，就基本不需要我的指导。

保持专注，还为他们提供能够解决具体问题的智识框架。“我们需要新产品，钱在这里了，去干吧。”当领导者要是这么简单就好了。实际上，领导者还必须敦促员工思考创新，因为只有这样，投入项目的钱才不会打水漂。他们应如何建立一个能够催生大量新理念的思维流程？如何确定哪些新产品值得投资，哪些需要舍弃？应当安排谁负责产品开发，以引起组织足够的重视？如何确保技术人员与市场团队实现互动，以开发出满足市场需求的产品？如何理解用户、安装人员以及维护人员的体验？产品经理是否从一开始就应该介入全权负责产品或服务，以保证产品介绍的准确性？

通过提出如上这些问题，我其实是在向这些领导传授我的经验，提醒他们在开展具体项目时可能遇到的各种运营问题。为什么制造流程会出错，为什么组织经常会深陷转型旋涡，为什么价格上涨不起作用，关于这些问题，我都有切身体验。通过对自己成功和失败的反思，我养成了在出现各种情况时提问的习惯，如此便可以避免一错再错。通过深入提问和对简单答复的拒绝，我让团队成员对各自业务有了更深入的理解，也让他们有了更强的执行力，还提高了他们解决具体问题的能力。我希望我所花费的时间和努力能够增加他们的成功概率。

强化标准

作为执行力方面的智识规范之一，我坚持要求领导者确立新的评价标准。我刚到霍尼韦尔时，我们每家工厂的质量和交付数据看起来都非常棒。但经过一番深入调查后我发现，这是因为所有工厂都把领导者觉得会影响其业绩表现的有害数据删除了。以产品按时交付比重这一数据为例。如果部分客户未能在工厂确定的订货周期（产品从收到订单到供货的所需时限）内提供订单，或者他们的订单未能及时进入统计，这些客户就可能无法按时收到产品。即便如此，这些工厂也可以说自己有 99% 的按时交付率。它们辩称这不是工厂的问题，将这些订单排除在统计之外。如此一来，那些通过数据了解我们执行情况的经理会觉得客户都非常满意，但实际上有很大一部分并非如此。

这类问题总是屡见不鲜，所以为了解决它们，我们对每个工厂的测量体系进行了检验。我督促领导者密切关注他们正在使用的评价标准，并确保为每个新运营方案确立正确的评价体系。我还督促他们，在监督执行时不能只看数据。很多人说工作有了标准就万事大吉了，但事实并非如此。当你考核某些指标时，这些指标会得到优化，但实际的业绩却未必能真正得到改善。人们会想尽办法优化这些考核指标，却会忽视其背后的业务意图。这就是我经常说的“貌合神离”。

作为领导者，我们不能想当然地将指标等同为业绩。我们必须严谨地核实运营情况，以确保指标的改善可以真实反映相关流程的改进。我们经常要设置一些平衡性的指标，以避免某种指标的优化会让其他关键业务恶化。我们要降低财务、IT、法务或人力资源等方面的成本，但决不希望这些部门在组织支持方面的职能受到损害。因此我们会通过匿名内部调查确认这些领域的客户服务是否得到改进。

不出意外，在评价标准方面的坚持通常会带来重大的业务改进。多年来，我们一直在努力提升员工的多样性，但结果始终不理想。之前我们曾试着推行各种“最佳实践”，并且在某年内实现了员工多样性的短期改善，可惜这种状况并未维持长久。部分问题在于我们这些在总部制定政策的人，实际上对各地的具体情况了解有限。为了改变这种情况，我们创建了一套复杂的工具，打通了我们同劳工部的数据。

这套工具使我们能够根据工作代码，按照种族和性别追踪当地的人才流动。运用这套工具，我们可以将特定地方的工厂甚至特定团队的人才多样性水平，同当地的人才库进行对比。这让我们能够监督那些以各种理由声称找不到合格多样化人才的管理者。仅仅是因为能够比以往更加密切地跟踪数据，我们就可以用一种全新的方式让各地的管理者负起责任。

我们也通过跟踪新员工的增减监督各地领导者对于多样性的实施情况。领导在招聘和留存多样化新员工方面做得够不够？每位领导都需要一年两次向我和团队汇报他们在过去所取得的进展。通过这种努力，我们不再原地踏步，而是年复一年稳步向前。

我经常提醒霍尼韦尔的领导者，执行远非表面看上去那么简单。我经常说："诀窍在于过程。"做出明智有据的决策固然重要，但任何决策的实质仍在于如何实现目标。身处各个地方的领导者，知识水平大同小异。我们读同样的书刊，我们和同一批人对话，我们咨询同一批顾问，但要想获得优势，霍尼韦尔人就必须落实好执行，而这意味着我们要更好地理解业务，找出改进之道，并且将其付诸实践。领导者不能只当一个看客，那是一种落伍的管理之道。他们必须深入现场，全身心沉浸于团队的工作，监督流程，问责员工。然后他们必须运用毕生所学，推动决策的落实执行。

"X"日之美

你或许意识到，为团队或组织打造智识严谨性并非易事，因此经常让人望而却步。如何在有限时间内处理如此多的棘手问题？对于入门者，我衷心建议你每月都应该抽时间了解业务，进行非结构化的思考。文山会海会让你难以思考、阅读和学习。我的做法是，在每个财政年度的起初，我会安静地坐下来，拿出日历表，然后让我的助理洛伊斯·布朗和黛比·门迪洛从每个月中抽出两三天，将它们设定为不安排任何会议的“X”日。我会利用部分“X”日独自思考公司的业务问题，或者在这些日子里安排即时旅行，对各地工厂开展突访。我还将另外的12天指定为“增长日”，在这些时间里，我会和领导团队举行密集会议，帮助他们谋划各种增长及运营举措。我的团队成员也必须和我同步这些“增长日”的日程表，这样我们就不会在会议安排上出现冲突（如果有些人不在会议名单之列，他们就可以自行安排行动事项）。有时候我也不得不在“X”日开会，考虑到这种不可避免的情况，我会在年初设定时就多匀出几天备用时间。

在日常工作日，我也会尽量确保自己有足够用于思考的时间和心灵空间。如果你还没有严谨的日程规划，现在还来得及。你真的需要开那么多会吗？有没有办法一方面尽量减少必要的会议时间，一方面保证成长和进步？我不反对开会。领导必须开会，因为会议能帮助我们弄清事实，正确决策。问题是很多会议都过于冗长，既不必要，也讨论不出个结果。我的一个技巧是，在会议开头或开会之前就让相关团队提供给我一份会议大纲，这样无须等故事徐徐展开，我就能预先掌握问题要点及团队建议。

“欠条”和蓝色笔记本

为了尽量减少为解决后续问题而召开会议的次数，尽量增加独立思考的时间，我建议在每次会议结束时，都要确定后续行动的负责人、主要内容，以及时间安排。一个团队在某个问题上达成共识，并不意味着它就能得到实际执行。所以必须使后续行动具体化，责任一定要落实到个人，而不能笼统归于整个团队。你得确定一个具体的人名，这个人就是不睡觉，也必须确保工作的顺利推进。至于时间安排，则可参考帕金森定律，也就是时间拖得越长，问题越多。要敢于设定时间线，有时候你必须创造这样的文化。举个例子，我有一次询问一位财务人员什么时候能完成任务，那个人回答说："两个星期。"我指着我的表说："你看今天几点能完成？"结果那天下午 5 点前，任务就完成了。现在的组织经常不是争分夺秒，而是老牛拉车，这种情况必须改变。

另外也要尽量利用会议之间的空闲时间。大家可以尝试一下我所谓的"欠条"（bring-up notes）小技巧。大多数领导者都必须跟踪各项工作及其时间进度。我不会花费脑力把它们整天记在心上，而会在每次会议结束时，把每项任务和相应交付时间记录在单独的一张纸上，然后将其交给助理收藏。每天，她都会把上一天到期的"欠条"交给我。如果我已经收到相应的工作交付，就会把欠条撕掉，否则我会询问到底什么时候才能见到结果。有了这些"欠条"，我就能够对每个人问责，我也因此可以把更多的时间、精力及思绪用于阅读和思考。但要注意，这是我在智能手机时代到来之前的做法。今天的各种效率程序和其他软件也能为你提供类似的服务，尤其在你没有助理的情况下。

为了独立思考，保持工作活力，我还培养了一个随身携带"蓝色笔记本"的习惯。我会把在"X"日想到的新主意和新问题，都记到这个本子上。每隔 6 个月左右，我就会拿出一个"X"日的时间思考公司业务、投资者、商业趋势、财务、员工等问题。之后我会回顾在上一个“X”日所做的笔记。我上次的新想法是否付诸实施了？如果是，它产生了什么效果？我是不是遗漏了什么东西？如果是，那么现在迎头赶上是否来得及？我之前给自己提出的问题，现在有答案了吗？有没有新的线索？通过整理蓝色笔记本以及对在“X”日经历的大体回顾，我打破了日常生活的束缚，得以从外部视角观察我们的业务。我记在蓝色笔记本上的很多想法都已付诸实践，并且对我们的业务产生了重大影响。更为值得注意的是，我们主要的流程改进措施，即霍尼韦尔运营系统和功能转型（我会在第四章详述这一部分内容），正是源自我在笔记本上所提出的问题。

找出各种真实隐患

不仅仅要持续思考，保持对自我的质疑也同样非常重要，尤其是当你位高权重之时。在公开场合，你的一举一动都要展现出对决策的自信，唯有如此，团队和组织才能更好地应对不确定性。但这并不意味着你不能在私下自我质疑。自我质疑是一件极其重要的事情，也是避免落入确认偏误的一项重要举措。我们人类总是会更加关注那些支持我们已有想法的证据，忽视与之相冲突的数据。要想避免如此，就需要系统地寻找那些能够否定你的假设或信念的证据。在霍尼韦尔工作期间，我努力吸收各种逆耳意见，听取各种“令人不悦”的数据，并以此促进自我思考。当我在世界各地的工厂视察时，我会向当地员工询问各种开放式问题，关注每一条与我的主观看法相左的证据。我还会请教朋友和同事，听取他们对我的决策的真实想法。我知道他们值得信赖，都会毫不迟疑地指明我在思维上的任何缺陷。

我也希望自己是一个完美的自我质疑者，但实际上并非如此。我在霍尼韦尔的最大遗憾之一，就是未能有效地实施六西格玛[①]这种著名的质量改进方法。正如我在后面章节所提到的，我们为此投入巨大，但成效寥寥。我一度觉得这个项目运行良好，但实际上当时败象已现，我却没能对此投入足够的关注。假使我能够更加专注于思考，或许我就能够更为主动地展开各种分析，并对我的观念加以验证。例如，我本来应该将各条生产线上的新产品质量同10年前的质量水平加以比对，也应该把在设计阶段的预测质量同实际质量进行比较。但可惜我没有认真地思考这些想法，而结果是这个项目多年来一直表现不佳。永远不要停留在你的功劳簿上，要不断地自我挑战，不断问自己："如果我的臆测、假想、信念或者决策出错，那我该怎么办？"如果结果证明你是对的，那么你就会更加信心满满；如果你错了，也会得到鞭策，你的思维和业务也会因此被推向新方向。

如果你自己能做到严谨思考，那么你就会看到涓滴效应的出现，首先是你的直接下属，然后是各级员工，他们会群起仿效。因为我对向我汇报的团队要求甚高，那些领导者的思考能力也日渐增强，对会议的准备也愈加充分。"我们知道，在工作上我们必须保持一定水准的严谨性，"我们的前任法律总顾问，现任苹果公司法律总顾问凯特·亚当斯说，"因为老板会提出很多尖锐的问题，质疑我们工作的成效。"[3]有时为了拓宽员工思维的深度和广度，我们还需要给他们增加点儿压力。有一次我们新聘请的一位税务主管在汇报时说，某个我们面临的税务问题根本无法解决。我对此的答复是："如果只是想

① 六西格玛是一套非常严谨的统计工具，企业可以用它创建更为强劲的流程和设计。这套方法首先由W.爱德华兹·戴明倡导，日本汽车制造商利用其极大地提高了生产质量。

要这么个结果，那我还不如少花点儿钱请个人来干这活儿。”他听出我话里有话，于是重新做了更深入的调查分析，给出了令人满意的方案。

改革会议作风

这里还有一些其他方法，可以让你的员工更加深入地思考，并提升团队沟通的智识水准。 多注意一下你举行会议的方式方法。你是否总是在会上喋喋不休，不断对团队耳提面命？如果是这样，那么你就是扼杀思考数量或质量的罪魁祸首。决策的质量会因此下降，你也会错过一个提升团队批判思考能力的宝贵机会。过早透露自己对问题的看法也不是一个好主意：团队会因此应承附和，无法吐露心中的不同想法。正如我常说的，与召开得恰逢其时相比，会议更重要的是能结束得恰到好处。① 如果你有这样的心态，就会在会议过程中少说话，把精力集中到听别人畅所欲言上来。这当然也意味着你要控制好自己的自尊心。如果你在这个问题上还有挣扎，那么请记住：作为领导者，最重要的是你的决策质量和它所带来的业绩，而不是某个点子到底是不是你的原创。②

① 这是我初到霍尼韦尔时偶然发现的一种开会方法。因为无法信任董事会和下属，我在开会时也变得更为谨言慎行。之后我发现这是一个正确的决定，因为它使得大家可以在会议上展开更为充分的讨论。于是我彻底改变了举行会议的方式。

② 在同外部顾问、银行家或任何其他类型的咨询人员打交道时，尤其要遵循这一准则。你付钱请他们来是让他们提建议的，不是让他们给你捧场的。如果你从一开始就少说多听，便可以更多地了解他们的真实意见。

自尊心管理：我父亲的教训

我父亲是一位强壮的硬汉。二战期间，他在美国海军服役，经历过很多大场面，也曾经负伤。我小的时候，总喜欢在他经营的加油站玩耍。有一天，生意异常清淡，我们就一起坐在路边，想看看究竟发生了什么事情。不一会儿一辆汽车呼啸着冲了过来。我父亲走上前去，习惯性地跟车主打招呼。但不知为何，这位顾客下车之后却把我父亲骂了5分钟。我有点儿蒙，想着以我父亲的脾气，他肯定会教训这个人。父亲可不是那种受人欺凌的性格。但出乎意料，父亲却在那儿一个劲儿地道歉，只听见他一遍又一遍地说："对不起，我会改正。"那位顾客怒气冲冲地走了，父亲又回到路边。我们坐在那里，他凝视着天空，我也不知道该说什么好。此时只听见他沮丧地对我说："德威，无论是生活，还是工作，你都得时常把自尊装到自己的后裤兜里。"

我对这一幕永志难忘。我们或许也是强壮的硬汉，但为了成为卓越的领导者，我们也得时常把我们的尊严放到一边。

提出一系列问题并且积极探求多元化建议，这就是我在霍尼韦尔带领团队解决具体问题的方式（老话说得好，如果两个人总是想到一块儿去，那肯定是有一个人没动脑子）。当某些人的意见和我的背道而驰，我会让他们把自己的想法阐释得淋漓尽致。如果他们的想法和我不谋而合，我也会先忍住不说话，更不会着急表示支持，我会先让对话进行下去，并且继续保持倾听。很多人都会在别人讲话时就考虑自己接下来要说什么，但我的习惯是先听别人讲完，过三秒钟后再做出答复。这看上去只是一个微小的变化，但能让你真正知道别人到底讲了什么干货（或者废话）。我还会留意周围其他人的肢体语言和面部表情，以确定接下来该征求谁的意见。

在对话进行时，我会尽可能让所有人都参与进来，包括那些一直在纠结要不要参与进来的内向人士。在整个过程中，我会尽量以领导者的身份关注每一个我所面对的具体问题，并有针对性地提出问题，做出评论。很多领导者总是在会议上展示千篇一律的形象，但这是错误的。有时候你得表现愤怒的一面，有时候你要显得深沉，有时候还要表现友好。这完全取决于你的目标。如果你真的生气了，也千万别把沮丧情绪带到下一个会议室。我知道有些领导者做不到这一点，但请记住，另一个团队和惹你生气的问题根本没有一点儿关系。

等大家把意见和盘托出，我就会环视四周，向在场的每个人提问：如果他们是我，会做出怎样的决策。为了避免那些资历尚浅的雇员应声附和他们的老板，我会先从职级最低的员工问起，直到最后才问那些最高级别的员工的意见。在此之后，我才会说出自己的想法。我会尽量详细解释我的逻辑。这样大家就能理解我的思维过程，未来他们也能更好地将这种方法运用于各自决策的制定过程。

为了保证对话的质量，我明确告诉大家我们看重的是结果而非过程。很多个人和团队觉得一周工作 100 个小时才是值得称赞的事情，却从不考虑是否取得了真正的成果。他们错把行动与努力当成结果，也使他人无法专注于目标以及达成目标所需的行动。当有人在会议上试图以所谓努力邀功时，我几乎都会这么答复："这是个事儿，但无关紧要。没有结果，一切都无从谈起。"这话有点儿不中听，但世界就是这样运转的。要想做出高质量的决策，并有效执行，我们的人就必须明白这一点。

我还要求大家尽可能使用数据支持他们的观点。有一次开会，我们的人力资源福利团队一直对某项改革提议持有异议，但他们总是用“我觉得”表达他们的观点。我在会议结尾时说，如果你们都要谈感觉，那么我的感觉是我们的改革一定能成，我们得抓紧推进。等到下一次开会时，他们不仅带来了支撑数据（顺便说一下，数据结论证明我的感觉是对的），他们团队的领导布莱恩·马克特还给了我一张 CD（激光唱片），里面有 10 首关于感觉的歌曲。这一事件在整个人力资源部门产生了强烈反响，对于一个经常忽视数据重要性的职能部门，这是一项非常可喜的改变。

我改革会议作风的最后一招，就是坚决拒绝那种因为会议上某人在场所以“不能畅所欲言”的人。我要是因为某个会后跑到我办公室的人而突然改变看法，那我还算哪门子领导？当真有人在会后过来找我时，我会告诉他们，他们这种胆小的行为浪费了每个人的宝贵时间，所以一切都得重来一遍，这样大家才能听到新意见。经过几次之后，干这种蠢事的人就销声匿迹了。

除了正常会议，我发现为了激发团队的思考能力，有必要围绕某些具体主体展开特殊训练。即使最佳团队，也会在智识上卡壳停滞，作为首席执行官，我的任务就是主动推行休克疗法，强制推动富有成效的对话。有一次，我要求航空航天部门的采购团队给我列出尽可能多的成本缩减方法。几个月过去了，尽管我已经催促多次，但他们的回复还是在“努力研究中”。我忍无可忍，要求该团队取消本周接下来的所有会议，并且在第二天早晨 8 点钟集中到会议室。除非他们能分析出目前 15 亿美元成本都花在了哪里，并且想出可以大幅缩减成本的办法，否则就要一直待在那里。要是他们在下午 5 点前还没想出办法，那第二天他们就要继续在会议室里冥思苦想。结果他们花了两天时间就想出了最终的解决办法。他们不缺能力，缺的只是我友好的鼓励。

当团队在规划崭新蓝图方面遇到瓶颈时，我会采取一种不同的策略，这就是我所称的“白纸”练习。白纸这个名字说明了一切：我会让团队退后一步，重新思考应该如何从零开始。团队缺乏创造性的一个主因，是他们的思维受到了已知现实的束缚，他们只会基于现存状况思考。为了让讨论更富成效，他们必须重新定位。我会要求他们拿出一天时间，假装自己需要从零开始打造业务、流程或者产品。新业务会是什么样子？新产品该怎么设计？通常而言，摆脱现实可以让他们打破僵局，想象一个与现状截然不同的未来。

举个例子，我们的一家联合工厂原来的工作规范极其烦琐，足足有 43 页。使用白纸练习，他们把工作规则缩减到了 3 页，建立了更为灵活和高效的工作环境。只要能认清自己的当下位置和预期目的地，团队就可以轻松确定逻辑步骤、所需资源，以及实现目标的可行时间表。

培养智识思维

在深陷短期主义的组织中，领导者经常顾及研发、流程改进以及其他增长项目。在这方面的投入会侵蚀季度财务报表，而其回报则常常要等到很多季度甚至很多年之后才能有所体现。我执掌霍尼韦尔之前的几年，公司一直在缩减研发支出及减少其他有助于潜在增长的举措。我们需要增加对这方面的投入，但很多领导者却有些束手无策，他们并不知道如何才能在增加长期投入的同时保住我们的短期业绩。

我会在第七章中提到，事实证明，我们可以在实现短期业绩的同时播下未来收获的种子。例如，在航空航天业务上，我们的研发方式向来杂乱无章，尽管我们为尽可能多的航空机型开发新产品，但很少分析不同产品的利润率情况。有些投资能得到回报，有些则不能。现在我们破天荒地开始进行市场细分分析，根据产品的市场潜力确定研发项目的主次。相应地，我们也开始关注对未来的支出，并且只投资那些最有可能给我们带来盈利的大型平台项目。这意味着我们缩减了研发成本，然后我们将节省下来的资金以及一些预期之外的销售收入投到我们的“短周期”产品项目中。所谓的短周期产品项目，指的是一些规模更小的投资，它们不会用于新产品研发，而是通过对现有产品及服务的改造提升产生更多的当前收入。

总而言之，我们没有增加一分钱的研发预算，但极大地提升了预算的使用效率，使之同时带来了短期和长期收益。大型的新产品开发项目或许需要数年之后才能产生回报，但短期的产品项目（以及销售人员的支持）可以更快地带来回报。这是一套行之有效的策略。没用几年时间，短周期产品开发就开始产生收入，时至今日，它已经发展成为一种规模达数十亿美元的高利润率业务。随着时间的推移，我们的长期投资也开始结出硕果。在此之前，只有一半的新项目能获得成功，但如今这一比重上升到了 75%。

对一个团队或组织来说，思维的质量尤其重要。如果你想要业务既能赢在今日，又能赢在未来，那么就必须对业务进行重新排列组合，唯有如此，才能取得成果，且更为高效。这意味着团队或组织必须具备智识思维，必须保证员工对每一项决策都能展开深度思考。一定要为智识思考设立标准，要让你的员工同时追求两种看起来相互矛盾的目标。你要深入了解业务，唯有如此，你才能对团队的智识探索加以塑造与指导。精心分配你的时间，不要成为日程表的受害者。一定要抽出时间阅读、研究和思考，把会议变成充满活力且富有启发性的辩论。同时赢得今天和明天不是易事，但也并非不可能完成的任务。你不仅需要全心投入，还需要正确的思维方式。

问题清单

1. 你所在团队或组织的智识水平如何？要诚实！你是否具备同时追求长期目标和短期目标所需的能力？
2. 你将多少时间用于思考？你是可以自我安排时间的日程表掌控者，还是日程表的奴隶？
3. 你是否充分履行了领导力的三个任务，是否在本该只占领导力工作 5% 的动员和激励上花了太多时间？
4. 在听取汇报时，你是全身心投入，还是只把它当作一场百老汇演出？你是否培训你的员工进行批判性思考并追求相互矛盾的目标？
5. 你是否会充分利用会议就紧要问题展开严谨的辩论？你是只会发号施令，还是会花时间训练员工，让他们就一系列问题展开结构性思考？你是否能引导别人畅所欲言，直到最后才说出自己的观点？
6. 你是否会尽力探究一项决策建议的缺陷，担忧会不会哪里错了？你是否会征求每个人的意见，即使它们不同于你的想法或团队共识？在决定某一问题的讨论范围时，你是否能明辨这些决策可能带来的是最小后果（因此不需要太多辩论），还是极端后果（因此需要更多讨论）？
7. 你是会敦促自我和他人思考执行问题，还是满足于当一个战略家？你是在放权，还是在弃权？你是否足够深入一线，探究经营动向，了解你的客户以及业务的各个方面？
8. 你能否抓住机会，让员工使用白纸练习自我重新定位？在哪些有利可图的领域，你最想把“员工锁在屋子里”，然后让他们想出一个能取得加速进展的新方案？

9. 你是否对那些与你的想法相冲突的证据足够警觉？哪些举措没有想象的那么有效？打破束缚，找到答案。

10. 你的各项考核标准是否真实有效，员工是否在利用它们传递扭曲的假想？

11. 你是否会听信那些不在公开会议上发言者所说的话？

12. 比起如何让会议闪亮开场，你是否更重视会议能取得何种有意义的成果？

第二章

规划今天和未来

一家上市公司的首席执行官，首要的是掌握公司的业绩。我在2002年2月接任霍尼韦尔首席执行官一职，然而在最初的几个月内，我对公司的运行情况竟然一无所知。这听上去有点儿不可思议，但正如我在序言中提到的，当时的董事会一直禁止我了解公司的财务状况，直到4个半月后我正式成为董事长，这种情况才有所改观。他们要我“学习业务”，不用操心“我们的业绩”。即将离任的董事长，也就是我接替的前任首席执行官会负责监督我们的财务目标。

我很快就了解到公司的业绩确实出了大麻烦。7月1日接任董事长一职时，我要求财务部门对当年销售额及每股收益（EPS）做出最新预估（我们之前预测的每股收益为2.36美元）。我对他们说，一定要把数字降低到我们完全有信心实现的水平（考虑到华尔街对我的负面观感，取得首秀成功，于我而言是一件绝对至关重要的事情）。7月的第三周，公司的财务团队告诉我，我们的每股收益预估在2.27到2.32美元之间。我最终选择将收益预期降到一个更低的数字——每股2.25美元。财务团队对此非常恼火，他们说这会让投资者失望，导致公司股价暴跌。但我希望的是，一旦业绩不如预期，我们也好有个回旋的空间。事实上每股降低两美分都还不够。等到 8 月中旬，财务部门不好意思地告诉我，我们当年的实际每股收益可能只有——听好了别吓着——2.05 美元。现在的情况是前大半年的业绩已经计入账目。我们原来预计下半年每股收益能到达 1.36 美元，但现在估计可能仅有 1.05 美元。

什么？！

尽管我有能口吐莲花的美誉，但我保证不会在这本书里说脏话，或者至少不会说太多，但你们可以想象我当时的反应。我们下半年的业绩怎么可以在短短几周内就下降 20% 以上？财务团队把锅甩给我，说我虽然“让业务摆脱了困境”，但是却不看重业绩。这完全就是一派胡言。我就是再能折腾，也不可能在三周之内就让公司的销售或成本下滑 20%。

我需要答案，于是我给航空航天、控制系统、特殊材料以及运输系统四大业务部门的领导者打电话。“这到底是怎么回事？”我问他们。他们的答复是：“嗯，给我们设置的这些目标一开始就是不现实的。”很明显，我的前任和财务团队也不知道是通过什么戏法生成了这一系列目标。这些业务领导也曾抱怨，说这些目标遥不可及，然而财务却对此置若罔闻，并要求他们必须接受这些指标。“完成就行了，”财务告诉他们，“随便采取什么手段。”

我非常生气，但并不完全惊讶。几周前我第一次参加“季度目标”会议时，就看出不少短期主义肆虐而战略规划敷衍的端倪。我的前任会定期和财务部门举行此类会议，整个组织也上行下效。这种会议的目的在于让领导批准一系列公司动作，以实现我们的季度财务指标。看着我面前的这份行动清单，我发现没有一条建议是能够增加收入或降低成本的。相反，这些操作意见都是为了增加公司账面利润的一次性交易。财务要求我们卖掉一项业务，这样我们就能入账一笔一次性收益。他们要求我们改变对某些项目的入账方式，这样就可以计入更多收入。他们还要求我们批准与供应商的几笔交易，这样我们就可以增加当季利润。

在现行的会计准则下，这种操作完全合法，但显然并不明智。尽管这些交易能够让我们实现短期目标，但会从长期上伤害我们。每个季度我们都得找出几种新型但具有潜在破坏性的解决方法，这让我们倍感压力。业绩数字不可能持平，必须一季度比一季度高，因为只有这样利润才会看上去是在保持增长。天长日久，我们的业务每况愈下，压力却步步变大，我们陷入自己制造的一个恶性循环。

要克服如此根深蒂固的短期主义，决不能只靠在组织内提倡智识和诚实思维，你必须把这种新思维方式以及对短期和长期目标的追求都深入贯彻到战略规划之中。除非所有级别和所有部门的领导者都能以严谨的心态制订规划，除非他们都能在收获今天的同时播种未来，否则一切都是空谈。他们会喊出一些让领导者很开心但并不实际的长期目标，然后继续不择手段地追求短期目标。各级领导者都应制定适当的战略，并要为组织提供实现目标的流程、资金以及分析工具。这项工作既不轻松，也不光鲜，但正如本章的主题，如果你想要企业既能取悦今天的投资者，又不会失去未来，就必须行动起来。

清理痼疾

改善规划职能的第一步，就是根除各种速成伎俩，以阻止大家继续牺牲未来，只顾眼前。“8 月惊喜”着实把我吓得不轻，几周之后，公司财务团队把遍布全球的上百名财务精英召集到一起开会，而我决定趁此机会，点燃我上任后的第一把火。我告诉这些高管，从现在起，我们不再举行任何“季度目标会议”，我们也不进行任何旨在实现一次性收益和利润增长的交易。我当时还不能完全了解整个业务中到底有多少这样的交易，但是我清楚地告诉财务人员，我要清除账目上所有的激进簿记，并立即生效，我不管这会给收入带来多大影响。

会议过后，高管们开始陆续给我发来提醒，那些交易纯粹是为了实现我们的季度目标。我发现，有些类型的交易非常普遍。比如经销商加载（distributor loading）——在季度最后一周，我们以特殊价格或付款条件给经销商供货，如此我们就可以完成交易，并且将这笔收入计入当期账目。这种做法带来了收益，但是却让我们付出了不菲的代价。经销商认识到，如果有策略地选择进货时点，他们就可以从我们这里拿到更低的价格。他们不再选择在季度的头几周下单，而是把所有购买都安排到最后一周，这样他们就能拿到价格折扣或者更优惠的付款条件。这些大订单扰乱了我们的业务，因为为了满足他们的需求，我们不得不增加库存，以期能够及时生产出市场所需的产品，之后我们还要急急忙忙发货。在某些业务线，25% 的季度销售都集中在最后一周。而且为了实现利润增长，我们在接下来的季度里也必须重复使用这一伎俩，因此随着时间的推移，整个问题变得越发严重。

另外一种帮我们实现短期业绩目标的常用方法是给客户提供所谓的免费产品赠送。当销售飞行器机轮和刹车这类产品时，为了迎合客户，我们免费赠送部分数量的产品。例如，我们可以把合同中的前 100 套产品组件全部免费送给他们，但在入账的时候，我们会把这部分支出资本化，并将其分摊到未来 10 年到 20 年。产品发货后这部分现金即从业务中流出，但我们却不用记录任何直接费用。今天的收益看起来很多，但未来的收益必定会受到影响。高管们把这种操作方式视为吸引业务的“天降之财”。尽管现金因此流失，但他们确实没有任何损失。若干年后，他们的继任者，就得为搞定业绩目标而更加绞尽脑汁了。

同样，企业也在利用研发支出的资本化提振当下收益。由于这些成本支出的影响多年后才能得以显现，因此领导者向来不会为了获取最大可能价值，而在这方面开展仔细审查。

还有一种牺牲未来只顾短期利润的方法，那就是通过签订合同让供应商提前承担成本。为了获得业务，供应商会预先支付一小笔费用给我们。我们会将这笔付款计为当下收入，这会优化我们的报表，但企业也会为此在未来承担更高昂的成本。在许多情况下，这些长期合同损害了我们的业务——我们被自己束缚了手脚，越来越依赖单一供应商，或者为商品付出过高的价格。即便如此，领导者也会签署这样的合同，因为他们得先实现季度目标。

我们有时候也会出售部分业务，但这并不是为了业务发展或者促进销售，而是因为通过业务出售所获得的收入能够很好地粉饰我们的利润表。例如，我们的航空航天部门曾打算出售其面向政府客户的科技解决方案业务。在调研了这一业务之后我发现，相比于我们的很多其他业务，这一业务其实做得不错，而且只要我们在投资上略微加码，未来几年这一业务就可以实现大幅增长。于是我们放弃了出售，在继续运营这一业务的同时进行规模扩张。10 年之后，当感觉这一业务的发展已经见顶时，我们将其出售，获得了一笔更大的收益。我们用另外的结构调整进行冲销，因此这笔收益完全未计入当期收入，而是全部用在了长期投资上。

在那次同公司各地的财务高管举行会谈时，我明确表示，以前的那些常规做法不再适用。以后不要再有经销商加载，不要再有资本化的赠送或研发，不要再有为了账面收益而进行的一次性出售；从当季度末开始，不要再对供应商有超出约定的延期付款，不要再仅仅为了现金流好看而虚增销售应收账款。

公司财务部门马上表达了强烈抗议："我们怎么能这样干？如果为了消灭短期主义实施所有的这些改革政策，不但我们的收益会下降，投资者也会抛售我们的股票，股价会一落千丈。"我没有退缩。我们必须清理账目，清除惯用手段，这样我们的财报才能反映业务真实的一面。我们还必须让高管摆脱对季度业绩的盲目关注，只有这样，我们才能做出利于长期发展的规划决策。

我们花了整整 18 个月的时间消除所有激进和不健康的会计策略。在这期间不少领导者都找过我，让我批准那些能帮助他们实现季度目标但无益于长期发展的交易。我拒绝了所有的请求，并且提醒他们，如果我这次给了他们回旋余地，他们也相当于为自己挖了一个大坑，未来的业绩会面临更大的压力。对话非常艰难，财务部门的一些领导者和成员都无法承受我对短期主义的决绝。大多数人最终都接受了我的观点，那些不能承受的人则被辞退了。2003 年，我们聘请国际电话电报公司的戴夫·安德森出任首席财务官。他进一步强调了我们的理念，明确表示决不容忍任何在季度末美化报表的行为。

在与投资者沟通时，我承认由于业务调整，我们的业绩可能会在近一两年内于底部蹒跚，但我坚信，之后我们会反弹。在 21 世纪最初的几年，一些投资者相信我们，另外一批人则抛售了我们的股票，公司股价也因此下跌了约25%。这的确让我们元气大伤，但我们必须坚持我们所相信的策略，同时也会尽力保住短期业绩，以免公司股价跌入谷底。一旦我们开始战略性地经营业务，不再弄虚作假，我们的业绩就会反弹，股东也会对我们更有信心。正如我在本书中多次提到的，要想兼顾长期与短期，我们必须首先展开一段时间的前期投资，而投资效果则可能稍后才会显现。作为领导，你必须保持定力，并且要确保投资见到回报。

告别蹩脚的汇报

有人也许会问："既然霍尼韦尔如此奉行短期主义，那你们有没有一套正式的战略规划流程呢？"显然是有的。每年7月，我们的各条业务线都会向首席执行官做汇报，公司其他各个层级也有类似的汇报流程。简而言之，这些汇报都是扯淡。领导者对未来5年的发展规划毫无概念，也不知道该干哪些大事才能实现目标，更不知道他们该如何应对或者引领行业变革。正确的做法是对未来目标深思熟虑，然而他们只会为了取悦老板而夸夸其谈，全然不顾及那些目标到底能不能实现。他们也会强调企业瘦身、引入新产品或服务、流程改进或者其他成本缩减方案的好处，但闭口不谈执行这些方案所需要的花费，因为这样就会让前景预期看上去不够光辉灿烂。他们到处卖弄高深的语言，堆砌上百页的图表，为的就是掩饰自己的浅薄，让自己看上去足够聪颖。领导者不做批判性分析就开始盲目鼓动，结果是业务要么无疾而终，要么即便失败，也无人追责。这样的"战略"没有任何意义。经营考量和季度目标变成日常工作的重心，战略则逐渐褪色，只剩下一道暗淡的背影。

皮特威前总裁、霍尼韦尔资深高管罗福鼎回忆说，当时许多业务的领导者根本无法认真对待战略规划，因为他们对市场、客户和竞争都缺乏基本了解。“总经理觉得，深入市场和客户及销售人员打交道不是他们该干的事。”他在一次采访中说，“他们在一个岗位上待的时间也不长。”当时每两年左右总经理就会轮一次岗，这几乎已经变成一种常态。在这样的背景下，规划就变成“我会有一天的时间站到公司的首席执行官面前，给他讲一个让他觉得有意思的故事。然后我会回到岗位上，一如既往地想办法完成那些令人心烦的业绩指标。当然或许我也会提出什么特别的新想法。”等到决算日那天，领导者都确信自己不用为任何事负责。[1]“那时候我们的规划流程有头无尾，简直就是扯淡。”罗福鼎说。

作为首席执行官，我的首要任务之一就是根除这些扯淡的事，彻底改造我们的规划流程。从 2003 年起，我要求下属每年都必须向我提交一份战略执行概要。这份文件只要三四页即可，但必须把战略规划的基本框架写清楚。这样的一份概要可以让我们躲过一堆不知所云的报表和符号。我会仔细阅读概要上的每个字和短语以及战略规划中的其他关键部分。据罗福鼎回忆，他所在业务部门的年营收为 150 亿美元，但规划报告还不到 100 页。即便如此，他向我汇报那天，仅分析开头部分的图表就花了我们整个会议的时间。信息再明确不过，如果你想说事儿，就拿出数据佐证；如果你不知道要说什么，就别扯淡，直接说不知道就行了。

当一些领导者试图强不知以为知以图蒙混过关时，我会立刻向他们发难。有个团队试图以一长串的“竞争优势”取悦我，这真是让人气不打一处来。一家强劲的公司可能会有幸拥有一两项同侪不可企及的关键优势，但这种列表不过是辞藻的堆砌。“我们的竞争优势是我们的员工。”一位高管这样跟我说。呵呵，是的，拥有优秀的员工算是一项竞争优势，但以我们的氟化物业务为例，我们的主要优势到底在哪儿？是卓越的人才储备，还是我们所拥有的某些氟分子专利？是否有数据证明我们的员工比竞争对手的员工更优秀？当面对这样的问题时，领导者经常会发现，他们所谓的竞争优势，其实是竞争对手也具有的特质，结果就是我们在客户眼中毫无明显的优势。

伴随着我对公司业务了解的日趋深入，我开始推动激进变革，而这吓坏了不少领导者。2004 年 7 月，公司化学业务（性能材料和技术部门）的领导者跟我说，他们已经进入行业前 10%，所以不可能继续增长了，利润率也不能再提升了。我问他整个化学行业的市场规模有多大。答案是 8000 亿美元。与此同时，他们的业务规模只有 30 亿美元。他们就不能再从那 7970 亿美元的市场里切一块蛋糕吗？显然是可以的。

还有一次，我让特种材料业务部门的主管做个图表，以展示各项业务的赢利能力情况。当时投资者在向我施压，让我们卖掉这块业务。我不同意。虽然特种材料业务的整体表现欠佳，但里面有几项细分业务可圈可点。我们为什么要卖掉它，让其他公司的投资者从中获利？我在业务领导者给我准备的图表中间画了一条线，然后对他们说：“所有在线右边的业务，我要你们把它们全部处理掉；所有在线左边的业务，我要你们将其留下，继续好好经营。”特种材料业务的主管提出抗议，他说他们到这里来的目的，是要把这项规模为 35 亿美元的业务经营好，并且让它的规模再增长一倍，而我这一刀下去，整个业务的规模就只剩下20亿美元了。我说："不好意思，但我们决不能在现有业务组合的基础上发展。这条线右边的业务没有任何真正的竞争优势，所以应把它们处理掉。"尽管规模缩小了，但整个业务变得更加稳固，我们也在此基础上取得了实质性增长。

随着更多领导者开始以批判性的态度进行战略规划分析，我们的规划也变得愈加精细、愈加现实、愈加成功。我们的传感器业务（自动化和控制解决方案业务的一部分）主要生产两大类的一系列产品：采用电子电路和开关及其他机械部件的机电传感器，以及只使用电子电路的传感器。这两类产品的收入规模大致相仿，但该业务领导者认为，后一大类产品的技术更为尖端，因此将成为未来主流。在21世纪10年代早期，我们几乎将所有的研发资金都投到电子传感器上，尽管这一品类产品的销售收入仅占整个业务部门收入的一半，且不产生利润。与此同时，我们几乎放弃了对机电传感器的更新和改进，但实际上这块业务的销售仍在增长，它不仅贡献了收入的一半，而且是利润的全部来源。这一战略看上去非常合理——为未来做好准备，避免被颠覆的命运，但有些事情却让我不太舒服，于是我问了相关业务领导者几个问题："从我们开始预测机电传感器要开始衰落，到现在已经过了多长时间？机电行业真的在下滑，还是我们的预期过于悲观？如何才能让电子传感器业务赢利？"

相关领导者回应说，很早之前我们就预测机电传感器要消亡，他们不知道相关的细分行业是否还会增长，至于如何才能从电子传感器业务上赚钱，他们还需要仔细研究一下。他们在后来的增长日汇报中提出了两个有意思的发现。第一，我们传统的机电传感器根本没有走向消亡，相关产品的需求还在以每年3%~4%的速度增长。第二，我们在电子传感器上的研发支出过于分散。我们把钱撒在一系列潜在终端市场上，但没有认真思考哪些才是最有可能为我们创造价值的地方。我们决定改变策略，一方面将重金投入对创新机电设备的研发，另一方面将电子传感器的研发支出限定在医疗等几个我们真正具有竞争优势的终端市场。得益于重新制定的战略，我们把传感器变成一项极为赚钱的业务，其利润率从 5% 提升到 20% 以上。

让战略成为领导者日常工作的一部分

除了要在汇报问题上坚定立场，我们还采取步骤，使规划流程更具可操作性和实质性。通过在日程表中为自己预留出增长日和运营日（参见第一章），我和其他员工就有了同业务领导者展开后续讨论的时间。会议一般每 6 周举行一次，每次一两个小时，汇报一般围绕几个话题展开，其报告内容不仅要精练（不超过 10 页），还需要包含公司财务及运营业绩的最新数据。有了对后续讨论的安排，领导者也就有了定期收集及分析数据的压力，因为他们每次都必须向我做汇报。如此一来，战略规划就不再是一次性的年度活动，也不会很快被遗忘了。

为了进一步增强信息的密度，我要求各业务部门必须就以下事关公司总体战略的五大事项提供月度报告：增长情况，生产能力，现金状况，员工，以及霍尼韦尔运营系统等提升性行动（我们称为赋能者）。我要求各级领导者每周都必须安排某种形式的战略思考研讨。

正如罗福鼎所说，这类活动让每个人都更加关注自己的市场变化，因此大有裨益。“我们每天都在关注我们的竞争对手，”他说，“我们非常关注客户的情况。说每天都在干这事儿可能有点儿夸张，但这就是当时的文化，就是我们当时讨论的焦点。”

更为频繁的业务探讨让我们能够更好地聚焦具有挑战性的长期目标。以氟化物业务为例，在 20 世纪 90 年代，我们发明了一种叫作氢氟烃的新氟分子，用以替代破坏臭氧层的氢氯氟烃和氯氟烃。氢氟烃是一种优良的工业制冷剂替代物，因为它完全不会对臭氧层造成破坏，但问题是它的温室气体效应相当于二氧化碳的 1300 倍。为了保持行业领先地位，我们需要发明一种既不会加剧气候变化，也不会消耗臭氧层的新型替代品。这当然是一项浩大的技术工程，需要历经数年、耗资数亿美元的研发投入。

为了让业务领导者不在这一期间削减研发资金，持续投入精兵良将，我们会定期召开战略更新会议，讨论团队付出的各项努力以及所需要的必要支持。持续的监督加上绝对精湛的技术努力，让我们取得了虽然缓慢，但稳定的进展，一切也因此改观。经过 5 年的不懈投入，我们发明了一种叫作氢氟烯烃突破性分子。独立研究显示，这种新分子的温室气体效应比二氧化碳还要低 20%。得益于这项发明以及我们与业界的长期合作，我们的氟化物业务至今仍保持着高利润率和良好的发展势头，其年销售额已突破 10 亿美元。

对五大事项的月度报告制度也发挥了良好作用，因为它使得各业务领导者更加关心业务，也更加对团队负责。我们的政府服务业务向执法部门、军方和其他政府机构提供了一系列技术性服务，帮助它们监控现场数据，开展安全通信，追踪条件和设施变化等。2005 年左右，寻求同政府机构签订更大规模合同（超过 1 亿美元）成为该业务的新战略目标。由于该部门想要实现规模扩张，寻求更大金额的合同看上去是合理的举动，因此领导者们认为这是一项可以落地的行动。

之后的每个月我都会阅读他们发来的报告。大约 18 个月之后，我突然发现有点儿不对劲儿，因为我没看到任何要签订新合同的迹象。于是我要求我们的领导者向我汇报分析这一阶段的业绩情况，结果发现我们投标了 11 个合同，却只中标了 1 个，而且这个合同还是来自老主顾。现实让我们不得不对战略展开重新评估。我们发现我们的客户并不相信我们有执行更大合同的能力，而且他们发现把业务从现有合作伙伴转给我们也是一件非常麻烦的事情。于是我们改弦更张，转而追求金额更小的合同和更高的参与度。没过多久，我们的业务就恢复了增长。

我经常说，“商业是 1% 的战略加 99% 的执行”（我借用了托马斯·爱迪生的名言，并且稍做改动）。先多花点儿时间做好战略，然后你才能正确执行。尤其是当领导者在向你汇报战略的执行概要时，一定要让他们说清楚，现在的战略到底和过去的有什么不同。每隔几年就改变战略的组织，既无方向，也没有效率。多花点儿时间研究战略是非常有意义的，因为在之后的日子里，你就不需要在这方面多花心思了，也不会漫无目的，而是可以将 99% 的时间用于执行。

将运营同长期目标联系起来

很多公司的运营和战略是脱节的。它们在 7 月做规划，运营预算却要在 6 个月后的年底拟定。各业务部门经常会发现它们拿不到当初所预期的资金预算，因为在过去的 6 个月里，要么是成本又上升了，要么是销售又没达标，要么兼而有之。企业因此必须做出短期调整，长期目标也同样可能受到损害。我在本书序言里已经提过，通用电气的家电业务部门有时候会在某年的 11 月上演千余人的紧急裁员，这全是因为对来年的利润估算低于此前的预期。我们急急忙忙一边裁员，一边对业务进行重组，而这些都是本应该避免的混乱。

在霍尼韦尔，我们要求业务领导者在提出战略规划时，不仅要像过去那样思考未来5年的发展，同时也要做好下一个财政年度的方案。早在7月汇报之前的几个月里，我们就开始同各业务领导者就下一财年的战略展开深度交流。这种事不需要正襟危坐，实际上在和各业务领导者通电话时，我就会跟他们交流业务战略问题，询问他们的想法，并且给出我关于来年财务目标的初步意向。让各业务领导者早一点儿思考来年目标的好处是，其他员工也会被动员起来，积极思考促进战略实施的具体策略。他们思考的不是未来5年的应对之策，而是现在应该怎么办——资金投入的具体方向，需要引进的人才（包括他们是否需要具备特殊技术技能的人才），市场趋势将如何影响业务等。

等到了7月，他们关于下一财年的运营规划就已经颇具可行性，而他们的预期战略目标和5年财务业绩预测也变得更加符合实际。这样，11月的运营预算就很容易获得通过，我们也不必因为预算而在最后一分钟陷入"紧急"情况。此外，在进行战略规划汇报时，各业务领导者也会把此前的5年营收及盈利预测同实际业绩进行对比，以确认他们是否设置并执行了合理的长期战略目标。

起初业务领导者不喜欢我这种关注来年目标的作风。他们还在为当年的财务目标犯愁，哪里有空认真考虑来年的事？我跟他们说，他们肯定能完成当年的目标，因为当初他们设定业绩目标之前都已经做了长久深入的思考。他们基本上都不再反驳。我接着再让他们明白，在当下就思考下一年的经营其实十分有助于他们在来年及未来取得成功。尽管如此，当一家企业陷入危机时，它最先放弃的就是长期投资。

所以等到了 11 月各业务领导者纷纷敲定来年预算之时，我也要求他们，在实现短期目标的同时千万不能放弃对未来的投资。现行经营方案有了战略思想的指导和介入，就能避免我们落入如下的恶性循环：应急决策导致难以实现未来季度目标，而为了实现季度目标我们会引入更多的应急决策，对未来的投资也大大减少。通过提前谋划，我们就可以同步追求长期和短期目标。

霍尼韦尔的领导者花了多年时间才从思想上实现了经营的长短期兼顾。无论是在公开大会，还是在战略规划会议、年度经营会议、培训课程和其他活动中，我都孜孜不倦地推广和强化这一方法。正如我告诉员工的那样，要想在商业上取得成功，我们往往需要同时做两件看起来相互冲突的事情。为了节省现金，我们需要保持低库存，但同时也必须提升客户交付的满意度。我们必须赋能员工，也必须保持整体掌控能力。在进行长期规划和确定短期经营预算时，我们既要考虑保住今天的业绩，也要为未来的成功夯实基础。通过一点一滴的长期努力，不断灌输，这一思想最终得到了贯彻。我会听到有些员工谈论“同时做两件看起来相互矛盾的事情”，并为此感到欣慰。贯穿本书的一个主旨就是，要想深入推动组织变革，领导者就必须始终如一，坚持到底。管理兼顾现在与未来，这是我决不放弃的信念。

渐进重组

我们已经讨论规划流程的重构，那么战略规划的实质内容呢？这个就要视企业所在的行业、规模以及市场的不同而定，不可一概而论。但是也存在一条适用于所有行业的规划原则，可以帮助企业在实现强劲或至少可接受当下业绩的同时孕育未来增长。我把这条原则叫作持续性重组。为了缩减成本，企业传统上会定期进行以大规模裁员或关停为手段的重组。持续性重组则是一种更为渐进、温和以及低调的行事方法。你不再需要一次性大幅缩减成本，而是要在实现销售额按年持续增长的同时保持固定成本的稳定。你使用相似的资源，每年只需多做一点点，便可实现经营的效率提升。你可以通过一系列小型重组计划推动流程改进，这样效率提升也就成了一件水到渠成的事情。每年都要进步一点点——更有效率，更有成效，更具创新性。业务实现增长之后，记得一方面要将部分增加利润回馈给投资者，另一方面也要预留部分额外资金，将其投入到研发、地区扩张、流程改进、销售覆盖以及战略组合管理（收购、合并以及资产剥离）等活动中。通过出售业务或者其他资产所获得的一次性收益不应用于粉饰短期业绩，而应该拿去进行投资。

在销售增长的同时保持固定成本不变的诀窍

多数企业的可变利润率[①]在30%~80%，也就是说，如果你能保持固定成本不变，每一美元的销售额中有30~80美分的收益。如果固定成本上升，利润就会被挤压。下面的表格清楚地展示了这种影响。只要控制住固定成本，我们就可以实现10%的利润收益增长。

① 可变利润率（variable margin），即用总收入减去可变成本，然后除以总收入，再乘以100%所获得的数值。——译者注

固定成本不变

	第一年	第二年
销售额	100	103
可变利润率：40%	40	41
固定成本	30	30
营业利润	10	11
		10% 增长

可变成本随销售额增长

	第一年	第二年
销售额	100	103
可变利润率：40%	40	41
固定成本	30	31
营业利润	10	10
		零增长

在大多数企业中，劳动力支出占据固定成本的70%~80%。即便总人数不变，每年只是工资和福利的增长也会导致3%的成本上升。流程改进的重要性就在于此，而这也是你必须建立良好报告体系来跟踪收入和劳动成本的原因。领导者和组织总是希望有更多的员工，他们很少考虑如何通过不做、少做或者优化的方式提升现有员工的生产率。由此可见，控制人数是保持固定成本不变的关键。

由于你总会将相当比例的利润用于再投资，因此持续性重组并不能使你的季度业绩最大化。但随着时间的推移以及这些投资结出硕果，你就会看到额外且持续增长的业绩收益，而这又可以反过来进一步增进投资。增长变得强劲，投资者就会很开心，而你也可以借此战胜那些不能坚持对未来投资的竞争对手。起初你需要不断增加每年的投资，但一旦长期投资的齿轮飞转起来，你就可以把投资金额占比控制在一定水平。到那时，你就可以把更多的利润增长部分给予投资者，显著增加他们的投资回报。

大多数企业不可能一下子从优秀变成卓越，也不可能像霍尼韦尔从衰落走向卓越，它们一般都行驶缓慢，按年按季，一板一眼地往前赶。以我们的传感器业务为例。截至 2005 年，通过一系列收购，我们的这一块业务已经在全世界拥有 37 个相对规模较小的工厂（每个工厂大概有 500 名员工）。要让这么多工厂协调生产实在不是一件省心的事，我们根本无法满足客户的需求。对我们来说，每家工厂都是一笔可观的固定成本，包括建筑维护费用、员工工资以及生产线运营支出等。

我要求各业务的领导者思考：什么才是他们理想的工厂规模。在进行了一次我在第一章提到的白纸练习后，他们意识到自己最多也就是能同时管理好 12 个工厂。但问题是，如果我们不假思索地同时关掉剩余的 25 个工厂，我们可能就要为了短期的成本节省而承担一大笔重组费用。我们也可以同时裁掉成百上千名工人，但这可能会扰乱支持经营正常开展的无形流程（也就是我们说的“隐形工厂”）。此外，在向新工厂规模过渡的过程中，客户服务也可能受到短暂冲击。

运用我们的持续性重组哲学，我们决定用 10 年的时间陆续关闭这 25 个工厂，每年只进行小规模的裁员，并同时逐步提升我们的生产能力。在这个过程中，我们的领导者也可以对其他许多领域进行改进，例如，之前提到的增加研发支出等。这些努力不仅使我们仍然能够获得相当不错的季度回报，也帮助我们的传感器业务从优秀走向了卓越。

我们将持续性重组应用到了所有的业务上，并且取得了显著成效。传统上，霍尼韦尔的运输系统只为汽车行业客户生产柴油发动机的涡轮增压器。相关领导者觉得我们的技术不具有压倒性的竞争优势，因此反对生产汽油发动机的涡轮增压器。2007 年，一位新的领导者上任后，我们转向了汽油发动机涡轮增压器的生产，原因是汽油发动机占了整个汽车市场的一半，而且在可预见的未来仍将如此。但我们没有采取激进的政策，而是运用了持续性重组哲学，只是将每年盈利的一部分用于汽油涡轮增压器的研发。10 年后，我们同时成为柴油和汽油涡轮增压器的主要参与者，占据了大约 30% 的汽油涡轮增压器市场，并新增了 10 亿美元的收入。这块业务经营得非常好，我们最近已经把它拆分为一家独立上市的企业。

此类事例的不断涌现，促成了整个企业的持续成功。得益于持续性重组，我们自有研发投入占销售额的比重从 2003 年的 3.3% 提高到 2016 年的 5.5%。 我们每个季度还会拿出 1000 万到 4000 万美元（此外，还有所有的一次性收益）用以改进我们的流程。一开始，卖方分析师总是希望我们早点儿结束这种重组，而我们的回答是永远不会，这让他们非常郁闷。霍尼韦尔最大的投资者之一理解我们的做法，而且令人欣喜的是，随着时间的推移，我们的营业利润率从 2003 年的 8% 左右提高到了 2018 年的 16%，销售额也几乎翻番。虽然华尔街在 2002 年就已经认为我们是一家精益的公司，但如今我们的效率和赢利能力比以往都有了大幅提升。这一切都源于我们既适应短期又植根于未来的战略。此前持怀疑态度的分析师，现在变成了持续性重组的坚定信徒。

改变做规划的方式

如果你还没为业务做好兼顾今天和明天的规划，那么现在就开始行动吧。将短期主义从战略思维中清除，摒弃那些救你一时却毁掉未来的季度末小伎俩。让你的规划流程更加严谨，让每个人都关心战略，即便他们还得想着日常的经营决策。避免那些过于雄心勃勃的计划，而是应采取审慎的方法，在短期利润与对未来增长的投资之间取得平衡。可能你觉得现在实施一个具体的长期计划或战略为时已晚，也许你是对的，但也可能大错特错。在跟公司的领导者谈话时，我经常引用一句谚语："种一棵树最好的时间是 20 年前，其次是现在。"

同时为今天和明天做规划这件事，霍尼韦尔也不是一天就学会的。我们用了 18 个月清理各种不健康的会计策略，又过了好几年，我们的领导者才将这种方法内化为一种文化规范。你的公司也会有类似的过渡期，而渡过难关的最好方法就是保持密切参与。当有人纯粹是为了"完成业绩"而让你做出某项决定时，你一定要坚守立场。当有人提出大规模一次性的改进方案时，你要让他们三思而行：不如将这些项目化整为零，这样其实可以更容易落地执行。要对团队提出要求，他们必须每年都进步，他们应当在取得业绩增长的同时保持固定成本，最起码成本的增长要慢于销售额的增长。你的立场在一开始可能并不受欢迎，但随着业绩改善以及未来增长之路越发平坦，其他人就会理解其中的真意。战略规划就会从今天无意义且繁重的例行公事转变为组织的指导方针。

不论你是业务线领导者还是某部门的领导者，甚至只是一个小团队的头儿，你都可以同时为今天和明天做出规划。如果你是薪酬管理部门的领导者，你每年都应该想想，如何才能在保持固定成本稳定的前提下，让员工适应更大的工作量。为了降低失误率，减少人员数量，提升效率，你应该如何重新设计整个流程和系统？酝酿想法（我将在第四章详谈如何进行流程改进），然后制定可实施的战略规划及运营预算。想办法降低组织内某些方面的成本，然后拿这些自有资金落实你的想法，哪怕只是其中的一小部分。找到你的老板，大力推销你的想法，并跟他解释你将如何谨慎启动、如何持续进步，以及如何在未来赢得可观的收益增长。

这种方法也适用于小型组织和团队。对短期和长期业绩更有成效的规划与实施，会让你的上司注意到你是一个能够独立思考并有所作为的人。但如果这种情况没有出现，你的老板仍然坚持让你追求不切实际的目标，那么你或许应该考虑跳槽到其他更为务实、更加注重绩效的公司（当然，在此之前，你要确认你的老板确实是好高骛远，而且也没有推动你进行广泛思考）。

保持自我警惕

在进行持续性重组期间，你也有可能因为受到诱惑而放弃这一理念，觉得靠丰厚的一次性收益提振短期利润这种事也可以偶尔为之。千万不要这样做，因为即便是偶尔为之，也会令组织涣散。到了第二年你又会设定不切实际的目标，员工也会仿效领导者，想尽办法完成业绩。这种对财务捷径的渴求仿佛是得了酒瘾：你要是想戒掉，就必须采取迅速且决绝的行动。如果你中途破了戒，那么即便是几年之后，你也可能故态复萌。领导者要时刻保持警惕，不要觉得所有人都已经完全接受持续性重组的理念，会完全负责任地展开规划行动。要坚持不懈，抓住每个机会向组织说明，我们真的可以，而且必须同时为短期和长期做好仔细规划。

如果你是一家上市公司的领导者，那就要特别重视投资者的反应。和组织内部的很多领导者一样，投资者一开始也不会喜欢持续性重组，而且他们可能不知道你在公司内部进行战略规划改革的全貌。在盈利预期的实现问题上不要任由他们摆布。要提醒股东和分析师，你们着眼于未来的投资对企业发展非常有价值，同时也应该让他们对获得回报所需要的时间大体有个数。为自己设置保守一点儿的季度盈利目标，这样你就不必有太大的压力。你制定的目标既要在你的能力范围内，也要足够高远，以免投资者用脚投票。这样一来，如果你跑赢了这些目标，那非常棒，你可以把收益的一部分拿出来，投入额外的重组；如果业务遭遇到超出预期的挑战，你也有回旋的空间，不至于需要回到过去，求诸那些对业务造成伤害的临门一脚交易以及各种会计花招。

砍树不如种树

2002 年，我取消了“季度目标”会议，禁止了为虚增业绩而进行的各种临门一脚交易，之后我开始观察这些举措是否真正改变了现实。在一个“X”日，我突然造访我们在路易斯安那州的一家化工厂，并与当地的领导者和员工展开交谈。

工厂的经理迎接了我，然后带我参观了其中一栋建筑物。他一边走一边向我介绍公司的运作、产品的种类以及正在经历的困难情况。

大概 15 分钟后，我问他是否留意到我们取消了“季度目标”会议后的经营变化情况。他回答说：“当然有变化。过去，为了完成业绩，我每周都要花好几个小时搞特殊交易，我还得绞尽脑汁想出各种会计上的办法。但现在我就不操这个心了，我终于可以专心管理工厂了。”

我们打开一扇门走出车间，到外面宽阔的地方四处转了转。我环顾四周，只见一片开阔的平地一直延伸到地平线。这些都是工厂的土地。“嗯，”我转身对他说，“给我具体讲讲你以前为了完成业绩都做过什么，你现在做的事情和以前有什么不同。”

“我可以给你讲得更具体点儿，”他指着正前方说，“看见那些田地了吗？”

我点了点头。

“那里原来都是树，足足有上百英亩[①]。有一次，为了完成季度目标，我砍掉了所有的树，然后把它们当木材卖掉了。在那个季度，我几乎没怎么管过工厂，而是把所有时间都花在这笔交易上，因为从金额上说，这是我们当时最大的一笔买卖。这笔交易后来帮我们实现了季度目标。你肯定不信，实际上我还因为想出卖木头这招儿而得了一个创新奖。他们开始研究所有其他工厂是不是也能干点儿类似的事情。”

我难以置信地摇了摇头：“哇！”

“是的。但多亏我们已经进行变革，我再也不用花时间干那些事儿了。我现在可以专心处理实际问题，比如如何能以更有效的方式为客户提供他们需要的产品。”

---

① 1 英亩 ≈4047 平方米。

为今天和明天做规划需要付出和投入。在担任首席执行官期间，我把大量时间都花在了同总经理制定战略规划、分析规划以及推动持续性重组上。我们的各级领导者也是如此。这些努力都得到了回报。我们没有选择采用权宜之计或者拼凑业绩，而是改变了工作方式，改进了业务经营的质量。我们没有砍树，而是在种树。

问题清单

1. 你在自己的组织中发现了哪些短期主义、“季度目标”类的活动？它们是否损害了长期利益？
2. 你如何在确保平稳短期业绩的同时拿出资金支持长期计划？你是否尝试过各种方式方法，以保持固定成本不变，或至少让固定成本的增速低于业绩增速？
3. 你们的规划流程是更像一次年度活动，还是对战略严谨而持续的检验？
4. 你们的首席财务官对未来是否持保守态度？如果你的首席财务官是个乐观派，你就有麻烦了。
5. 员工应该在年初而不是年末思考来年业绩，你如何鼓励员工做到这一点？
6. 不要老想着“大爆炸”式的增长，你是否考虑在某些业务领域实施有裨益的持续性重组？
7. 在日常交流中，你是否会鼓励员工就商业的基本常识展开思考，例如，如何为客户提供更好的服务，如何创造真实的销售额，以及如何开展对未来的投资？
8. 是否存在一些似乎永远不可能带来短期业绩的长期计划？你怎么加以完善？

第二部分 优化组织

第三章

清除业务上的严重威胁

2003年，也就是我就任首席执行官大约一年之后，我们在路易斯安那州巴吞鲁日的化工厂发生了一起员工死亡事件。得到消息后，我马上派出一支环保专家小组，调查导致这场悲剧的原因。他们在工厂巡查时发现地上存有大量的过期旧桶装化学品，桶上都贴有内存物质的介绍标签，但没人知道这些标签到底对不对。那位员工的死因是他打开了其中一个装有1吨化学品的圆桶，吸入了里面冒出的浓烟。我们调查后发现，他打开的那个桶的标签贴错了，而且他打开桶的时候没有遵循我们的安全操作规定。

我想要知道为什么这位员工没有遵循规定，而且为什么工厂里到处都是贴错标签的过期化学品。为了找到答案，我直接飞到工厂进行了一次突击访问。当我到达那里时，工厂的接待员都不知道我是谁——这真算是意外中的意外了。工厂经理带我参观了厂房并给我指明事发地点。之后我在一个小会议室里和工厂领导者见了面，我让他们解释一下事情的进展。“你得明白，德威，”一个领导者说，“这种事故不可避免。化工厂本来就是一个危险的地方，这次我们只是比较倒霉而已。”

“倒霉？这就是你的解释？”

我又问了几个问题，得到的回答更是让人懊恼。“工厂就是这样。”“不遵守安全指示是人的本性。”“这种事故可能出现在任何时间、任何工厂，你对此无能为力。”10~15分钟之后，我再也忍不住了，我提高声调斥责了坐在我旁边的领导者：“你们知道不知道，有个人死在了这个工厂，而如果我们正确处理了那些化学品，如果他遵守了培训时就了解的安全规定，这一切就不会发生。你们这里的文化简直烂透了，没错，烂透了。别在这儿给自己找理由了，挪挪你们的屁股，赶紧处理！”

后续的调查显示，安全问题不仅存在于这家工厂，在整个公司都很突出。我们全世界各地的工厂都有可能随时发生这样的事故。为了避免这一切，我们必须在培训和流程改造上投入重金。

安全还不是我这个首席执行官需要解决的唯一严肃的问题。在就任的第一年，我就发现霍尼韦尔的法律和环境责任问题要比我想象的严重许多。我之前就知道我们在石棉这块有着大量的诉讼，但我没料到我们有数十亿美元的债务，还需要投入另外数十亿美元解决我们工厂里的化学污染问题。此外，我们还有养老基金不足的问题，上一章就提到的激进会计策略问题。天哪！这些问题像黑夜一样笼罩着我们，简直就是业务上的一颗颗定时炸弹。我也备受这些问题困扰，作为一个20世纪60年代出生的人，我决不愿意自己领导的是一个不重视社会责任的组织。

从我和我们新聘请的诉讼律师凯特·亚当斯的如下对话中，你就能知道我接手的这些问题多么严峻。凯特大概来了6个月之后，有一次我在走廊里遇到了她。“你现在已经算是在这家公司安顿下来了，没觉得有什么后悔的吧？”我问她。

她的脸上洋溢着灿烂的笑容：“没有，一点儿也没有。我们的业务种类实在太多了。能在这儿工作是一件非常让人兴奋的事情。”

“那就太好了，”我说，“你说得没错，我们的业务非常多，我们继续努力，未来肯定无限精彩。”

“嗯，那是肯定的，”她说，“不过我的意思是说，我们诉讼的种类非常多。我们简直什么事儿都被人起诉！各种事情，遍布世界。这真是有意思。”

虽然说如今的我对工作热情满满，但她的这番话，可真不是哪个首席执行官都愿意听的。

平衡短期和长期战略规划是一件非常重要的事，但与此同时，你也必须尽快出手处理那些非常具有潜在破坏性的历史债务，即便它们可能构成超乎预期的短期甚至持续性的打击。否则，你就不可能成功规划好短期及长期目标，也无法实现一个通过短期盈利促进长期盈利的良性循环；反之亦然。克服短期主义意味着你必须解决那些总是被传给下一任领导者的长期历史遗留问题。我总是对团队说，打不下坚实的地基就无法盖成好房子。如果你的组织或者团队缺乏这种坚实的基础，那么你就要把钱和资源放在一边，先考虑如何打地基的问题。

重思短期主义的根源

有几十年经营历史的公司，多数都会有一些遗留问题，更何况霍尼韦尔是一家百年老店。随着时间的推移，人们对安全和健康的法律与社会预期都会发生改变，我们对技术和生产过程后果的认识也同样如此。在几十年前看似合理和安全的行为，如今则可能导致伤害，而企业则必须依法对此负责（法律是否公正，我们暂且不谈）。尽管解决这些历史负债可能影响当下企业的增长，但债务堆积到了一定程度也会影响组织的竞争和成长能力。很多企业的这些历史问题其实都源于一个共同的祸根——短期主义。

在霍尼韦尔，以前的领导者给我们留下了一堆本不必要的负债，这全是因为他们未能在关键时刻为公司长远发展做出谋划。以石棉为例，我们有两大法律风险来源：一个是本迪克斯制动器业务（我们以前生产的刹车片中含有石棉成分），另一个是专门生产工业烟囱特殊耐热砖的名为 NARCO 的小型业务。我们早在 20 世纪 80 年代就以 6000 万美元的价格出售了 NARCO，但仍必须为石棉问题负责。这是因为当时的领导者急于达成协议，因此同意了如下条款：未来任何关于该公司的诉讼，其责任永远都由我们承担。到了 21 世纪初，我们对这家公司的法律责任已达到 10 亿美元。短期主义到底能给企业带来多严重的后果，你看看这个例子就清楚了。

更糟糕的是，短期主义导致各种责任及债务的不断累积和恶化。安全问题、环境责任、石棉负债，还有我们的养老金短缺，这些问题都被忽视了，这是因为没有人愿意为了解决问题而牺牲季度业绩。领导者没有清理污染之地，也没有咬紧牙关解决石棉问题，反而是尽可能将其付之法庭，打起官司。直到陪审团或者法官做出让我们别无选择的决定时，这些领导者才会破财免灾。由于大多数纠纷仍未解决，因此我们也可能在未来背负更为沉重的法律责任。

我们所有的历史遗留问题，包括环境和石棉问题，也包括养老金和会计问题，都损害了我们和华尔街的关系。在我任职的头几年，每次开会时我都想好好谈谈我们的业务以及发展机遇，但始终未果。因为那帮分析师每次都会用历史遗留问题敲打我。2006 年，摩根大通以环境挑战给我们带来了不确定性为由下调了我们的股票评级。它在研究报告里写道："环境相关成本已经成为……一项严重拖累，掩盖了核心运营部门在其他终端市场上的其他有利优势……"[1]有如此多的潜在风险摆在面前，它不可能对我们的业务产生兴奋感。

很多公众也不喜欢我们。霍尼韦尔本应不只被视为一家环境友好型企业，更应被视为可持续发展的世界领导者。毕竟我们之前及当下所售出的产品和服务在帮助全世界减少废气排放，增加绿色能源，保卫国家，保护臭氧层。然而我们对历史遗留问题的态度让我们的品牌形象变得非常糟糕。几乎在我就任首席执行官的同时，我们的公司正面临数起犯罪及近乎犯罪性的调查。2003 年，新泽西地区法院做出一项裁决，严厉批判了我们对环境问题的处理，并且要求我们对泽西市的一处厂址进行大规模清理。"我发现霍尼韦尔不太合作，一件事拖拖拉拉地干了 20 年。"法官写道。[2]

在美国其他地方，环保和石棉诉讼也给我们带来了不少负面新闻。2003 年，纽约州锡拉丘兹一份地方报纸的社论提及，霍尼韦尔的工厂简直就是"湖畔的毒坟墓"。《亚利桑那共和报》在 2004 年刊登了一篇名为"霍尼韦尔因有毒燃料遭起诉"的文章。[3]文章引用了该州总检察长的一句话："霍尼韦尔似乎认为它可以在面对监管者时为所欲为，不受真相约束。"

这可不是在夸我们。你能想象到，这些事也没能让我们赢得员工的尊重。当你的雇主不断遭到起诉，在法庭上表现得像个坏人时，你也不可能对自己的工作感到自豪。

你可能会纳闷儿，前几任领导者都没能解决污染或石棉等遗留问题，他们难道不会因此感到良心不安吗？我反正是没有听说过。正如我说的，我们总是会有遗留问题，但从领导者的角度看，他们最好的策略还是忽略或者淡化这些问题，这样便可以将其对短期业绩的影响降到最低。诉讼和舆论哗然不过是业务带来的令人不快的副产品。也许有一天这些问题会得到永久解决，但那不是我们的问题，我们需要关注现在的业绩。

如果你管理的团队或者组织存在历史遗留问题，千万不要这样想。年青一代的员工和消费者希望公司能保持透明度，他们对逃避社会责任的领导者及组织更缺乏容忍度。那些采取措施修复伤害并防止新伤害发生的公司，更容易吸引顶尖人才。对组织来说，现在解决遗留问题的成本可能比 10 年后低得多，而把问题留到 10 年后的危害也会更大。如果这些还不能说服你采取行动，那么想想你自己的遗产。你想成为什么样的领导者？你想成为一个只会推卸责任、假装无知的领导者，还是想成为一个宁可牺牲短期业绩，也敢为别人所不敢为的领导者？

以战略性方式解决遗留问题

我出任首席执行官之后，便下定决心马上解决这些遗留问题，哪怕这会对短期业绩带来压力。在我看来，这关乎我们的未来，而我也不想把这些定时炸弹留给继任者。2002 年，我拿出 15 亿美元作为储备基金，用于解决数千起与石棉有关的诉讼。我们调高了应对环境问题的拨款，从原来的每年8000万美元增加到2.5亿美元。随后我们又向我们的养老基金注入9亿美元，大衰退期间又额外拨款45亿美元。我们加强了巴吞鲁日乃至全公司的安全培训，并且花了两年时间改善我们的会计法则。

我们不能只在遗留问题上砸钱，毕竟短期业绩也事关重大。为了尽量保持业务的可控性，我们以战略性的方式逐步解决环境问题。为了保证结果的效率和成效，我专门成立了一支新团队。我原本是想从内部提拔一位现任领导者负责此事，但后来我发现负责健康、安全及环境（HSE）事务的这些领导者全无愿景和决心。此外，监管机构也对这些领导者了如指掌，有时候甚至对他们恨之入骨，因此如果还让他们出面，我们也很难发展出更为协调、更具成效的关系。我们的领导者不仅要赢得监管者的信任，也要提出创新协作的解决方案，也就是同时完成两件看似互相冲突的事情：既要正确解决环境问题，也要节约成本。

在我任职的头几年，我们对HSE职能进行了从头到尾的彻底重建。我们请来了凯特·亚当斯律师负责诉讼工作。凯特精明能干，她的父亲约翰·亚当斯是美国最知名的环境保护团体之一——美国国家资源保护委员会的创立者。我们聘请凯特，实际上是在传递一个信号，那就是我们希望建立一种新型关系。由于她的背景，大家知道她决不会为了我们的利益而做出任何伤害环境健康的举动。我们聘用的另一位关键领导者是埃文·范·胡克。胡克曾是一名监管人员，也是一位环保律师，因此能够在监管问题上赢得双方的信任。这两位领导者把整个公司里主要业务部门的HSE领导者都换了一遍，然后让新领导者成立了各自的团队。没过多久，我们整个组织的HSE职能焕然一新，新的领导者和经理专注于以聪明的方式解决问题，他们不再忽视问题、推卸责任、无所作为。

团队整合完毕，我们也开始采取一种明显不同的方法处理环保诉讼。我们不再执着于对法律条文展开各种痛苦和昂贵的法律行动，而是开始接近监管者和社区，通过协商，努力找出能解决问题的长期创造性方案。监管机构往往就是把污染环境者往死里罚款，也不在乎是否有更好的补救方法。但当我们与受影响的社区接触时，我们希望找到一种既创新又经济的问题解决方案。我们希望能够做到多赢，让环境、当地社区和我们的股东都受益。我们希望与社区进行长期合作，在必要的情况下分担成本和责任。

本着合作精神，我们摆脱了履行法律义务的心态，转而更为积极地清除污染，投资建设新设施，以便为本地社区创造就业，提供休闲娱乐场所以及其他福利。在马里兰州的内港巴尔的摩，我们投入一亿美元，在环境保护局的监督下开展环境清理工作。通过合作，我们帮助巴尔的摩重新开发了港口沿线，将其变成“一个综合可持续的海滨社区”。时至今日，这里已经建起多座现代化办公楼，根据规划，未来这里还会建设公园、住宅单元以及其他设施。正如一位当地的重要官员所言：“港口沿线有望成为一个充满活力的新型交通枢纽，同时也是一个可持续的多功能地产开发项目。届时，这里将汇聚各种各样的办公、住宅以及零售项目。”[4] 此外，我们还根据 2006 年达成的一份合作协议，清理了遭受严重镉污染的巴尔的摩邓多克海运码头。整个清理成本达到一亿美元，霍尼韦尔承担了其中的大部分，另外，马里兰州港口委员会也提供了部分资助。[5]“经过这么多年，我们了解了霍尼韦尔，我们与它建立了信任和友谊。”社区领导者之一埃德斯·布鲁克斯说，“霍尼韦尔言出必行，而且做得永远比说得多。”[6]

解决遗留问题的案例

为建立友好关系而付出的努力不仅让我们帮助当地社区建设了许多好项目，我们也因此受益匪浅。举个例子，在巴尔的摩的一个体育场，有人发现了从我们一个老旧工厂泄漏出去的砷。我们原先并不知情，但既然现在听说了此事，我们没等别人把我们告上法庭就展开了清理行动。尽管这需要耗资数百万美元，但我们还是毫不犹豫地出了这笔钱。一段时间后，我在一次社交活动上遇到了一位美国参议员，她把我拉到一边，对我们的所作所为表示了赞赏。她说：“我只是想让你知道，我们马里兰州的人都非常欣赏你们处理这件事的方式。”更加积极地参与和协同让我们在社区中赢得了更高的评价，其中当然包括这位有影响力的政治领袖的认可。

新举措实际上也帮我们省了不少钱。这当然很难说出一个具体数字，因为我们也不知道，如果我们还走原来那条与诉讼对抗的老路，法庭或陪审团最后会让我们赔掉多少钱。但我们可以从2005年的一件事中看出些许端倪。尽管很多长久悬而未决的官司后来都达成了和解，但我们决定就新泽西州泽西市一处受铬污染的地产展开诉讼。我们的法律部门向我保证，我们不用承担法律责任，非常有把握打赢官司。但结果我们败诉了，被判赔偿对方4亿美元。因为这笔损失，我们不得不重新估算盈利，而这对我来说是一个沉重打击。当时我们刚刚在投资者中建立信誉，但因为这件事我们又倒退了一大步。我固然不敢完全肯定，但如果能达成和解，我们可能会找到一种让双方更为满意的解决方案，整个支出也就是一两亿美元，我们也就用不着重新计算盈利了。

要想在处理好遗留问题的同时尽量降低短期冲击，关键之一就是要搞好同华尔街的关系。尽管我们遵照法律规定进行了充足的信息披露，但对于所取得的进步，我们确实缺乏足够的宣传，这是因为我原本不希望招惹那些觉得大公司怎么做都不够的人，我也不希望投资者对我们的责任问题投入过多的关注。但我很快发现，我们在遗留问题处理上的所有正面信息都得不到华尔街的立即响应。我们用 15 亿美元解决石棉索赔的消息传出后，只有 CNBC 的吉姆 · 克莱默对这一举措表示赞赏，并对我们的股票做出了积极评价。但其他投资者却反应冷漠，他们一遍一遍地问我，未来到底还要在这方面花多少钱。我告诉他们事情已经了结，而且从资金储备到现时经营变化，都能反映我们解决石棉问题的决心，但他们就是不相信我。“人们总是会低估负债。”他们对我说。我向他们保证我们在业绩预测上已经非常谨慎和保守，但这一切都没用，他们依然感到紧张。

为了赢得投资者的支持，我对他们解释说，如果我们现在就提前预留资金，多做些短期牺牲，我们的长期成本就会更加稳定。随着公司的发展，这些费用占销售额的比重会持续下降，我们的盈利则会飙升。此外，我之前也说过，如果我们能立刻下手应对历史遗留问题，别走到江心补漏那一步（比如工厂里有更多的员工伤亡，或者法庭就环境诉讼做出更大数额的赔偿裁决），那么我们解决问题的成本也将更为低廉。投资者逐渐理解了这种做法的智慧所在。尽管从绝对数字上看，某些成本（尤其是环境责任方面的成本）最终明显高于预期，但责任相关成本占企业利润的比重确实在逐渐下降。[①] 摩根大通在 2006 年下调了我们的股票评级，但在两年后又将其调高，理由是环境问题“虽仍是一个风险，但得到了良好管控”。[7] 有些投资人自称拥护长期思维，但如果你真要去碰遗留问题，他们也不会马上就喜欢你。他们确实没有喜欢你的义务。你能做的是尽己所能消除他们的顾虑，不要传递前后矛盾的信息，并且要相信他们最终会站到你这一边。只要你认真解决问题，保持智慧而严谨的姿态，他们最终就会信任你。

建立更负责任的组织

除了解决现存的问题，我们还认识到未雨绸缪的重要性。我们在发展中国家的工厂建设就是这方面的一个极好例子。当我们在全球扩张时（我将在第七章详细讨论这一话题），我们坚持为员工提供安全和清洁的工作场所。我不想任何员工的身心因为安全或健康问题而受到影响，不希望这类事件发展成真正的危机。凡是不适合我这个领导者的工作环境，我也决不允许其他人暴露其中。以前的各处领导者总是跟我保证说我们的环境是一流的，我也相信了他们的话。2012 年，我们对发展中国家的工厂开展了一轮全面检查，目的就是确保其中的食堂、卫生间以及宿舍等设施符合我们的使用要求。结果我们发现一些设施不符合要求。除了做出必要的整顿，我还派出团队，到全球各

---

① 在适用的会计规则下，我们尽可能留出资金解决环境问题。在领导者能够确定一个可靠的潜在成本范围之前，大多数问题都不能被列入公司账目（无法正式被确认为债务）。除非其成本范围得到确认，否则它们只能算作或有负债。尽管如此，投资界仍会认可它们已经构成某种规模的潜在债务。虽然未能确认环境责任的具体成本，但我还是启动了这些问题的解决程序。按我估算，我们 10 年内的相关支出可达 20 亿美元，15 年内的实际成本支出则为 35 亿美元。

地的工厂视察，对工厂经理严格问责。我们将工厂评价纳入公司安全及人力的常规检查范围，并实行了多项新标准，例如，按照我们的要求，工厂餐厅必须达到经理也愿意在里面就餐的标准。

为了团结员工共防 HSE 问题，我们还采取了一项更为重大的举措，那就是在整个公司推行名为霍尼韦尔运营系统（HOS）的流程改进行动。HOS 是一套工作组织系统，它充分采用精益方法和六西格玛等著名流程改进工具，用以激励领导者及一线员工改进具体操作。我会在第四章详细介绍 HOS，在此我想提及的是，在我们的健康、安全、环境、产品管理和可持续性副总裁埃文·范·胡克的领导下，我们在全球工厂推进了这一项目。对我们来说，这一系统不仅仅是一种提升效率和降低成本的手段，通过推进 HSE 领导者的参与度，并且将 HSE 纳入日常流程，它也有助于提升我们在健康、安全及环境方面的表现。

作为 HOS 的内容之一，我们要求所有工厂每年都必须对其运营开展一场检查行动，以发现能够提升能源利用效率的项目。我们还确立了事故的严格报告制度，这虽然导致事故报告数量上升，但也让我们对工厂情况有了更为准确的了解。我们持续为员工提供可持续发展及相关技术方面的最佳实践培训。同样重要的是，当地工厂的工人也会通过日常会议监督情况，发现问题，推动 HSE 的持续改进。正像埃文说的那样，每一场事关 HOS 的会议，开头讨论的都是安全或者可持续发展问题："从车间工人一直到工厂领导者，大家一张嘴说的都是环境和安全方面的进展怎么样，现在有什么急需处理的关键问题，还存在什么重大问题。"[8]

此类讨论的内容之一，就是由各级员工和经理提出各种有利于持续改进的意见，或者推进各种事关 HSE 的改进活动（此类活动会召集包括小时工在内的各相关方参与，并且实时解决各种流程问题，它们构成了 HOS 的根基）。2010 年，为了让我们的业务更加关注环保，我们要求每个业务部门不仅要制定标准财务预算，还要编制年度的能源、用水量和温室气体排放量的预算。在这项新任务的驱动下，各业务线为了获得巨大的额外可持续收益，纷纷推行 HOS。我们没有聘请外部顾问提出改进建议，而是由员工自己完成所有这些工作。正如范·胡克所说，在很多工厂，整个事情就变得很简单了："得了，伙计们，未来两个星期我们的持续改进重点就是把那些能源消耗过高的地方都找出来。"最后找到的可改进问题的数量以及由此带来的成本节省都十分令人惊讶。而且因为方案都是员工自己想出来的，他们也更愿意参与其中，在方案的贯彻方面也异常坚定。

在新加坡的一家工厂，工人注意到生产过程中使用的电极含有轻度放射性物质。这不算是一个巨大的安全风险，但在电极削磨的地点，会有轻微的放射性颗粒被释放到空气中。工人想出了一个主意，他们用一种新材料替换了电极，这样就不再有放射性，也不会给健康带来潜在危害。这一改动既提高了安全性，也为工厂节省了资金。根据新加坡法律，这家工厂每年都需要为放射性物质的处理支付少量费用，新的处理方式则让工厂省下了这笔钱。①

在我们位于捷克奥洛穆茨的工厂，工人发现我们在某些步骤上过多使用了清洁化学品。尤其是一些本来很干净的零件，我们还要继续清洗很多遍，这大大增加了我们对有毒脱脂溶液的使用量。通过流程

① 本段、下段以及后面专栏中的内容，参考了霍尼韦尔的内部文件。

再造，工人减少了 30 吨的化学废物排放，并将天然气的消耗量降低了 6.5%，这大大改善了环境。工人有了更安全的工作环境，因为他们不需要再处理如此多的化学品，生产时间也缩短了，整个工厂的成本也降低了，每年大约可节省 1.5 万美元。

HOS 下的部分典型流程改进

- 在中国上海，工人设计出一种新型切割工具。这种新工具减少了工人同锋利刀片的接触，降低了手和眼睛受伤的风险，提高了生产率。
- 在中国南通，工人建造了一套新型储水罐及水泵系统，这使得生产过程中的水能够被重复利用，不仅降低了水资源消耗，而且每年可以节省三万美元。
- 在俄亥俄州的格罗韦波特，工人在卸货门上安装了一道新屏障，降低了员工不慎从卸货平台上摔下去的风险。
- 在印度金奈，当地工厂实施了一项节能计划。这项流程变革每月可节省 5000 千瓦时的能源，每年节省近 90 万美元。
- 在印度浦纳，当地工厂在厂房屋顶安装了太阳能电池板，这项措施可满足工厂 18% 的电力需求，每年节省约 7 万美元。

日积月累，循序渐进

领导者通常认为，提升安全性和降低对环境的影响向来代价不菲，而且要想在这些领域取得成绩也确实需要一些预先投资。但我们发现，流程改进能够在减少对员工和环境伤害的同时带来成本的下降。为什么要等着环境和安全问题累积成堆时再考虑解决它们？要主动出击，切莫等到诉讼、伤害或公众抗议迫在眉睫才做出反应。

虽然经历了15年的漫长时间，但得益于HOS在解决历史遗留问题上的大量投资，我们最终战胜了所有挑战。我们仍然面临很多的石棉诉讼，但我们利用NARCO公司的营收建立了一只信托基金赔偿原告，差额部分则由霍尼韦尔负责，这样我们就基本解决了NARCO公司相关的负债。在环境诉讼方面，我们的支出要超出预期——我原本预计10年内需支出20亿美元，但实际上15年内花费了35亿美元——但我们解决了所有重大环境责任问题。我们在石棉和环境方面的年度支出一直保持稳定，但我们的营收却近乎增长了一倍。最初我们需要将年收入的2%用于负债，但如今这一数字已经大幅下降，而这意味着我们可以把更多的资源投入实际的业务增长。与此同时，我们降低了业务风险，拆除了所有潜在的定时炸弹。

得益于组织改进，现在的我们变成了一家更为安全环保的企业。2005—2018年，霍尼韦尔的环境事故发生频率下降了93%。截至2018年，我们的能源效率比2004年提高了约70%，我们的安全记录也有了显著改善，比目前的行业平均水平高出80%。与此同时，我们获得了数十个财务和环境方面的奖项，赢得了投资者的赞扬，养老基金有了10%的盈余。与过去相比，这些都是天翻地覆的变化，也将使公司长期获益。我们掌控了自己的命运，避免了陷入四面楚歌的境地，这都是因为我们勇于解决自己的问题，并做出了必要的短期投资。

改变处理遗留问题的方式

你也可以为业务打造一个更坚实的基础。咬紧牙关，抓紧处理那些痼疾，不要拖到明年，更别拖到三年之后，现在就行动，而且千万别半途而废。在业务现状问题上，你要诚实面对自己、投资者以及你的老板，预留出解决历史问题所需的资金。低估相关问题的严重性或许有助于提升你的短期业绩，但从长远来看它们必定会给你制造新的麻烦。总体来说，你如果想要解决问题，就要广集资源，重拳出击，虽然短期成本或许会显得很高，但问题越早解决，总体成本越低。我经常使用下图描述问题和解决问题所需资源之间的时间演变关系。

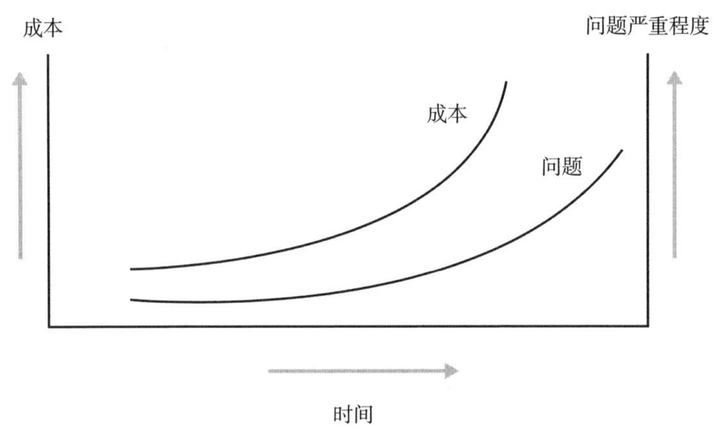

问题和解决问题所需资源之间的时间演变关系

你最应该避免的事情是因投入资金不足而再向老板或者投资者要钱，你会因此丧失信誉，让人感觉你根本没有深入理解自己面对的问题。反过来，如果最后证明你高估了成本，那么你之后的日子就会很好过。因为你不仅解决了问题，而且给老板和投资者带来了惊喜：原来成本并没有你原本想的那么高。

解决历史遗留问题需要的不仅仅是钱，你还必须找到合适的人才。

合适的人才必须对原告和监管者存有敬意，必须理解这些群体的想法，必须让他们和你打成一片，还必须够聪明且有创造力，能找到解决顽疾的新方式。往更大了说，我们必须采用一种“由内而外”的方式应对历史遗留问题，也就是说，我们必须改进整个组织，使其更为负责任地对待员工、本地社区以及环境。如果你一边花钱解决几十年前的问题，一边污染环境，继续让员工在恶劣的环境中工作，那你的组织就不可能获得一个充分增长的根基。未来的领导者还是会有一堆烂摊子要清理，一堆在你眼皮子底下滋生出来的烂摊子。在外部人士看来，你清理污染和解决长期诉讼的各种努力，充其量也不过是一种三心二意的行径。

从中层入手，解决历史遗留问题

读到这里，一些中层经理可能会疑惑，他们是否有足够的权力解决遗留问题？实际上，你的权力可能要比想象中大得多。并非所有的遗留问题都要上升到企业战略层面。比如你接手成为一家工厂的管理者后，发现整个企业流程支离破碎，充满安全隐患，那么你就可以发起流程改革，并给予员工必需的培训。如果你的工作场地里充斥着潜在有害物质或者其他垃圾，你就应该从预算中拨出款项抓紧清理。如果一个销售组织千疮百孔，来年可能会引发种种问题，那你现在就应该着手对其进行改革。如果你的工厂的某项工作流程持续导致员工出现应激性损伤，你就应该修订工作流程。

我在通用电气负责硅树脂业务期间，有一次我去参观一家工厂。当我看到这家工厂非常脏乱时，我要求工厂的领导团队抓紧把厂区清理干净。我让所有人都要注意那些四处堆放的装满化学品的桶，还有那些破旧不堪存在安全隐患的机器等。这时候一个员工举起手跟我说："你如果真的要解决这些问题，那么你应该看看工厂外面的那一大堆垃圾。那里面可能有不少有毒物质，而且堆在那里好几年了。"我要求去看一眼，然后被眼前的景象震惊了：一个充斥着化学品废弃容器以及其他各种垃圾的巨大空间。我们刚才还在那边大谈安全和健康，没想到一个垃圾场就在我们工厂的外面，近在眼前。

工厂经理是一位我近期才任命的新人，他跟我说，要妥善处理这么多东西需要一定的时间，但他肯定会和驻厂的 HSE 同时合作，尽心尽力确保完成这一工作。他说到做到，几个月后，整个垃圾堆就被清理完毕。我当时没有请示我的上司是否可以让工厂经理花这笔钱，我也没有提前和公司的健康及安全同僚打招呼请求他们配合，我就是把事儿给干了。所以你也可以这么干，不要像个受气包一样坐在那儿说："我别无选择。"通过采取切实行动，承担利润损失，你不仅降低了业务风险，还为将来的成功打下了基础。

我并不建议你们把发现问题搞成一种盲目的运动。你们显然需要对此进行深入且周全的思考。试着从你上司的角度看待问题。当你的上司听说还要解决某个安全或者环境问题的时候，他不会特别开心，毕竟他也背着业绩指标。所以要多花点儿时间把问题充分解释清楚，并且在仔细思考之后提出一揽子的备选方案。不要只是跟上司说："解决问题的唯一办法是聘请顾问，然后买一套价值 300 万美元的设备。"相反，你要提供一个低成本（但可能不那么有效）的解决方案，一个折中的解决方案，以及一个能让你全力以赴最大程度解决问题的昂贵方案。要为你所认定的最佳方案进行充分辩护，但也要给上司空间，让他想清楚该怎么办。

如果你的上司拒不承认问题，更不想解决问题，那么你的形势就可能稍显被动。如果你真的发现了环境或者安全方面的严峻问题，那么你可能需要考虑越权操作，哪怕这可能让你的职业生涯遭受风险。你难道愿意因为你的不作为而导致别人死亡或严重受伤吗？不过，在采取非常举措之前，你也可以看看是否还有其他办法。如果是环境问题，那么你可以向工厂的环境或者法律官员寻求帮助，询问他们的意见和建议。他们也许会愿意接过这副担子，这样你就可以少冒些职业风险，最起码他们可以给你一些建议，让你找到和上司解释问题甚至说服他们的方法。如果对这些方法都有顾虑，那么你也可以考虑匿名举报（很多公司都有专门接听匿名举报的电话）。尽你最大的努力让问题得到解决，而且只有在问题的性质及严重性已经让你产生道德焦虑的时候，你方可拿自己的职业生涯作为赌注。如果这个问题不会造成迫在眉睫的伤害而是一个长期威胁，你就应该更加小心谨慎，而且要考虑到你也可能对未来做出误判。

下定决心，切除毒瘤

一个世纪前，濒临纽约州锡拉丘兹的奥农达加湖是当地的一处娱乐和休闲胜地，它长约 4.5 英里①的岸边布满了酒店、海滩、舞厅以及餐馆[9]，因此有“纽约州中部的康尼岛”之美誉。[10]在更早之前的几百年中，此湖泊一直被易洛魁族印第安人视为圣湖，更是他们食物与水的来源地。但随着工业化的到来，一切都改变了。这个湖泊变成众多公司的垃圾场，而霍尼韦尔现在的子公司联合化学公司就是垃圾

---

① 1 英里 ≈1.6 公里。

排放者之一。从20世纪中期到后期，据说联合化学“向湖中排放了16.5万吨的汞”。[11] 湖中的其他工业污染物还包括“多氯联苯，杀虫剂，杂酚油，铅、钴和镉等重金属，多环芳烃，以及氯苯、苯和甲苯等挥发性有机化合物”。[12]

数十年来，锡拉丘兹市也一直将未处理的污水排入湖中，导致了一系列环境问题。[13] 到20世纪40年代，该湖已经不能游泳，而到70年代，在湖中钓鱼也遭到禁止。一位当地女性告诉记者，他们从小就被告知千万别走进湖里，否则皮肤可能受到侵蚀。有的人则回忆说，在20世纪50年代，他的家人开车经过湖边时都会关上车窗，因为湖水的味道太难闻了。[14] 这个湖由此成了美国污染最严重的湖泊。[15]

自20世纪70年代起，当地开始推进对奥农达加湖的治理。1994年，在纽约州提起诉讼后，这里被环境保护局列为超级基金污染治理地①。[16] 2006，经过多年的研究以及与政府官员的广泛讨论，霍尼韦尔同意出资参与该湖的治理。当时机构预计霍尼韦尔大约需出资4.51亿美元，以清除数百万立方码②的沉积物，覆盖整理受污染的湖床，以及复原海岸线和湿地。[17] 此外，当地政府同意另外投资5亿美元，以处理排污问题。

随着这一工作的开展，湖泊的面貌很快有了明显改善。湖水中的污染物含量直线下降，鱼类重新回到湖中，鸟类也开始在此大量繁殖。[18] 纽约州环境保护部门的报告如此写道：“经过多年的研究和修

---

① 即Superfund Site，是美国环保局根据相关法律所确定的一系列被污染地域。这些地域通常遭受了严重污染，且需要较长时间才能修复。——译者注

② 1立方码≈0.76立方米。

复，奥农达加湖已经达到一个多世纪以来从未有过的洁净程度。”尽管一些环保主义者仍然认为治理远未达标，但到2015年，人们已经可以安心地在湖里游泳，这是一个了不起的里程碑。据当地媒体报道，包括我们健康和安全领导在内的数十人都跳进了水中，以庆祝一个干净湖泊的归来。纽约州立大学环境科学与林业学院前院长小康尼利厄斯·墨菲为这一进展倍感欢欣，他说：“现在的湖泊令人欣喜，令人精神振奋。这真是一项了不起的资产。”[19] 奥农达加县的县长琼妮·马奥尼则说：“霍尼韦尔不仅是在履行职责，还做了很多义务之外的工作，这是我们能取得今天如此成果的根源所在。我非常自豪能和它一起参与治理。”[20]

2017年，霍尼韦尔基本完成了湖泊治理的相关工作，仅剩下修建步道以及野生动物栖息地等规模较小的项目。[21] 截至2018年本书写作之时，该湖重新变成当地居民游泳、钓鱼、划船和进行其他休闲活动的场所。当地政府甚至在研究是否建造一个新沙滩。国家卫生和环境保护部门也表示，“由于十多年来湖水质量的明显改善，以及湖泊治理工程的完工，奥农达加湖已经具备建设沙滩的真实可行性”。[22]

奥农达加湖的治理修复是我们近年来最值得骄傲的成就之一。如果我们继续把责任推给未来的领导者，那么湖泊就可能会变本加厉脏下去，霍尼韦尔的形象会进一步受损，未来也肯定需要为湖泊治理付出更昂贵的代价。但我们选择坐下来和当地社区进行谈判，因此我们不仅控制了业务风险，也因为做出正确选择而维护了我们的声誉。当时，能拿出4.5亿美元从事污染治理可不是一件轻而易举的事。没有几个人欣赏我们的这一举动，尤其是投资者。但值得庆幸的是我们坚持了下来，而今天的我更为此感到欣慰，因为我知道我们的努力不仅在让这个世界变得更加美好，也给霍尼韦尔的后续领导者创造了更为有利的条件，我们的员工也为此感到自豪。

我想这一切也同样适用于你。如果你的企业长期为遗留问题所笼罩，那你应该考虑一下如何另辟蹊径，充分认识你的业务及其挑战。高级领导者需着力应对企业层级的重大问题，但组织内其他级别的经理人则应该多解决存在于团队、工厂或者区域层面的各种痼疾，例如，过时的销售组织，会给员工或环境造成伤害的旧有生产流程，以及只能催生拙劣设计的低质量工程实践等。无论你的职责是什么，你都应致力于解决那些会拖累未来增长的长期负债问题，即便它可能会给你的短期业绩带来负面影响。你要表现出足够的勇气，展现出应具备的领导气魄。消除遗留问题的困扰，你就能够专注于业务建设，更好地展开竞争，取得胜利，而那些通过积极解决问题而节省下来的资金也可以重新被注入业务。当然并非所有的荣耀都只属于你，你的继任者也会从中受益。你将为企业留下一笔遗产，你本人则会赢得美誉，被视为一名强力的变革型领导者。从我的角度来说，这种感觉好极了。

问题清单

1. 在历史遗留问题上，你的前任是否存在敷衍塞责的行为？你公司的现有债务规模到底有多大？
2. 你上一次对工厂进行突击检查是什么时候？如果发现问题，别遮遮掩掩，抓紧处理。
3. 在做出重大决策时，你是否考虑过如何才能将业务的长期风险降至最低？你是否忽略了某些对业务存在危害的定时炸弹？
4. 你们的业务是否与公司使命和愿景中所倡导的崇高理想相符？员工或其他人是否注意到理想与现实之间的矛盾之处？
5. 当员工或其他人向你指出业务上的潜在问题时，你会做何反应？你是会进行彻查并进行必要的补救，还是放任自流，转而关注其他优先事项？
6. 对于面对的问题，你是更倾向于重拳出击，迅速解决，还是更倾向于不闻不问，顺其自然？
7. 你的组织中是否有善于解决遗留问题的合适人选？如果没有，抓紧不拘一格地引进相关人才。
8. 在负债及责任方面，你是否会同投资者或其他利益相关者坦诚相对？
9. 你是否在持续改进公司的经营，最大限度地为未来的领导者减少负债水平？
10. 如果你是一个中层管理者，你是否能对发现的问题做出恰当的反应？或许你比想象中的自己更具做出改变的能力。

第四章

聚焦流程

压缩空气是隐藏在霍尼韦尔工厂中的一位无名英雄。在整个生产流程中，包括零部件的移动、清洁、喷涂及组装在内的各种机械性能都必须依靠压缩空气完成。2012 年，为了在所有霍尼韦尔工厂落实标准化运营，提升运营水平，我们决定对压缩空气的使用情况进行一次大检查。尽管空气价格便宜，但压缩空气却需要消耗大量的能源，成本不菲。在对 26 个工厂的压缩空气系统进行排查之后，我们共发现 1600 多处漏洞。修复这些漏洞（并且不再产生新的漏洞）共为我们节省了 80 多万美元的能源成本。另外，我们也趁此机会对氮气、氩气和氦气等工业气体的使用情况进行了摸底，结果又额外节省了大约 12 万美元。

对我们这种规模的企业来说，这都不是什么大钱，但我们还有无数类似的流程改进项目。2005 年，我们推出了一个叫作 HOS（见第三章）的新型工作组织方式，力求在全公司范围内提升运营水平。HOS 是一套用于工厂运营的综合性系统（过去是，现在也是），它可以同时调动管理者和员工，以持续共同改进工作流程。鉴于众多企业的流程改造都难以持久，因此我们设计了 HOS，以便推进持续性变革，这样我们就不需要每隔几年就得从头再来。HOS 中虽包含了六西格玛及精益生产等广泛流行的流程改进方法，但它的范围更广，不仅可用于解决具体的流程问题，还可以用于处理任何工厂内多种流程间的复杂关系。HOS 涉及流程中的所有相关者，并将特定工具置于一种整体性的文化和管理体系。这种整体文化和管理体系决定了一家工厂的总体运行方式，同时也使我们能够在霍尼韦尔实现流程变革的标准化。

HOS 既帮助工厂扭转了思维，也为它们提供了行动工具，它们可以检视现有的运营方式并以持续性的方式对其加以改善。如此一来，我们各种大大小小的项目，就都能够在降低成本、库存以及环境影响的同时，使产品质量、客户满意度以及工作安全性得到永久性的提升。运营水平提升了，这些工厂的财务表现也会更加优异。过去在我们位于伊利诺伊州的工厂，一套气体监测设备从生产到交付至客户，共需要 42 天；实行 HOS 之后，整个周期缩短为 10 天，而且整个生产所占用的工厂空间也仅为原来的 25%。[1]

除了全公司内生产率的大规模提升，HOS 还带来了安全和环境方面的巨大改善（参见第一章的内容）。我们很难量化这套系统给霍尼韦尔带来的整体财务影响，但其影响显然是非常深远的。2012 年，《经济学人》中的一篇文章称赞说，霍尼韦尔成为“美国最成功的公司之一”，HOS 功不可没。[2]《财富》则认为，霍尼韦尔运营系统带来了“相当可观”的“回报”。[3]

对任何想要同时赢得今天与明天的企业来说，持续的流程改进至关重要。之前我曾经介绍过霍尼韦尔的持续性重组战略。通过持续性的业务重组，我们可以在保持固定成本不变的前提下实现业务增长，而企业的利润以及可用于长期发展的资金也得以持续增加。但除非这种重组涉及基础运营流程的持久性改进，否则它也发挥不了预期的作用。所有业务不过是流程的集合，而且大多数业务的流程都非常低效。作为领导者，你需要相信自己有能力令组织中的所有流程都变得更为有效且高效，进而能够同时完成两件看似互相冲突的事项（例如，在提高交付满意度的同时降低成本）。

通过持续不断的流程改进，公司便可以在具有小公司灵活性的同时兼具大公司的效率。要实现这一目标，企业就必须在增加产出的同时，尽量控制一项最重大的成本——人事支出。专注于流程改进也会让公司提高其他类型的效率。例如，如果装配线的流程得以改进，你就可以降低库存，减少仓储，也无须为了控制仓储而维护那么多 IT 系统。与此同时，因为工作更能带来成就感，员工的士气大大提升。随着时间的推移，你确实会招募更多员工，但这是因为你的公司比以前更有竞争力，销售规模实现了扩张，而不是因为你的公司缺乏效率。因此，流程改进也说明了另一个问题，那就是初始投资在提供足够的短期股东回报之外，还可以带来更多的后续收益，它让一家公司在取得更佳短期业绩的同时，也更具投资于长期的能力。

让一线员工发挥聪明才智

在第一章我就提过，每年的“X”日，我都会独自坐在办公室，就公司及其利益相关者展开无拘无束的思考。我会把想到的东西记录到我的蓝色笔记本上，而 HOS 便是我的思考结晶之一。2003 年，在我执掌霍尼韦尔大约一年之后，我阅读了一份关于全公司员工状况的报告。当时的我非常期望能快点儿找出改善业务的思路，因此非常关注公司员工具体到底在做哪些事情。我注意到，当时我们的 11.5 万员工中有一半都在从事制造。于是我就想，如果这些员工的工作效率能够得到改进，那么公司的赢利能力就可以获得大幅提升。

我提出的策略是让员工也积极参与工厂的流程改进。自我在工厂做小时工的时候，我就知道，绝大多数的工人都非常有上进心，他们都非常希望能运用自己的智慧帮助企业改进流程。但在传统的制造业环境中，他们缺乏参与其中的正规流程或者渠道。我曾经操作过一台能冲压出小块金属的机器。但这些金属都是干吗用的？离开我的车床后这些东西都去哪里了？我完全不知道。管理者希望我能把活儿干好，可是我既没有得到太多的指导，对工厂业务更无全局性的理解。管理者也不指望我能对工作提出什么深入见解，他们也不会容我对公司的整体经营说三道四。我有时候会就某些流程向管理者提出疑问："我们为什么要这么做？"但我从来就没有得到回应。管理者在意的只是这些小金属块的冲压速度。结果显而易见，我根本就没有为流程改进做贡献的机会。

在霍尼韦尔，让一线员工参与流程改进，可以让我们同时实现多个目标：我们可以在多个维度消除低效行为，提高绩效。与此同时，员工也可以借此发声，并最大限度地发挥他们的聪明才智。但我也注意到这里存在一个陷阱：任何的流程改进都必须是全公司范围内的整体行动，而不仅仅是将权力下放到个别业务线或者工厂，让它们自行其是。原先霍尼韦尔没有统一的工作方式，也没有工厂运营的官方模板。各地工厂的领导者都自以为他们的工作方式是最好的，结果就是很多工厂的运营非常低效。一些工厂一直在试图改进流程，但收效甚微。这是因为这些改进努力并非是从整体系统的角度出发的，因此也无法得到长期持续的应用。

我们自动化和控制部门的生产主管乔·德萨拉曾经开玩笑说，他的生活充满恐慌，因为一位工厂领导者在周末读了一本书，周一早晨就跑来宣称自己“找到了公司的问题所在”。管理者经常朝三暮四，想到一个新点子就抛弃之前的全部努力。一两年之后，等旧领导者离职，新管理者又开始鼓捣他们的所谓天才创意。“我们一直在折腾，根本没法进步。”德萨拉说。[4]

如果我们能够在所有工厂实施统一的流程改进体系，如果我们能够不再只靠管理者拍脑袋，而是让系统成为千万人的智慧结晶，我们肯定能够推进持续性的改进，并且最终改变整个公司的命运。但我问自己，我们该如何着手设计这样一套系统？

我首先想到的是丰田生产体系（TPS）。这家汽车制造商的传奇体系，通过改进工厂生产流程减少了浪费，提升了效率和效益。[5]多年来，我一直在研究这一体系，而且据我所知，这套体系不仅能改进工厂的运行，还能改变管理者和员工的工作方法，增加两者的日常互动性。当出现问题时，员工会立即向管理者报告，管理者则必须严肃跟进，想方设法找到解决方案。员工有机会参与这些持续改善型的事件，也因此更加了解整个生产流程，反过来，他们也可以提出流程改进的不同或者更优的方法，为企业做出贡献。TPS 还非常重视工厂的整洁及有序，而且强调各项工作要尽可能标准化。

我于是考虑与丰田取得联系，看看我们能否前去考察，以学习更多可以应用到霍尼韦尔新运营系统中的经验和知识。那年晚些时候，我安排德萨拉带领我们在制造、采购和物流领域的 60 位高管，到位于肯塔基州乔治敦市的丰田培训基地参观学习。这趟行程让他们深感触动。正如德萨拉回忆的那样，他发现丰田团队“知道危机来袭时该做什么，没有人会大喊大叫、指指点点，因为每件事都在按流程进行”。工厂干净整洁，各项标识清晰，团队可以通过工作板以及生产线内的质量检查跟踪生产表现。最重要的是，全体员工“都全程参与了这个流程”。这并不是自上而下的控制……相反，我们眼前呈现的是全身心投入的员工和全身心投入的管理层。因为工作实现了标准化，所以人们“知道他们应该做什么，并且有相应的权限”。[6] 这些都是我们想带到霍尼韦尔的经验和方法。

欲速则不达

考察完丰田后，我们的人又进行了数次最佳实践参访，考察了几家热衷于全方位引入丰田 TPS 的企业。回来之后，我们的人便希望将 TPS 复制到所有工厂以及工厂的所有职能中，甚至还要将其引入公司职能。我的反应是：“别着急，慢慢来。”丰田在新工厂推行 TPS 的前提是，员工都是新人，而且在招聘时就已经考虑到他们与 TPS 的契合度。我们一些工厂的历史超过了 80 年，很多工人和管理者也都是在岗几十年的老员工。我们不可能直接跑过去对他们说：“从下周一开始，整个工作流程都得变，所以你们也要赶紧换换脑子。”工人和管理层会直接无视 TPS，他们会觉得你又在瞎折腾，又在搞一套完全无法持久的“月度项目”。另外，很多工人和管理者也会觉得他们本来已经很忙了。在他们看来，你又搞出一个新项目，这不是给他们增加负担吗？他们干吗要费这个心思？

要想成功推行 TPS，我们首先需要跟员工解释清楚，这一体系并非原有工作之外的新负担，而是一种更有成效的工作方法。实际上，该体系将证明霍尼维尔的工作具有决定性与持久性的特征。思维的转换需要时间，我们不能急躁，而是应该以稳妥且持续的方式推行 TPS，逐步增进员工（无论是合同雇员，还是小时工）对此的理解，获取他们的支持。唯有如此，我们才能获得成功。如果想让员工按计划接受和运用 TPS，我们就必须给予他们适应的时间。

此前各种改进之所以效果不佳，是因为我们没能改变思维方式，没能充分调动员工的积极性。为了改进生产流程的质量，2002 年，我们开始在设计和生产部门全面推行六西格玛培训。此前，六西格玛只覆盖了生产部门的一小部分员工和产品，并不涉及工程人员。但我太操之过急，在向员工及管理人员推行时也没注意方式方法，所以大家的心态根本没有任何转变，也根本没把它当一回事。那些推行了六西格玛的工厂并未出现明显的质量改进，因为它们并没有改变员工的工作方法。可以说，在培训规模上我们做到了一英里宽，但在如何使用这些工具的指导方面，我们只做到了一英寸的深度。整个公司的生产质量虽然有所改进，但它离我们当初的预期却非常遥远。

一段时间之后，我就品尝到了操之过急和未能让变革落实到位的苦果。有一次，我去视察我们航空航天部门位于马来西亚的一家工厂，工厂的经理跟我展示各种图表并自豪地对我说，他们的可生产性（零件的一次性生产合格率）已经从 72% 提升到 85%。这确实是一种进步，但我还是纳闷，推行六西格玛有 6 年了，我们为什么还是没有做到 99% 以上的合格率呢？深入调查之后我才得知，这块业务的部分产品设计不良，但该部门非但没有改进设计，还将这批设计不良的产品的生产转移到了马来西亚的新工厂。换句话说，他们宁可选择在一家低成本工厂生产不良产品，也不愿意改进产品设计。这也太不“六西格玛”了。

回去之后，我们开始以更为严谨的态度实行六西格玛原则。航空航天部门的领导者以可量化、可追踪的可生产性指标跟进所有新产品的设计。工程师对此表示抗议，声称这样会降低他们的设计进度，但我们坚持要求他们同时做两件看似相互冲突的事情：交付的设计既要具备可生产性，也必须按时完成。我们的领导者还派专人对上千个现有产品的设计进行了改造，使其更具可生产性。我们称此为登陆日计划，后来改称为诺曼底计划。通过改造现有产品，提升新产品，我们一边排干了原有的积水，一边又杜绝了新水的流入。这就是我们解决所有问题都必须做到的标本兼治。通过这种方法，我们最终成功推行六西格玛，并获得了巨大回报。

分阶段推进

为了避免在推行 TPS 时出现类似的问题，我们改变了思路，采取了分阶段实施的策略。如此一来，我们就可以不断总结经验，持续优化我们的体系。我们在 10 家工厂开展了试点，在半年内，我们持续跟踪这些工厂在安全、质量、交付、成本以及库存方面的改善状况。之后我们会对其中的有效策略进行分析和总结，然后对 TPS 的实行方式加以改进。例如，我们发现工厂经理的角色非常关键，一个好的工厂经理必须能理解变革的重要性，真正拥抱变革。于是我们在具体实施 TPS 前便会将工厂经理列入我们的考察项，然后将改进过的策略应用于另外 5 家工厂。在对新的实施情况加以观察和总结后，我们再通对 TPS 进行微调（例如，向工厂派驻受过培训的专职 TPS 专家），然后在另外两家工厂中展开测试。

随着实施方案的全面完善，我们开始在 250 家工厂中的 30 多家推行新版 TPS。为了确保这套体系得到全面落实，我们不惜重金加大在人力、物力等方面的投入，并且根据实际需要对工厂管理层进行了调整。这套新方案的 80% 源于 TPS，剩余的工具和流程部分源于我们对其他公司的借鉴，部分来自我们自己的创新。这套新体系显然离不开丰田公司的贡献，但我们还是将其命名为 HOS，因为我们希望员工能够真正把它当成一种运营系统，能够明白这是霍尼韦尔要坚持不懈推行到底的事情。HOS 绝非一时之宠，相反，它是我们经营公司的根本方略。

首轮的推进花费了大约三年时间，之后我们要求各业务部门确定下一批可以实施 HOS 的工厂。在有序推进的同时，我们也开始将 HOS 纳入我们的并购战略（参见第八章）。当我们在推进新收购企业同现有公司的整合时，我们要求被收购方的生产设施也必须具备 HOS 的思考方式和行动能力。唯有如此，我们才能实现巨大的成本协同效益。此外，我们还规定，除非达到同等的 HOS 实施水平，否则霍尼韦尔的领导者不得实施多个工厂的重组和合并。像 HOS 这样的系统能够让你发现工厂中的隐藏流程——那些为应对糟糕的表面流程而通过日积月累形成的所有变通措施。根据我们的观察，如果能发现并处置好这些“隐形工厂”，你就可以更为有效地开展重组或整合。例如，我们在气体检测方面的收购就从 HOS 中获益良多。我们极大地改善了亏损业务，在获得了高额利润的同时也改进了产品质量和交付。

尽管我们行事谨慎，但是落实 HOS 也并非一帆风顺。特别是在实施初期，工厂管理者及其团队时常会抵制 HOS 的施行，拒绝变化。在个别情况下，为了 HOS 能够真正落地生根，我们不得不让这些领导者卷铺盖走人。随着工厂抵触情绪的大大减弱，HOS 的实施也变得更为顺畅。

在全公司范围内推行 HOS 的过程中，我们也把 HOS 在一家工厂的全面落地时间从 3 年缩短到了 18 个月。在早期的推行过程中，工厂的效率和生产率提升可谓立竿见影。2006 年，在实行了 HOS 之后，我们意大利阿泰萨工厂的产品缺陷率下降了 80%，客户准时交付率提升了 7%。其他工厂管理者闻讯后，纷纷要求跟进实施 HOS。[7] 与此同时，我们制造业务的领导者也负责任地向各个工厂发出警示：变革即将到来，请现在就做好准备。

阻力的另一大源头是我们的财务组织。在开始试点 HOS 大约半年后，我们的首席财务官告诉我，在他看来，HOS 是对时间和金钱的巨大浪费，它根本不会给我们带来任何好处。我本来可以直接叫他闭嘴，但我没有这么做。本着自我怀疑的一贯精神，我请他对这一项目进行详尽分析，厘清它的成本和收益，然后再来告诉我结论。在和团队对 HOS 进行了三个月的调研后，他改变了自己的看法。整个项目非常可行，他也将全力予以支持。这是一场重大的胜利。一个本可能全力反对 HOS 并阻碍其执行的部门，如今完全变成 HOS 的信徒和支持者。不仅如此，宝贵的肯定也让我更加坚信自己的选择。在第一章中我就强调过鼓励不同意见的重要性，这个故事就是最好的例证之一。

流程变革创造收益

总之，我们花了整整 10 年的时间在全公司贯彻实施 HOS。得益于 HOS 的赋能，多数工厂的员工都能够为流程改进贡献成百上千个想法。成本下降了 15%~20%，而安全、库存、交付和质量都有类似比重的改善。以前的工厂非常拥挤，如今我们人数减少了，但产出却提升了，而且工厂面积也下降了 20%~30%，这都是因为 HOS 让工作流程更具效率和成效。由于 HOS 能够推动持续的流程改进，我们的收益也在随着时间的推移而不断增长。假设一家实行 HOS 的工厂每年可将生产效率提升 3%，原先未实行 HOS 时每年只能提升 1%，那么在复利的作用下，这家工厂会在 10 年后出现爆炸性的业绩增长。HOS 不仅把我们的业绩带入一个新高度，同时也提升了我们的变革速度。

HOS 也提高了工厂员工的参与度，很多通常抵制此类举措的工会或工厂也变得非常积极。能够有机会参与企业的持续改进，所提问题也能迅速得到管理层的回复，这些都让员工感到欣喜。每天早晨他们都可以提出自己关心的问题，之后相关信息便会在后续日常会议中得到沟通和传递。公司会指定专人解决相关问题，并且会在第二天给出答复（关于一项改进或持续改进活动的详细落实路径，参见下图）。

尽管提升流程效率经常会导致企业减少用工需求，但我们的员工并不认为这是一种威胁。我们逐步转变为一家更好的企业，这意味着我们在发展。因此，我们通常可以为那些被淘汰的员工提供新的岗位，而且生产率的提升意味着我们可以进一步提高员工的薪资待遇。大多数人都不喜欢低效和无成效的工作，他们希望每天都能在回家后和家人分享自己在工作上的喜悦。得益于 HOS，员工有机会更为全身心地投入工作，拥有更好的团队合作，员工的留存率和士气也因此大大提升。

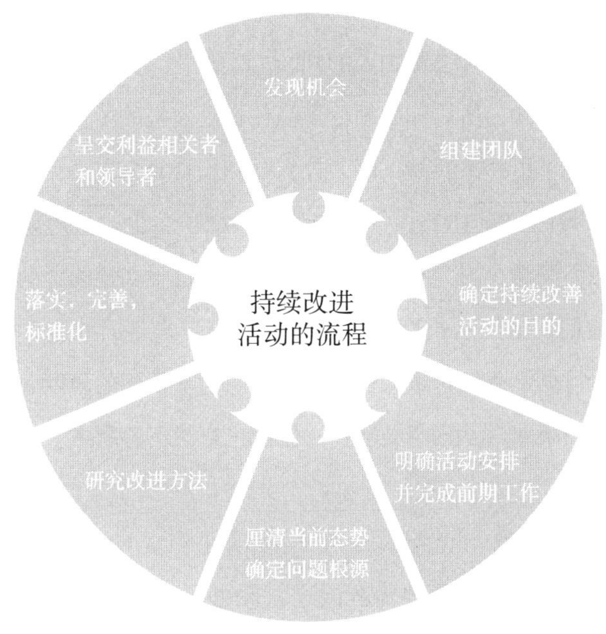

一项持续改进活动的流程

德萨拉记得，有一次在视察霍尼韦尔工厂时，一群小时工就流程改善问题向他做汇报。一名员工站在白板前讲解一张复杂的生产流程图，他说，新的生产流程更为高效，用工人数也因此减少了两个人。德萨拉觉得这太不可思议了。“一般你见不到这样的场面。一个小时工竟然如此激情澎湃地跟我说我们正走在正确的轨道上。”而且德萨拉指出，这已经不是某个地方的特殊情况。“东欧、中国、印度、英国和西欧，全世界的霍尼韦尔工厂都沸腾了。凡是应用 HOS 的地方，都能看到激情被点燃的盛况。大家因为能够参与其中而感到无比兴奋。”[8]

在流程变革上，我们的口号是“行稳致远”。改进举措进行得太过激进，激情也往往会影响人的判断力，因此，变革虽可能取得成效，但通常无法持久，所以你必须尽量稳住自己前进的步伐。要想在霍尼韦尔慢慢变革可并不容易，因为分析师和投资者会有意见，他们关心的是如果我们实施 HOS，每年的利润会增长多少。从短期的角度看，他们相当不满意，因为我老实地告诉他们我也不知道问题的答案。我还告诉他们，虽然从长期看，HOS 会逐渐带来正面效应，但一开始时它不太可能给业绩带来太多明显影响。但从长期的角度来看，因为我们的利润率取得了真实的增长，他们也自然倍感欣慰。

改进业务职能

并非只有生产线需要流程改进，你也可以利用流程改进提升公司后台或行政职能。2004 年，我第一次有了把类似 HOS 的东西应用到职能部门的想法。你肯定猜到了，这也是我在蓝色笔记本上的思考。当我在财务报表上看到“销售、一般及行政支出”（包括 IT、法务、财务以及人力资源等职能）那一行时，我就想，我们在这些方面的改进似乎并不多。在这些方面我们并没有感受到提升效率的迫切性。我在接任首席执行官时，华尔街就在夸我们的行政费用控制得好。我们的财务、IT、法务以及人力资源等职能部门也自认为非常精简，甚至还面临资源投入不足的状况。事实是否如此？

我为这些职能部门确定了一个财务目标，要求它们将支出在销售额中的占比减少 50%。众所周知，我的原则是必须同时做两件相互冲突的事情，因此我也要求它们在缩减成本的同时必须提升服务品质。不过我没有强制这些部门瘦身，相反，我告诉这些部门，它们的预算将永远保持不变。我对它们说，我们公司的规模在扩张，对职能部门的要求也不同以往，但即便如此，我也希望它们能进一步提升服务质量。

为了实现这一看似不可能的目标，我们要求职能部门强化工作流程，落实各项服务指标（通常以对内部客户的匿名调查为依据），以确保在降低成本的同时，也能为内部客户提供更优质的服务。我们将这一举措称为职能转型。按照要求，职能领导者和业务部门领导者一样，每年都必须提交 5 年战略规划。业务部门的领导者会参与对职能部门的战略评审，就职能部门的服务表现发表意见，并指出需要改进的不足之处。以我的经验来看，企业员工通常可以就业务管理者的表现发表评论，但业务负责人却很少有渠道让职能部门了解他们的服务成效。这种情况必须改变。我希望我们的职能部门致力于提供优质的客户服务，认识到是业务部门的收入养活了霍尼韦尔的所有人。我们告诉公司的职能领导者，他们不能再只满足于把分内的事情做完，他们必须更具效率和成效。

改善职能部门的 4 个步骤

1. 为每项业务职能创建财务目标。
2. 要求职能部门在组织壮大时也要维持成本甚至降低成本，同时还要提升服务质量。
3. 要求职能部门制定兼顾双目标的年度战略规划。
4. 设立服务考核指标和目标，并通过调查确认服务品质是否得到改进。

一些职能领导者质疑我确定的财务目标。我们的IT部门开展了一项研究，就四大职能部门的运行情况和同类公司进行了对比，结果发现，我们并没有自己想的那么精益。从平均值看，我们职能部门的支出占销售额的比重是当时世界级企业的两倍。财务团队仍然不相信这一结论，于是他们又开展了一项独立研究，但结论大同小异。领导者们终于被说服，职能部门拉开了流程改革的大幕。IT部门通过整合服务器，改进采购流程，采用新技术等提升了效率和成效。人力资源部门在内部开展了全面调研，结果发现他们雇用了太多的一般性人才。通过开展角色调整、合并和自动化部分活动，他们在大幅降低成本的同时，实现了服务质量的大幅提升。法务团队对现有诉讼开展了预防性分析，他们通过大量改革减少了公司的诉讼数量。

随着时间的推移，职能部门逐渐养成持续改进的思维模式。人力资源和财务部门开展了一场内部服务改进竞赛。有一年，人力资源团队在竞赛中取得领先，他们便在财务团队正对面的窗户上贴了一张大海报。但财务团队的服务质量总体水平仍技高一筹，他们也针锋相对地贴出宣传海报，有力地展示了自己的闪光点。

职能转变行动取得了显著成效。仅2004—2006年，这项行动就为我们节省了1.7亿美元。[9]在接下来的10年里，霍尼韦尔的规模翻了一番，但我们职能部门的预算却减少了约10亿美元（绝对金额下降了30%，占销售额的比重下降了44%）或每股减少了一美元。与此同时，服务质量也得到了改善。我们现在走上了一条精益经营的道路，我们的业绩得到了改善，投资者也因此获得了真实的回报。

深入研究流程

如果你打算改进组织运营，请一定要谨慎行事。你要把重心放在改变潜在思维模式和企业文化上。唯有如此，流程变革才可能具有持久的影响力。推进流程改进一定要注意方式方法，否则你不仅仅是浪费了资源，没能推动组织进步，而且极有可能开倒车。糟糕的流程改进极具破坏性。如果变革未能带来进步，员工会变得比以往更无斗志，更无兴趣，更加幻灭，更无所事事。客户也会非常痛苦，因为他们得应对更无效率的流程。等到客户因此出现流失，企业业绩也会跟着下滑。与此同时，这些公司会发现，因为没能持之以恒，几年过后它们要再度实施流程变革。这样的失败不仅耗费金钱，而且更让员工相信，所谓的流程变革，不过是管理层心血来潮而生出的幻觉。

所以不要仿效一般企业的做法，而应该先深入研究各个细节，然后再找出最适合自己的方式方法。心急吃不了热豆腐，要先对你准备实行的重大变革方案进行试点，然后再加以完善。要树立成功的典型，这样组织中的其他人就会更加主动地拥抱变革。此外，要注重资源投入。为了推行 HOS，我们在全公司设置了数十个专职岗位，并且为每家工厂的领导团队配备了一名 HOS 专员。这是一项非常重要的举措，因为它不仅是在向员工展示我们在 HOS 推行上的必胜决心，也是在给工厂的管理者赋能，增强他们的变革信心。老话说得好，一分耕耘，一分收获。既然想要取得全面的成果，我们就必须在人员和资金上给予充分的投入。

在确立了强有力的实施方案之后，接下来应密切关注的是流程改进的推进过程。永远不要以为变革是理所当然之事。工厂无疑会把自己的变革进程吹得天花乱坠，但真实业绩情况如何？变革是否如工厂领导者预期的那样深入彻底？变革是否具有持久性？熵是宇宙的终极规则，也毫无疑问适用于企业。随着时间的流逝，所有的组织系统都会走向混沌。除非不懈追求改变，否则你的努力终将化为泡影。

为了衡量 HOS 在各个工厂的推进情况，我们设置了相关指标。指标能让我们确认是否真正发生了变革，也能让我们了解工厂对变革的坚持力度。我们将 HOS 实施分为不同的水平，并依据工厂的改进成绩给他们颁发金、银、铜等不同级别的认证。这种方法既可以让工厂跟踪改革进展，也让它们有了持续前进的动力。因为我们会对工厂上报的业绩进行审核，因此当一家工厂到达某一水平时，我们就知道它已经发生真正的变革。

我们的认证还能够阻止工厂倒退。我们总是告诉工厂的管理者和员工，要把达到铜级认证当成 HOS 变革的开始，而非结束。即便如此，很多工厂领导者在达到铜级时也出现了自满情绪。我们针对此问题确立了新的规则：如果工厂出现懈怠苗头，我们就会取消其铜级认证，这就引发了大家的警醒。类似地，我们还对各工厂 HOS 的落实情况进行排名，并且在内部公示前十名和后十名。这种策略让员工产生了紧迫感，因而提升了整个组织的业绩表现。事实上，我觉得这是一个推进变革的万能策略，它能够加速我们在质量、交付及其他方面的改进。

HOS 概览——实施框架（持续推进）

阶段 1	实施	阶段 2	阶段 3	阶段 4	阶段 5				
组织准备（实施前）		基线和规划	观察学习	工作流程改进	追求卓越	铜	银	银卓越	金

结构化部署方法

阶段 1：准备，领导做好踏上征程持续前行的准备

阶段 2：基线分析和机会排序，创建行动部署

阶段 3：执行变革，创造未来状态组织

阶段 4：实施未来状态以实现目标结果

阶段 5：现场运营系统管理，推动持续变革文化

铜：将变革从工厂扩展至职能部门，覆盖全体员工

银：充分利用运营系统并对其不断改进

金：将所有最佳实践、流程聚于一点，实现比竞争对手更快的增长

注：HOS 的分级式实施框架，成形于 2016 年。

要同时引入变革并持续推动变革，领导力就变得至关重要。你需要让公司所有人知道你在严肃对待此事。在推行 HOS 期间，我会抓住所有机会向员工介绍这件事的重要性。为了确保执行，保证结果，我会定期召开会议——当年六西格玛的交付效果之所以不尽如人意，就是因为我没能做到这一点。要是有的工厂表现不佳，我会给它们的领导者发短信——据德萨拉回忆，对收到短信的人来说，这并不是“一段有趣的经历”。流程改进所占用的时间和资源会远超你最初的预想。在实施一项新变革举措的时候，人们不免产生各种忧虑，虽然改变这种状况需要时间，但为此付出的努力都将获得回报。

变革管理检查表

无论追求何种变革改进，请务必做到如下几点。

- 理解思维模式和文化的重要性。思维模式不变革，经营也不会变革。特别是要让人们摆脱“我自己还有活儿，怎么还要干这个”的心态。
- 在全面实施变革前，进行试点、测试。
- 完善实施方案。稳步推进，确保变革的持续性，但也要以迅速行动制造声势，获取尽可能多的利益。
- 为实施变革选择合适的领导者。正如一位首席执行官说过的，“有时候改变管理的最好方法就是改变管理层”。
- 充分投入人力和财力。所有的变革都需要组织的支持。
- 通过建立汇报体系、个人评估以及实地考察等方式，让更多的人了解各项变革举措。
- 让员工参加关于变革的培训项目，你也要参加。如果你不参加，你下面的领导者也会找到不参加的理由。
- 要怀着证伪而非证实的心态，确保变革举措能真正见到成效。
- 以真实可评估的指标确认变革成效。
- 坚持不懈地推进变革。一项举措见效，并不能证明变革已经深入组织的肌理。

流程变革，人人有责

20 世纪 80 年代，我在位于马萨诸塞州林恩的通用电气生产和工程部门担任首席财务官。当时，我经常把一群培训生召集起来，然后将某项重要任务分配给他们（这些培训生都是刚毕业没几年的年轻人，来自各个职能部门）。有一年，一些工程师告诉我，现在某些产品的设计更改简直慢得要命，甚至需要 7 个月的时间。我向工程部门的主管请教我们的设计更改流程，他们对我说："对于流程，我们已经检查了 50 次，没有比这更快的办法了。"我不以为然，于是便让我们的培训生做调研，并且请了一位工程主管担任高级顾问。我让培训生找出 50 项设计更改请求，然后让他们逐步追溯这些更改的处理和实施过程：到底发生了什么？我们怎么才能做得更好？

经过一番深入研究，他们发现根本没人严格遵循设计更改流程。我们确实花了 7 个月修改产品设计，但其中有 3 个月都花在了设计影印和相关团队成员之间的邮包来往上。如果你年纪足够大，你应该记得在电子邮件和其他数字技术出现之前，行政流程的速度到底有多慢。在我们的这个故事里，所有的设计影印都集中在一个部门进行。该部门需要先把上百份副本都处理完毕后才能一一投递，而在此之前所有相关方能做的事情只有等待。

培训生建议进行两方面的流程变革。工程师不应该把设计方案送去大批量影印，而应该尽快为关键决策者准备两份副本，这样整个流程中的其他步骤就可以继续推进。同样，与其将设计方案交给龟速一般的内部邮递系统，还不如把两份副本直接交到关键决策者手中。

仅这两项简单变化就把设计更改流程缩短了 3 个月，我们的工程师简直不敢相信自己的眼睛。他们以为自己对流程了如指掌，但实际上并非如此。他们一直都在孤立地思考整个流程中的每一个核心步骤，并且致力于研究如何才能让每一步更有效率，但他们却没有从整体上进行思考。整个流程上不只有各个核心步骤，还有它们之间的连接，以及外部参与者（邮件系统和影印服务）。效率低下的很大一部分原因恰恰就在这些连接点上。

我讲这个故事的目的主要有两个。其一，团队无论大小都需要进行流程变革，这不仅仅是公司层面的事情，任何运营者都可以通过流程改进提升短期和长期表现。如果你没有开发一套完整运营系统的预算，也可以先列出工作的主要流程，然后让员工持续不断地对这些流程进行检视和调整。大多数流程都有跨职能的特征，因此你要确保自己能从头到尾理解整个流程。通过简单的指标可以确认流程是否真正发生了变革。假设你现在想改造一个由 4 个人组成的工资管理部门。如果在流程改进后，你仍然需要这 4 个人处理同等数量的事务，而组织或公司的其他人没有看到任何额外的收益，那么即便整个流程的某些方面确实略有改进，整个流程改进也并不能算取得了成功。

流程图总是对流程分析大有裨益。如果你只是一个小团队的头目，你根本不必花钱请高级顾问帮你画流程图。我在通用电气做审计师时，为了搞清楚审计对象的运营，经常会自己画一些非正式的流程图。我会从整个流程中的第一个人入手，问他们做了什么以及谁负责工作的下一步。我在笔记本上记下相关资料，然后转向下一个人，直到我勾画完整个流程的每一步。在整个过程中，我会让受访者告诉我，如果在他们的那一步出现问题，我们该怎么办。通常他们会告诉我应对策略，而我就会把它们作为“例外”步骤，添加到流程图中（顺便说一下，这是所谓“隐形工厂”的另外一个鲜活例子）。通过这种方法，我发现了很多团队可以避免的低效问题。请注意，当时的我可没有受过任何关于流程改进方面的培训，我也不需要任何培训，这件事根本没那么复杂。[①]

找到并修复“隐形工厂”

1. 从头到尾一步一步地描绘出你的现有流程。
2. 标示出应对问题的常见变通措施。
3. 优化流程并将最终用户包含进来。
4. 确认新流程更具效率，对终端用户更具价值。

说出来有点儿难以置信，许多公司并没有完全理解它们流程的运作方式。如果你把每一步都画出来，就会发现，其实你们那儿有一个长期运转的“隐形工厂”，只是领导者和经理没有注意而已。优化这些流程和步骤可以提升你的短期及长期表现。和在职能转变过程中的操作一样，一定要确保最终用户参与进来。人们很容易犯言行不一的毛病，他们口头上要降低流程成本，但实际做法却伤害了流程的目标交付价值。真正的流程改进必须同时完成两件看起来相互冲突的事情：它必须使流程更有效率，也必须使它更具效果。只有这样，它们才能向终端用户交付更多的价值（无论这些终端用户是付费客户，还是内部客户）。我们执行 HOS 标准的工厂不仅要降低运营成本，而且必须生产速度更快、产品质量更高，如此我们才能实现更好的客户

① 除了画流程图，你还可以通过对某些事件进行流程跟踪，看看它们到底发生了什么事情。记住在每一步都要问一下，如果这一部分没有按预期进行，结果会怎样。你会发现很多错误报告，而这些错误所展示的正是流程无法如预期运行而导致的结果。

交付。

在此过程中，请记住下面这张图。尽管这不是一张新图，但它仍是一项非常具有指导意义的提醒。这张图展示了真实流程、你以为的流程以及理想流程的区别，而这种区别正是所谓的“隐形工厂”。

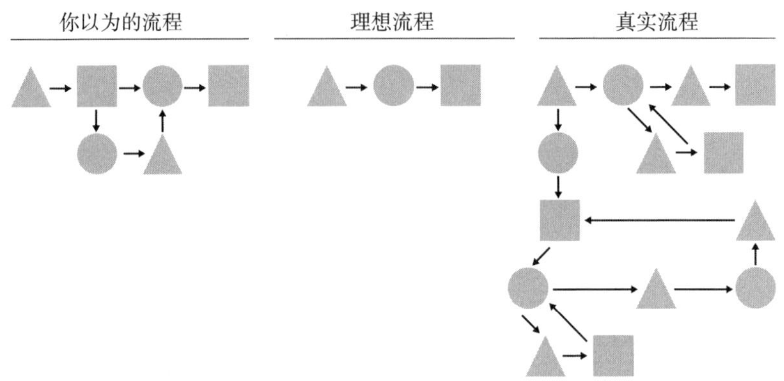

平凡却神奇

我讲那个故事的第二个目的，是强调流程变革具有一种平凡而神奇的特质。设计流程的改进其实并不能给通用电气带来实质性的季度业绩提升，省下的那些钱充其量比我们在霍尼韦尔浪费的压缩空气多一点点。但变革并不一定需要惊天动地，关键在于形成一种长期持续推进各类变革的习惯。很多领导者企图以某种一劳永逸的方式实现对企业的颠覆式革新，但流程改进却从来不会如此轰轰烈烈。那些关于思维和业务规范的改变往往会持续数月甚至数年，其收益也只能在日积月累中显现（但别忘了，从长期来看，3% 的年复合生产增长率和 1% 有着天壤之别）。流程改进也意味着作为领导者的你要出让部分权威，将权力下放给那些处在变革最前沿的人，如此他们才可以干成实事，日拱一卒，水滴石穿。他们的各类洞察、判断以及决策，加上时间的历练，推动着组织不断向前。

流程改进的真正魔力在于，它能够推动组织进化并始终保持灵活性。人们总是把查尔斯·达尔文和“适者生存”这句箴言联系在一起。在我看来，达尔文的核心观点其实是最灵活者生存。在整个地球生命历史中，很多物种都曾经非常适应或适合某些特定环境，但当环境发生变化时，这些物种因无法适应而走向灭绝。这都是因为它们缺乏足够的灵活性。在全公司推行 HOS 期间，我们要求整个组织，从车间小时工到工厂经理，直至每个职能部门和业务部门的领导者，都必须更具备灵活性。因为只有如此，我们才能够适应不断变化的业务环境，赢得竞争。

激进变革听上去很美，但实际上并非创造强劲短期及长期表现的最佳路径。激进变革意味着高风险，因为谁也不能确定明天会怎样，而且激进变革还能朝着意想不到的方向发展。一个善于持续进化的组织通常无须冒此风险，因为它们从来没有停止改变。假设你所在的市场正在发生剧烈变化（如一年的变动超过 4%），如果你不跟上节奏甚或先行一步，那么变化的需求并不会消失，只会不断积累。十多年下来，你会发现自己被市场远远抛在后面。这时候为了追赶对手，你不得不开始推行激进变革，随之而来的则是各种风险和混乱。有时候我们确实需要一场革命，这需要根据业务或组织的实际情况进行具体分析判断，但更好的做法是跟上变化甚至引领变革，将你的组织打造为一个持续进化并具备这种能力的企业。

我接手霍尼韦尔的时候，不少人认为过不了多久这家公司就会关门大吉。但通过推行 HOS、流程变革以及文化转型，我们持续改进了运营并增强了持续变革能力，公司也因此更加枝繁叶茂。以渐进和持续的方式改进流程融入了霍尼韦尔的文化，成了公司一切经营的指导思想。如果你朝着这方面努力，它也可以成为你的公司文化的一部分。

问题清单

1. 你的团队或组织中的各项流程是否如预期般高效？你完全理解它们吗？除了核心步骤，别忽视各步骤之间的连接。如果员工的投入程度不尽如人意，想想这是不是低效程序的问题。
2. 有一套持续改进流程的体系吗？效果如何？你是否会向基层员工放权，让他们参与效率提升工作？
3. 除了核心业务，你是否在想方设法提升后台和行政职能的效率？这些职能的工作效率和成效到底如何？
4. 变革举措是否在组织中“持续”发挥作用？如果没有，原因是什么？
5. 在流程改进方面你投入了多少精力？你平常是参与其中，还是不闻不问？你是否在改革公司，使其兼具大公司的效率和小公司的速度？
6. 在制订流程改进方案时，你是否也考虑了长期持续改进的重要性？你是否亲自验证了它的效果？
7. 你的团队或组织是善于持续进化，还是过于拘泥现状？
8. 你是否会考虑使用业绩前十或后十排名这种方式激励竞争？
9. 你是否为流程改进提供了足够的资源支持？记住，所有变革都离不开组织的支持。

第五章

打造高绩效文化

为了尽快熟悉霍尼韦尔及其文化，在接任首席执行官后的数个月内，我访问了全球各地的多家工厂，举行了多次公开见面活动。有一次在亚利桑那州凤凰城我们航空航天工厂举行的对话活动上，一位女士站起身来，向我提出了一个貌似非常古怪的问题。

“德威，”她说，“你是蓝的还是红的？”

“什么？”我问道。我刚刚从肯塔基州搬到纽约附近，在我原来住的地方，红和蓝分别代表的是路易斯维尔大学和肯塔基大学，这两家的竞赛对决在当地可是个大事。

“你是蓝的还是红的？”她又问了一遍，“是联合信号的人还是霍尼韦尔的人？”

天哪，我明白了，原来她指的是这个。

在 21 世纪初，霍尼韦尔的问题不在于有什么样的公司文化，而是根本没有公司文化。联合信号是一家专注于航空航天、化学以及汽车产品的工业企业，它在 1999 年将霍尼韦尔收于麾下。合并后的公司沿用了霍尼韦尔这个名称，公司总部则设在联合信号。2000 年，

“新”霍尼韦尔收购了第三家企业——火灾报警和安全系统制造商皮特威。老霍尼韦尔的员工认为自己专注的是技术和所谓的“客户喜悦度”。这当然非常讽刺，因为他们的表现实在是太糟糕了，根本没能让客户满意，更无法让他们“喜悦”。联合信号员工则保持着一种独立但同样功能失调的文化，那就是不惜一切地在季度业绩上做文章。我曾经开玩笑说，季度末的时候联合信号的员工会跑到老板的办公室跟老板说：“如果允许牺牲客户，我们就能完成季度业绩。”老板说：“这还用问吗？完成业绩！”根据合并前两家公司的品牌标识颜色，霍尼韦尔的老员工是红军，联合信号的老员工则是蓝军。老皮特威的员工则没有参与这场颜色大战，他们觉得公司里的其他人充满了“大公司”心态，因此他们一如从前，从不过问其他闲事。

这种割裂给我们的业务带来了巨大损失。马克·詹姆斯是霍尼韦尔人力资源、安全和传播高级副总裁，2000 年刚加入公司时，他是我们航空航天部门的人力资源总监。他回忆说，当时的公司已陷入“完全混乱”，“所有人各行其是”，没有一套标准的操作方法。“往好里说，整个公司就像是刚刚招进来一帮互相不认识的人。每个人都只顾自己，这就是我的感觉。没有人给予我指引，也没有人审核我的工作，更没有人监督业务。”[1] 难怪这样的公司留不住顶级人才。年轻的管理者来的时候就知道我们的企业文化混乱无序，大家都在互相拆台。逆来顺受几年后，这些获得了相当宝贵经验的年轻人就会另谋高就。

我成为首席执行官后，结束颜色之争、建立统一的公司文化便成了我的首要任务之一。一些高管对此感到疑惑，我们还有很多其他战略问题要解决，何苦现在就关注企业文化问题？在他们看来，公司的当务之急是通过短期举措鼓舞员工士气。我说这不可能。如果员工士气算个问题，那么解决它的最好办法，就是建立一家制胜的高绩效公司。而要实现这一目标的前提就是创建一种高绩效的制胜文化。我们可以制定各种各样的战略决策，但如果公司里没有人执行这些决策，一切都是空谈。

一个组织想要有极致的表现，就必须具备强大的文化。强大的文化可以为人们带来不断向上的内在驱动力，让人们从言到行都遵从各项政策和程序的指引。如果你的目标是在确保长期增长的同时实现良好的短期业绩，那么文化建设就成了一切工作的重中之重。除非能将所有人都调动起来，否则组织几乎没有可能同时实现这两大目标，它要么只能完成短期业绩，要么则可能为了长期利益牺牲短期利益。

怀疑者可能会问，创建一种理想的企业文化，在今天还有什么稀奇的吗？我承认这不是什么具有革命意义的事情。对企业文化关键因素的确定也不像科学那样复杂。我们将公司文化定义为 12 个关键行为准则，包括聚焦客户和增长、结果导向、促进团队合作、明智地冒险、拥有自我认知以及具备全球思维等。过去我一直告诫我的团队，这些关键行为准则并无多少革命性。不会有哈佛的人跑到我们的总部惊呼："你们是怎么想到这些的？"问题的关键在于行动。多年来霍尼韦尔一直要求所有员工践行这些行为准则（还有我们确定的 5 项关键战略举措），并且我们一直在坚持不懈地落实这些准则。公司的业绩表现会起伏，我们的文化也会适时发生变化。如果想兼顾短期和长期增长，你就必须坚持不懈地两手抓。不要只对公司文化夸夸其谈，重要的是以一种永不停歇的精神践行文化。

详细定义公司文化

显而易见，你应该先确定自己的公司需要什么样的文化，然后再开始文化建设工作。早在通用电气工作期间我就理解了文化的重要性，并且对高绩效文化的构成有了相当清晰的认知。来到霍尼韦尔的第二个月，我就提出了霍尼韦尔应当聚焦的5项关键战略举措：增长，生产力，现金，人才，以及经营赋能器（例如，六西格玛和后来的HOS）。我还提出了定义我们公司文化的10个行为准则，然后和团队进行了一整天的会议讨论。最后在修订最初方案的基础上，我们又增加了2个，最终确定了12个定义公司文化的关键行为准则。有些人开玩笑说，上帝只需要十诫，但要想结束颜色大战，让一个大型组织变成业绩机器，你得再加两条。

5项关键战略举措

1. 增长：客户服务、全球化和技术。
2. 生产力：与增长齐头并进。
3. 现金：改善运营资本，获得高质量收益。
4. 人才：留住最优秀的人才，以正确的方式组织和激励。
5. 经营赋能器：六西格玛、HOS、职能转变。

12个关键行为准则

1. 聚焦客户和增长：为客户提供优质服务，积极寻求增长。
2. 有效领导：像领导者一样思考，成为榜样。
3. 结果导向：始终履行承诺。
4. 成就他人：鼓励同事、下属或经理走向卓越。

5. 拥护变革：推动运营的持续改进。
6. 促进团队合作和多样性：从整个团队的角度定义成功。
7. 具备全球思维：从所有相关角度看待业务，从集成价值链角度看待世界。
8. 明智地冒险：为了获得更好的回报，我们必须承担更大的风险，但也必须更明智地冒险。
9. 拥有自我认知：理解你的行为以及它如何影响周围的人。
10. 有效沟通：及时、简洁、周到地向他人提供信息。
11. 整体思考：依据现有数据，通过直觉、经验和判断等，做出超越基本认知范围的更全面的决定。
12. 成为技术或职能专家：具备专业领域能力并能够做出成绩。

我们不仅列出了 12 个准则，还将它们具体化。促进团队合作当然值得提倡，但正如我经常见到的，人们有时也把团队合作当成压制异议的借口，结果导致整个组织陷入致命的群体思维。所以在定义团队合作这个准则时，我们强调的是：人人都有畅所欲言的权利；团队领导者必须给所有人施展才能的机会；达成共识不是目标，最终还是要由领导者对决策负责；此外，团队领导者也必须对其决策原因给出充分解释。很多时候员工以为领导者倾听意见就代表他们必须采纳这些意见，事实并非如此。团队领导者要倾听和理解你，但并不见得一定要听你的。当遇到这种情况时，员工需要明白，即便意见最终没有被采纳，对观点的表达也是一件有意义的事情，而领导者则需要把决策及背后逻辑向员工解释清楚。最后，即便团队成员仍有不同意见，他们也应当支持和执行决策。这样的动态交流过程，才是我们想要见到的团队合作。

再以具备学习心态这一行为准则为例。如果人们想要进步，他们就必须不断地学习。这意味着要阅读，同他人交流，认真倾听，及时了解市场和客户动态。这也意味着要具备自我认知。我们希望每个人都能更好地了解自己的优势和劣势，明白每个人都有需要解决的问题。我们的领导尤其要注意自己会如何影响他人，只有这样他们才能强化自身的薄弱环节。举个例子，我知道自己比较固执，有时候甚至过于武断，这就是我的个性。但为了做一个更好的领导者，我必须节制自己这种个性。其他人同样需要发现自己的弱点并加以改正。如果霍尼韦尔内部的所有或大部分人都能做到这一点，我们的组织就会变得更加强大，更具成效。①

在我和团队就这 12 个行为准则及其精确定义达成共识后，我们便将公司文化命名为“一个霍尼韦尔”。这不是一个特别新颖的名字，但对我们来说它非常贴切。过去我们的几家公司内斗不休，但从现在开始我们将团结如一。“一个霍尼韦尔”的企业文化将成为提升团队合作、推动公司蓬勃发展的黏合剂。为了进一步加强这种团结感，我们将“一个霍尼韦尔”的理念进一步落实到一个人人都能追求的目标上：一心一意为客户服务。我们需要确立一个能够把大家团结在一起的共同目标。我们不再在一些细枝末节上浪费唇舌，因为“一个霍尼

---

① 我也会通过培训课程分享我在自我认知方面的经验，以让参加者就如何认识自己的问题进行更深入的思考。我们还通过绩效评估帮助员工发展自我认知，当有的领导者参加培训课程时，我们还会引入 360 度评估法。我们并没有在整个公司开展 360 度评估，因为以我从其他地方了解到的情况来看，这种方法过于复杂且耗时低效，因此难以长久实施。

韦尔”的文化让我们将全部精力放在客户服务这个核心上。与此同时，我们的事业也在这一过程中不断壮大。

向前一步，践行企业文化

公司文化确立后，我们开始着手在全公司践行相关战略。我们要说到做到。在接下来的几年里，我们将这些行为准则纳入我们的培训项目和绩效评估，而领导者的薪资也部分和文化实施情况挂钩。我们的评估表会详列这 12 个行为准则，管理者则必须详细说明每位团队成员在这些方面的表现。同样，在我们的年度管理资源评估（MRR）中，当我们按级别对管理者的素质和能力进行评价时，我们也会专门评估他们在 12 个行为准则方面的表现。如果我们发现有人没遵循这些行为准则，或者在我们指出问题后仍不悔改，我们就会让他走人。

在招聘时，我们也会使用这 12 个行为准则评估候选人的素质。我将在下一章详谈我们的领导招聘和薪酬等问题，在这里我想强调的是，文化因素在招聘过程中确实扮演着非常关键的角色。在我担任首席执行官的头三年里，我就换掉了领导班子的近一半成员。新的领导者都必须强烈拥护“一个霍尼韦尔”文化，而且关键岗位的领导者也更多地来自内部提拔。以前我们的大多数领导（65%）都是外部空降，在很多霍尼韦尔的内部人看来，这正是公司文化越发唯利是图的主因。如果我们继续把关键岗位交给外来的新人，就不可能持续地推进“一个霍尼韦尔”文化。等到我卸任时，公司 85% 的领导者都来自内部提拔。一定数量的外来管理者当然可以给公司注入新鲜思维，但在多数情况下，为了保持文化的持续性，更多的领导岗位还是要来自内部提拔。

我们还把这种文化渗透到我们数以万计的小时工的招聘上。为了成功推进 HOS，我们需要工厂员工具备更高的智识和工作积极性。我们设计了一个问卷，工厂经理在招聘时可以利用这个问卷评估那些新员工是否和 HOS 的要求相匹配。这些问题会将员工置于各种理论情境，然后看他们会如何反应。在此基础上，我们就大概清楚他们是否符合我们正在构建的企业文化，因为这 12 个行为准则和 HOS 是紧密结合在一起的。

在重塑人员流程以支持企业文化的过程中，我们也不能只关注 12 个行为准则本身，而是要把重点放在团结精神和“一个霍尼韦尔”理念的灌输上。以管理资源评估为例，尽管多数公司都在开展管理资源评估，但我们在这方面的态度更为严谨。除了对单项业务进行管理资源评估，每年我还会召集领导班子对全业务线的所有顶级管理人员（共约 400 人）进行一次单独且全面的评估。我们会对这些人员的表现进行逐一讨论。在对话过程中，我们的职能领导者可以就业务部门的表现发表意见，同样，业务部门的领导者也可以对职能领导者的表现做出评价。这种交流打破了业务和职能部门之间的藩篱，强化了所有人需要精诚合作、互相负责的理念。一个职能部门的领导者再也不能强调“部门的事情我一个人说了算”。其他部门的人现在也可以评价他的工作，而且他还要虚心接受所有意见。

在霍尼韦尔的其他活动中我们也采用了类似的方法。在规划 IT 系统时，我们不仅会征求 IT 专业人员的意见，还会请各业务部门的代表提出建议。我在增长日回顾企业战略时，也会同时邀请业务领导者和相关职能部门的工作人员（人力资源、法务等）。一年一度的技术研讨会期间，来自世界各地的霍尼韦尔工程师和科学家齐聚一堂，争相展示他们新颖的创新成果。与此同时，我们也会邀请整个霍尼韦尔的营销人员参加这个大会。因为我们知道，离开营销的专业力量，技术创新根本无法创造商业价值。我们希望借助这样的研讨会把两方专家聚集到一起，让他们早一点儿就研发和设计展开交流。

总而言之，为了消除公司内部的部落思维，让各群体之间实现合作，我们可谓想尽了办法。如果我们还因循原来的公司文化，这种合作是不可能达成的。现在一切都有了可能，这正是“一个霍尼韦尔”文化精神的重要体现。我们不可能令一个企业的各职能、产品线、流程以及地域之间都实现完美协作，但通过努力，我们可以让尽可能多的人互相了解。其实，不信任会扼杀合作。如果人们彼此隔绝，不信任就会滋生并扩散。企业建立的信任越多，文化落实得越到位，人们每天做出的成千上万个决策就越可能超出预期，打破常规。

将文化传递视为个人使命

除了要把企业文化融入流程和结构，你还必须亲自示范践行。很多领导者都明白亲自向员工和管理者推广企业文化的重要性，但他们在这方面的表现总是不尽如人意。我们现有的文化如此扭曲，所以不要指望仅靠几项流程变革就可以万事大吉。我们必须紧紧拥抱这种文化，并且要坚持不懈地把文化灌输到员工的头脑中。在我的整个任期内，我把 1/3 的精力都花在了企业文化建设上，并且一直致力于寻找那些能将“一个霍尼韦尔”发扬光大的优秀人才。我总是在公司内强调文化的重要性，而为了宣讲企业文化，我会尽可能参加总部的每一次培训——这样的培训一个月会举办两三次。

我们深知让其他领导者参与其中的重要性，因此，我们决定利用每年举办高管会议的机会，就如何实现高绩效以及如何创建高绩效文化等问题展开对话。以前，为了节约成本，我们为期一天的高管会议都是在总部的自助餐厅举行，但这样的安排很难让人感到振奋，所以基本上也没有人很在意参会问题。从 2003 年开始，我们开始做出改变。我们选择了一个更为理想的会议地点，把会议时间延长到了三天，同时只邀请 300 名公司高管参会。这样一来，参加这个活动就变成了一项特权，成了我们对表现出色领导者的一种特殊奖赏。本着"一个霍尼韦尔"的理念，我们使参会人员尽可能多样化。我们邀请了来自世界各地的所有业务部门的领导者，同时也关注到种族和性别的平衡。我们设计了一些聚会环节，为那些来自不同地区或不同业务，相互可能不太熟悉的领导者创造交流机会（例如，通过随机的座位排列等方式）。只有在最后一天，领导者才会举行有目的性的业务交流会议，但即便如此，我们也会安排总公司领导者参会，并希望借此机会增进各业务部门同总部之间的联系。每个人都需要理解他们是一个利益共同体，而随着时间的积累，我们的年度领导者会议也逐渐变成了增进彼此了解的一种重要催化剂。

像这样的正式活动主要负责定调子，真正的文化灌输工作还要在日常上下功夫。每次我和我的领导者团队都会以各种方式跟大家不遗余力地强调，我们的 12 个行为准则不仅是强制性的，还是我们走向成功的关键。在培训项目等场合，我们会非常具体地谈论这些准则。

更多的时候，我们还是要靠行为来证明。文化渗透并不是因为你通过理性的方式吸收了别人扔给你的信息，而是因为你从行为中感悟到了其中的原则或者思想。因此，作为领导者，我们有责任时刻关注自己的行为，关注我们的行为是否符合企业的 12 个行为准则。我们还要留意，不能允许我们的员工做出与企业文化相矛盾的决策。一旦出现这种问题，我们必须马上采取措施加以纠正。

企业文化让我们省下了 2500 万美元

前面我们谈到了学习心态行为准则以及它对自我认知的强调。2014 年，我们打算出售一项叫作摩擦材料的业务。这笔交易可能会让我们损失 5000 万美元，但因为该业务持续亏损，所以对我们来说亏本甩卖也是一个不错的选择。我们开了很长的会议详细讨论了这项潜在交易，最后我对这笔交易点了头，但因为离最终拍板尚有时日，我也强调这是一个初步决定。

通常情况下，我可能就不再更改这个决定了，但考虑到我经常容易做出冲动性决策，所以决定在剩下的时间里再认真思考一下这笔交易。在交易截止日，我又召集团队开了一次会。我当时身在中国，因此我只能在深夜时间通过电话会议和团队进行沟通。其他人则对此有些不爽，之前为了达成这笔交易，他们几乎已经身心俱疲，为什么还要再来一遍？但我们最终还是又讨论了一遍，而且更重要的是，我还关注到了一些之前没有得到充分解释的数字问题。结果我们发现，这份即将签署的协议要比三天前看上去更糟糕——这笔交易会让我们损失 7500 万美元，而不是之前预计的 5000 万美元。我最终决定叫停这笔交易，而这让电话那头的参会者倍感错愕，因为他们觉得我们即将错过出售这笔业务的最后良机。

最后我们还是达成了交易。几个月之后，我们以亏损 5000 万美元的代价把摩擦材料出售给了之前的买家。因为我对自己的弱点有充分的认知，因此我不仅能克服它们，还为公司省下了 2500 万美元。

我这种即便得罪人，也要注意自省自查的作风，其他领导者看在眼里、记在心上，如此公司的文化也就进一步得到落实。之后我便经常在培训和非正式交流中讲述这个案例，以期员工和管理者能更好地理解拥有学习心态的重要性。

支持自家业务

在其他情况下，我们的各项决策也必须体现对“一个霍尼韦尔”文化的普遍尊重。在企业文化转型之初，部分业务部门还存在从其他公司购买产品的现象，即便是我们的其他部门能够生产出极具价格和质量优势的同类型产品，这些业务部门还是会选择从外面采购。我和相关业务的领导者讨论了这个问题，并且要求他们必须采购自家的商品，但他们却以“我们的产品不太好用”为由拒绝了我。我继续追问他们，我们的产品具体哪里不行。当深入研究这个问题之后，我们经常会发现其实这都是那些领导者的借口。兄弟阋于墙，邻里反倒很和睦。对此我明确表态：对于霍尼韦尔生产的竞争性产品，我们各业务部门必须认真对待，研究是否适用。如果我们的产品不适用，他们必须和生产这类产品的业务部门反映，这样他们就有机会改进产品，使其更具竞争力。这样的反馈能够带来变化，让霍尼韦尔的产品无论是对内还是对外都更具竞争力。

对我们来说，这是一个同时改进企业文化和业务的良机。我们深入调研各项业务，找出各种可以落实内部产品采购的业务。我们发现了很多这样的情况，其中有的问题较轻（我们从竞争对手那里购买安全设备，却不用自己的），有的则问题较重（我们的化工厂竟然没有使用我们世界级的流程控制技术管理流程）。我找来当时负责人力资源和资源采购的马克·詹姆斯主导这一工作，由他推动霍尼韦尔业务间的商业往来。为了消除内部阻力，我也会在遇到极端情况时介入。我会向那些行动不积极的组织传递明确的信息："一个霍尼韦尔"文化至关重要。这就是我们的经营方式。

我至今仍记得，有一次马克找到我并跟我说，我们的性能材料和技术部门正在建造一个大型工厂，但它却不想使用凯勒特公司制造的火炬臂。凯勒特是一家主营与环境和燃烧相关的技术产品的霍尼韦尔内部企业。我把性能材料和技术部门的业务与生产负责人找来，让他们做出解释。他们声称凯勒特生产的火炬臂不符合他们的需求，而且他们已经和我们的一个竞争对手签了排他性合同。这听上去不可思议，于是我又让他们回去确认相关事实。他们对我非常恼火，指责我过多地干涉了他们职权范围内的事。

我没有被他们吓唬住，而是给他们的法律团队的一个人打了个电话，询问所谓的排他性合同是否确有其事。"嗯，不完全是。"他说。

"什么？"

"是的，他们的业务经理来找我并且跟我说，'我们不想使用霍尼韦尔的设备，他们要使用外部供应商的产品'。你能帮我找个借口或者理由吗？所以我就按他们的要求做了。"

天哪！

之后我又跟他们的业务负责人打了电话。我告诉他们，性能材料和技术部门所有的综合管理和项目管理人员以及凯勒特的代表必须一早就赶到公司，共同研究到底如何才能让新工厂用上凯勒特的技术。使用我们在第一章介绍的方法，我们同时把所有人集中在一起，让他们为问题寻找答案，而且问题不解决决不散会。如果我们发现凯勒特的产品有问题，那我们就要找出原因。我们的总法律顾问也会派出一名律师参会，确保我们不会做出违反合同条款的决定或违规披露信息。我同法律总顾问共同启动会议，到一天会议结束时，我再回来听取进展汇报。

等我早晨离开后，你可以感觉到会议室里无处不在的敌意。性能材料和技术部门的领导者对我的干预非常不满。下午回来时，我也不知道迎接我的会是什么结果。但令我惊讶的是，我发现所有人的脸上都挂着微笑。性能材料和技术部门的人说，他们非常高兴，因为他们对凯勒特的现有技术能力有了更多的了解，在此之前他们其实一无所知，凯勒特的设备非常适合他们。他们已经同意购买相关设备，我们的律师也确认这一采购不会违反他们与外部供应商的合同。这给凯勒特带来了数千万美元的新收入，这也是灌输我们企业文化的一个重大时刻。房间里的所有人都明白了，"一个霍尼韦尔"决不只是说说而已。

我当然可以当甩手掌柜并让性能材料和技术部门自行决策，但若真的如此，公司就不会有真正的文化变革。找出那些我们没有按照企业文化行事的情况，并且公开对其进行修正，这对我们来说是一件至关重要的事情。当他人深入了解情况后，他们会改变自身行为，以适应"一个霍尼韦尔"文化。这一事件处理完后，我便经常以它为案例告诫大家："一个霍尼韦尔"文化至关重要，而且公司所有人都应对此有充分理解。

"一个霍尼韦尔"：无处不在

我从来不会对那些不符合我们企业文化的决策或者行为保持沉默，因为这种事时有发生，我还因此想出来一种指代它的方法。"这不是很‘一个霍尼韦尔’啊，对吧？”我会问。有时候一个电话或者会议上的一个决定就能解决问题，有时候我一句简短的评论就可以安排某人帮助另一位霍尼韦尔领导者解决遇到的问题。但其他时候，我们必须经年累月地持续付出。

我刚到霍尼韦尔时，我们欧洲的业务领导者相互疏远，甚至彼此都不知道姓甚名谁。在于欧洲举行的一次公开活动上，我请在场的200多人举手示意他们属于霍尼韦尔的哪个部门。当我喊出不同业务的名称后，有五六个人没有举手。我问他们：“你们是哪个业务部门的？”他们回答说是消防产品部门（自动化和控制解决方案业务的一部分）的人。“那我喊自动化和控制解决方案部门的时候，你们怎么没举手？”我问。他们回答说他们并不知道自己属于这个部门。仔细想想，这些人都是核心员工，而他们竟然完全不知道自己的业务到底属于霍尼韦尔的哪个部门。

除了彼此非常疏离，这群欧洲领导者和总部之间的隔阂更是有过之而无不及。我第一次去欧洲视察时，17个欧洲区的领导者，只有10个人出席了我召集的会议，那7个缺席者甚至都懒得解释为什么缺席。6个星期后我再次召集会议，并且跟业务领导者明确讲我希望他们能全部出席。当我问那些人第一次为什么不来时，他们很直接地回答我，他们觉得和我开会就是浪费时间，还不如利用这段时间拜访客户。什么?！我做了个深呼吸，忍住了心头的怒气。“这也是看问题的一种方式，”我说，“我完全赞成要把时间花在客户身上。但我的要求不过是请你和我以及其他欧洲区领导者共同度过几个小时，这样我们才能打造‘一个霍尼韦尔’文化。我希望你们能互相帮助，不要各自为政。”

大多数领导者都能对此心领神会，但也有部分人始终未能适应“一个霍尼韦尔”的概念，那么他们只能另谋高就。我也开始每年两次奔赴欧洲，希望能通过与欧洲领导者开会的机会，了解他们业务的新动向，促进他们之间的交流。除了要求业务领导者做正式演讲汇报，我还会组织各种自由交流，如此他们每个人都可以畅所欲言、增进感情。我也会利用这些机会和他们一起拜访客户，他们也慢慢感受到了这种做法的益处。领导者渐渐对开会有了热情，四五年后，“一个霍尼韦尔”的心态已在公司蔚然成风。领导者之间关系融洽，现在他们已经自觉开始举办季度会了。

总之，通过我和团队不断地出差视察，整个公司逐渐形成了一种文化上的团结感。我的前任们并不热衷出差，但在我看来，要想在全公司贯彻“一个霍尼韦尔”文化，总部的管理层就必须深入各地现身说法（这也十分关乎我们的全球化战略，参见第七章）。部分业务领导者不同意我的观点，他们抱怨说，频繁乘坐商务航班出行实在让人疲惫。为了鼓励所有人都能多出去走走看看，我拍板为管理层购买了两架湾流 550 飞机。这两架飞机非常棒，十分适合洲际旅行。虽然有人会觉得这有点儿奢华，但在我看来，如果我们能让领导者更频繁地前往各地办公室和工厂，并与当地客户见面，那么和我们获得的文化收益相比，这只是一笔微不足道的花销。领导者扮演了公司文化大使的角色，他们对 12 个行为准则的亲身推广远比发一封全员邮件有效。更不用说，领导者深入工厂基层也会给业务带来改进，让身处世界各地的员工知道他们的领导者在关心他们，这本身就是一件非常重要的事情。要达到这种效果，最好的办法就是深入现场。

有了新飞机，我们的领导者就再也找不到借口了。他们必须行动起来，他们也的确行动起来了。虽然没有确切的数字，但我觉得我们的高管花在出差上的时间要比他们的前任多 10 倍。我一年在飞机上度过的时间为五六百个小时。按一天 24 小时计算，这相当于一年飞行 20~25 天。我的高管团队成员的平均飞行时间为每年三四百个小时。累不累？绝对累。但文化建设太重要，所以即便累，也是值得的。

别让文化成为束缚

在推动文化变革的过程中，也要注意不能过分拘泥于企业文化。除了那些成为条条框框的内容，是否还有其他能够带来高绩效的行为、价值观或者原则？如果有，就要不失时机地加以推进。

“时效”并不是写在 12 个行为准则中的内容，但如果一个组织会议进程拖沓，研发团队行动迟缓，那它也不可能按时完成产品的生产和交付。在我工作过的其他公司里，会议召开不及时往往会带来连锁反应。它可能影响其他会议的按计划举行，导致各种混乱。大家都得不停地重新修改行动计划，而这本身就是对时间和精力的一种巨大浪费。领导者来开会，其他相关人士却不在，那么领导者的时间也被浪费了。别的先不说，准时是一种基本的尊重，是认可他人的时间和你的时间具有同等的重要性。我们不能因为“时效”没有被写进行为准则，就觉得它不重要。

我在任职期间一直强调，凡事都要遵守最后期限，会议也必须按计划开始和结束。以后一个问题为例，如果领导者不能确定某项业务的讨论需要花费多长时间，他就应该把会议时间安排得长一些，这样即使后面发现时间没用完，也可以早点儿结束。严格的会议时间也能带来更好的会议效果。因为领导者知道时间有限，他们便会把最核心的内容加以概括总结。撰写这些总结的过程其实也是对领导者的一项挑战，因为他们需要将自己的想法加以提炼，用简洁的语言将关键概念一一为参会者呈现。这样我们就可以利用宝贵的时间讨论真正重要的问题。

“正直”是另一项没有被写进 12 个行为准则但我们也在努力推行的理念。要想同时在短期和长期取得良好表现，我们需要同所有和我们打交道的人，包括客户、投资者、供应商、员工、政府以及我们运营所在的社区等建立信任关系。正直意味着我们要采用能够真实衡量业绩表现的指标（参见第一章），也要让会计政策更具透明度（如我们在第二章所见，这种改进也有助于提升我们的战略规划）。它意味着我们要履行对当地社区的承诺，清理和修复受污染的区域，同时也要推进环保和节能经营，落实节能产品所宣称的种种好处（见第三章）。更关键的是，它还意味着我们必须遵守我们所有业务所在国家的相关法律。每年在我们的高层领导者会议上，我都不遗余力地强调合规的重要性。我们决不会袒护那些违反法律的员工、经理或领导，事实上，我们还会主动检举他们。

关于上面提到的最后一项，我很欣慰地说我们的应对还算不错。有一次，一位中东客户专程飞到亚利桑那州的凤凰城，向我们揭发一位当地销售领导者的贿赂行为。经过一番调查后我们确定这位客户的举报属实。我们的一些高级领导者想低调处理此事，但遭到了我的拒绝。如果此人向来如此肆无忌惮，我们地区业务的其他人想必早就清楚他的所作所为，只是不说而已。我们需要公开指明，任何形式的腐败都是对我们的组织和“一个霍尼韦尔”文化的严重伤害。

我们最终对这位领导者提起诉讼，并且派一名律师前往中东做公开说明。我们告知了他们事情的经过，并且明确表态决不容忍类似的违法行为。事实证明，我们对此事的公开处理并没有像部分领导者担心的那样损害企业形象，结果恰恰相反。几个月后，当我到这里考察业务时，一位销售人员告诉我，现在愿意和我们做生意的客户反而增加了，因为他们相信我们是一家廉洁的企业。

真诚拥抱你的文化

无论你领导的是一个大型组织，还是小团队或业务部门，你都要重视文化问题。在大多数情况下，你都会拟定一些事关行为、态度或者总体工作环境的条例，然后在打造内部文化上花些力气。但你是否真的做到了应有的不懈努力呢？你是否把它视为优先事项并且持之以恒地推行下去？你是否践行了企业文化？

这在很大程度上取决于你这个领导者对于企业文化的态度。谈论企业文化频率过高，连你自己都有了厌烦情绪，那就多谈几次。你必须不断地重复。如果组织中的其他人还没能领会，你就继续给他们灌输。我在 2002 年 3 月首次提出五大举措，那年年底，我们当时的全球传播主管汤姆·巴克马斯特来问我，我们 2003 年的举措是什么。他是想为来年组织内部的沟通工作提前做好准备。“你什么意思？”我问他。

“是这样，我们总是会有这样那样的举措，而我需要做好这方面的宣传，所以我想提前了解一下，以做好这方面的准备。”

“我问你一件事，”我说，“你觉得我们已经完成五大举措了？”

他的脸红了：“呃，好像还没有。”

“那干吗要换新的？”

“我想我们不应该换。”

在整个任期内我都没有改换这五大举措，也没有更换那12个行为准则。组织需要稳定性，需要可预测性，需要可重复性。马克·詹姆斯把我比作一头走近森林要求文化变革的“烦人大熊”。他说，一开始人们想赶走我，阻止我吃牲畜。当我不断出没时，他们意识到必须和我共存，因此他们改变了自己的行为。随着时间的推移，他们逐渐将熊视为群体的一部分，也逐渐接受了这12个行为准则。文化变革是一个渐进的过程，而且只有在我和团队成员坚持不懈时才会发生。我们做到了全力以赴，你们也应该如此。

公开活动为推行企业文化提供了非常良好的机会。当和一群员工交流时，要直截了当，不要只是讲那些好听的话。当某工厂的员工询问我工厂的前途问题时，我会诚实地告诉他们这更取决于他们而不是我。如果我们为客户提供了优质的服务，保持生产效率，那么从经济的角度来说我们就决不会搬迁，工厂自然也就会继续运转很长时间。在一次公开大会上，一位工会领袖就我的薪酬问题向我发难。我回答说：“如果霍尼韦尔不是付给我这个数额的薪资，我是不会离开我的上一家公司的。顺便说一句，我是不会把钱还给他们的。”工会领袖笑了，说他也不会这么干，其他人也跟着笑了起来。员工能够接受事实，当你诚实面对他们的时候，他们也会更加接受你关于企业文化的认识。

当然，对一名领导者来说，全力以赴决不仅仅是动动嘴皮子。设计强制机制，让员工必须遵从企业文化。将薪酬和晋升与企业文化挂钩。对任何不符合企业文化的行为或决策都要提出整改要求，然后再检查整改成效。员工无论级别，都必须持久关注文化问题。正像马克·詹姆斯所指出的："你得把企业文化和他们的钱包挂钩，这样他们才会把这当成正经事儿，才会真正紧张起来。"[2]

改进现有流程和实践

在将文化制度化的过程中，不要只是简单地将其移植到现有流程或实践中，应先对现有流程或者实践进行认真研究，看其是否有需要改进之处。2002 年，我们的法律总顾问让我批准一份行为准则的更新版本。他们对我说，新版本只做了微小改动，我只需要在上面签字，法务部门就可以把它发到全公司。但我没有草率做决定，而是花了 4 个月时间，对上面的每个字都做了仔细研究。我希望它是一份有用的准则，而不是一份看上去很漂亮但毫无意义的文件。为了让这份准则真正指导员工面对现实困境，我们最终对其做了大量修订。我们设身处地地从员工的角度出发，并对他们的行为提出了规范性指引。

例如，我们禁止员工收受礼品，哪怕是一杯咖啡，我们也实行零容忍政策。如果我们的一位采购人员在拜访供应商时喝了人家一杯咖啡，我们就要求采购人员为此付费。这种政策听上去很好，但实际上并不怎么符合实际。我们期望同供应商建立牢固的合作关系，但这种政策却让采购人员处在一种非常尴尬的境地。如果你真为这杯咖啡掏钱，供应商会觉得这是种侮辱，因为你这是在暗示他正企图用咖啡讨好你；如果你不掏咖啡钱，那又说明你无视行为准则，这些所谓的规定也不过是在装样子。这样的政策也是对采购人员的侮辱，因为它暗示我们的采购人员很容易被一杯咖啡这样的小东西收买。就连我也会陷入类似的尴尬处境，例如，为了对亚洲客户表示尊重，我经常不得不收下他们送给我的礼物。如果因为我是首席执行官就可以随便收礼，那又会传递何种信息？

认识到现有政策的局限，我们决定对其进行改进，开始实施一种被我们称为“阳光政策”的新措施。根据新政策，员工可以接受礼品，但前提是必须向上级报备。我们想要传递的信息是，我们希望采购人员遇事能够自行灵活处理，而不只是盲目坚持现有规则。他们需要懂得，在建立业务关系的过程中吃顿饭是一回事，供应商为了拿到一份有利合同而给他们翻修屋顶是另外一回事。我们的员工能认清自己所处的形势并且做出清晰的判断，这才是我们想要的文化。我们的新行为准则必须以此为目的。除了这件事，其他很多事情也同样如此。

另一个通过质疑而实现文化改进的领域是我们的培训项目。我们把 12 个行为准则融入培训课程，但与此同时我们也意识到，整个培训项目也需要重新规划。在我上任之初，当我去一个培训中心参会时，突然意识到这个问题。为了表现一个新任首席执行官的友善，我走进一个培训课堂和参会者打招呼，并且问了他们一些问题。结果与会者被我的问题搞蒙了，而且他们似乎根本不认识我。后来我知道了原因：他们不是霍尼韦尔的员工。这是其他公司借我们的场地搞的培训活动。我们有一流的培训中心，但我们却很少使用它，所以为了抵销成本，我们的人就把它租了出去。

我们对课程内容做了拓展和修订，我和领导者团队也开始密切留意课程内容及导师的安排。我亲自参与多项培训课程，且在每个课程的授课时间都不低于一个小时。这样做的目的就是让学员可以直接从我这儿了解公司的未来方向和目标。通常来说，这些事情都是由人力资源负责的，但因为文化建设事关重大，所以我要求所有教学内容都必须对此有所体现。因为我们的亲自介入，我们的课程设计和交付摆脱了对外部专家的依赖，逐步走向自主化。早先我们准备创建一个营销培训项目，于是便邀请一家知名的学术商业公司给我们设计课程。在课程大面积推广之前，为了确保概念和实践的准确性，我和我的团队拿出三天时间对整个课程体系进行了审核。结果让人非常失望，因为整个课程并没有按照我们所期望的方式传达信息。于是我们自己创建了一套营销培训课程，并且尽量安排我们的业务和职能领导者授课。从那以后，我们所有项目都得先经过我和我的团队亲自参与审核。经过我们的参与和评估，有些课程被彻底取消了，有些则需要做出修订。

同样，在我们将 12 个行为准则纳入绩效考核时，我们也进一步增进了整个考核体系的严谨性。为保证员工进行真实有效的评估，我们在体系中增加了检查机制。我们确立了两级考核审批制度（考核结果需要得到上级的上级批准，才可以告知员工），以增进考核的准确性和有用性。我们还确定要在考核过程中讨论薪酬问题。以前员工接受完考核后，可能需要过 4 个月才知道自己有没有加薪，薪水增长了多少，搞得工资和表现好像完全无关一样。我们则希望将薪酬和考核挂钩，这样做的目的是希望员工能更重视考核，甚至在必要时做出行为改进。有的人力资源领导者认为，在考核时谈薪资往往会弄巧成拙。但在我看来，就应该用薪资强化考核。我想要给员工的信息是，如果你的考核评价很好，但没有加薪或者加薪很少，那么你要知道薪资变动水平才是对你的表现的最真实评价。这就是世界的运转方式。

人才和文化：找到恰当的平衡点

最后一条建议：人才决策要支持企业文化，但不可过于冒进。在组织中，太多过快的变革会让员工感到恐慌。为了构建高绩效文化，我确实更换了不少高层领导者，但也尽量在稳定和变革中取得平衡。你也应该如此。要尽快推进变革，但也不能快到无法让变革生根落地。我们之所以平稳地推行霍尼韦尔运营系统，不急于实行跨公司的重组，同样也是这个道理。你要以慢求快。

把招聘变成文化构建的一种手段，这也是一件非常重要的事。在我担任首席执行官的第二年，我要求中国公司的领导者把人员规模扩张 50%，即再多招 500 人。中国的领导者坚称这是一项不可能完成的任务，理由是霍尼韦尔的价值观在很多方面都不符合中国文化，因此很难找到那么多符合公司价值观的员工。我不接受这种解释。“中国有多少人口？”我问。

他们回答说有 14 亿。

“那所有中国人的思维方式都是一样的吗？”我问。

“不是。”我们的领导者回答。

“那有没有可能从这 14 亿人中找到 500 个和我们具有相同思维方式的人？”

“有可能。”他告诉我。

“好，那就赶紧去找！”

他最终实现了目标。今天霍尼韦尔在中国的业务蒸蒸日上，我们在当地的雇员人数达到 1.3 万人，其中只有 75 个外国人。招聘符合企业文化的员工，这件事不仅可行，而且必须，这无关业务的性质，无关员工规模，也无关企业在何地运营。

文化至关重要

霍尼韦尔的文化变革永无止境，没过多长时间我们就见到了改革成果。仅仅过了两三年，我们的员工便走出了颜色大战的泥潭，开始将重心转移到客户服务和五大战略举措，我们的12个行为准则也在内部得到落实。无论是在总部，还是在各个工厂，我们总能听到员工使用“一个霍尼韦尔”进行对话：“你这个方法非常不霍尼韦尔啊。”相比以往，领导者制定的决策更能反映我们理想中的行为准则。我们的员工更加团结、更加互助合作，完全不再需要我和团队监督。一个组织每天都要做出千千万万个决策，领导者不可能事必躬亲，但如果企业具备高绩效文化，员工就可能自觉应用你所推崇的决策方法。文化不会直接产生业绩，但能够帮助你稳定业绩。

让我确信“一个霍尼韦尔”文化已深入人心且公司已发生深刻本质变化的，是后来发生的一件事。2009年春，我们深陷金融危机，尽管我们对困难早有准备（参见第九章），领导团队和我仍需要想尽办法缩减开支。裁员是最后才会考虑的下下策，所以在我看来，缩减公司对员工退休金的缴存比例是应对危机的最佳选项。其他人都无法接受这个建议，但我告诉他们，我们并没有更好的选择。我们需要给员工最好的照顾，需要继续服务好客户，但我们也必须对得起我们的投资者。“这是我能想到的最佳方案，但我对其他建议持开放态度。”我说。我还告诉大家，我将放弃当年的奖金。在危机期间，我们公司的表现远远好于同行，我也格外操劳，但我觉得，如果想让员工做出牺牲，他们应当首先看到一个愿意做出牺牲的首席执行官。

为了确认我的建议是否为最佳行动方案，我把整个领导者团队分为三组，然后要求他们拿出几个小时的时间分析公司的财务状况，思考其他的可行方案（顺便说一句，这也是一个避免群体思维的好办法）。他们各自回去做了功课。等到重新召集会议时，三个组分别提出了相同的解决方案：缩减公司对员工退休金的缴存比例。这确实是所有糟糕建议中最好的一个。然后我们的领导者又说了一些直接让我飙泪的话——说真的，我可不是一个爱哭的人。他们对我说，他们已经各自决定，自愿放弃本年度的奖金。他们相信我们的公司，因此愿意与员工共进退。当我听到这番话时，我知道"一个霍尼韦尔"文化真的在公司落地生根了。在老霍尼韦尔，没有人会主动出来说不要奖金，那种事是绝对不会发生的。但我们成功构建了一个员工信任并且愿意为之付出的组织，这不再是一个只想着"我"的组织，而是一个"我们"的组织。

这些变化听上去非常可喜，但有人可能还是会有疑问："从业务的角度看，这些变化到底有多重要？'一个霍尼韦尔'对公司短期及长期业绩的推动，是否对得起我和团队在这方面投入的时间和精力？"

一个故事可以说明"一个霍尼韦尔"文化对公司业务的影响。2008 年，霍尼韦尔收购了制造扫描设备的码捷公司。按照收购合同，码捷公司的原首席执行官需要以霍尼韦尔雇员的身份留任一年，之后他可以寻找其他工作或者创业。我们赞赏这位领导者，希望他能留下，但我们知道这种可能性很小。曾经在通用电气和英格索兰工作的他几乎已没有为大公司打工的欲望，而且对必须留任一年这件事他也非常恼火。

留任的第一个月，这位首席执行官基本上不怎么露面，工作是能不做就不做。之后他决定多投入一些精力在工作上，毕竟做一天和尚要撞一天钟。在接下来的数月中，随着与霍尼韦尔其他人交流的增加，他发现自己开始逐渐喜欢这家公司。他曾经以为公司里充斥着政治斗争，人人极端自私自利，总部和各业务部门各自为政，但实际上这里所有人关心的是如何服务客户，如何制定聪明的短期及长期决策，而且总部和各业务部门之间也不搞政治斗争，非常团结。后来他告诉我："我开始相信霍尼韦尔真的有一种靠绩效说话的文化。重要的不是你和谁搞好关系，而是你能不能做出业绩。很多公司都说自己重视绩效，任人唯贤，但实际上根本不是这么回事。但在霍尼韦尔，这一切都是说到做到，所以连我都开始喜欢自己的工作了。"[3]

于是这位叫杜瑞哲的领导者便留了下来，并且因为出色的表现很快得到提升。今天的他已经成了霍尼韦尔的主席和首席执行官，业绩出众，屡获殊荣。

众所周知，文化非常难以量化，但如果我们没有发展出"一个霍尼韦尔"文化，没有持续推广这种文化，我们就不可能扭转公司局面，实现短期和长期业绩。稳定的业绩表现来自强大的企业文化，是文化让我们留住并培养了世界上最优秀的领导人才，把公司变成了 13 万名员工的理想之家。文化让我们众志成城，文化构建了我们持续增长的基石。

你也可以构建强大的高绩效文化，但你必须抛弃那种你已经在"行动"的想法。不管你觉得自己已经为之付出了多少，都要再加倍努力。不要放过任何推动文化建设的机会。修改你的日程表，把更多的时间放在文化建设上。在制定任何决策时都要牢记公司文化。抓住任何可以对文化表明立场及发表看法的机会，行动起来，哪怕这样做看起来会惹恼别人或像是在浪费时间。简而言之，要站在企业的未来取决于文化的角度，不遗余力地推进文化建设，因为企业的未来真的取决于文化。

问题清单

1. 你的公司文化到底有多强大？雇员、管理者和领导者是真正相信企业文化，还只是口头应承？他们努力为组织做贡献，还是完全自私自利？你们的文化是否真正有助于实现你所期望的绩效表现？
2. 如果你的公司早就建立了企业文化，那么这种文化是否依然奏效？你对文化的定义中是否遗漏了某些重要的行为或者态度？
3. 道德必须成为企业文化的考量因素之一。如果有人说"因为没有律师在场，所以我敢说这个……"，那么你要对此保持警惕。马上中止这样的对话，把律师找来，然后让他们好好谈谈。
4. 你在文化建设上投入了多少时间？你是否在日常工作中，包括在会议上、在闲聊时、在制定决策时、在正式活动上等贯彻企业文化？你对文化推广的投入是否会随着时间的推移而减弱？你是否会抓住一切机会强化企业文化，哪怕这看上去是在浪费时间？
5. 你是否已将企业文化充分融入招聘、解雇、业绩评估以及培训等活动？
6. 你的企业的"人员流程"实力如何？它们是否需要改进以更好地传递企业文化？
7. 在关键职务的人选上，你是否存在过于青睐外部候选人的问题？
8. 除了坚持不懈构建自己的企业文化，你是否还会向员工强调一些其他支持性的价值观或理念？

9. 如果你是一家大公司的领导，你和其他领导者是否经常离开总部办公室，深入基层推广企业文化？

10. 公司的行为准则（或其他公司文件）是否真实反映了你和员工所处的世界？你是否遵守了这些文件的所有规定，抑或它们只是一堆看似高尚但毫无意义的声明？

11. 当考虑一个棘手问题的时候，你是否尝试过把团队分成几个人数更少的小组，以避免群体思维？

第六章

找到并留住正确的领导者

2009 年 10 月一个星期一的晚上，我们航空航天部门的总裁在晚宴上给了我个措手不及：他打算在两周内辞职，然后加入一家热门的太阳能电池板行业初创公司。他说他爱霍尼韦尔，但他想在一家更小、更敏捷、更灵活的公司工作。这还不是我受到的全部惊吓。“哦，德威，说出来你可能不信，”他说，“在我去餐馆的路上，我们的首席财务官告诉我，他也准备辞职，到别的地方工作。”所以，我现在面对的局面是，我们最大的业务部门的两大领导者都准备走人了。我们该怎么做？我们怎么处理这一更迭才不会让它破坏我们的业务？我们应该如何向外部解释，才能让投资者觉得这种同时离职只是一个巧合，而不是更大问题的预兆？

那天晚上我打电话给公司的人力资源负责人，直奔主题。“听着，”我说，“我们得行动起来。你有 48 个小时处理这件事儿。我想要星期三就公布这两个人离职的消息，并且我要确认替代他们的人选。”

“这不可能，”他说，“我们没办法这么快就找到新的领导者。我们得先面试内部的候选人，然后还要给从中选出来的人找原来岗位的替代者，以此类推。”

“想办法搞定它！”我说。

我们最终解决了问题。星期三中午，我们已经拟好了声明，准备宣布两位新领导者的任命以及填补下面两个级别职位空缺的提拔任命。但我们还不能将声明公之于众，因为我们即将离任的总裁要去的那家新公司还没有完成对他的内部审查。我给这位总裁打电话，问他能否帮着催一下。我对他说：“你能不能告诉你的新东家，那些又小又敏捷的家伙，我们霍尼韦尔这头又大又老的恐龙已经做好前进准备了，他们能不能麻利点儿？”

我们之所以行动如此迅速，是因为我们非常重视继任规划。大多数公司都有自己的领导层继任规划，但此类规划已变成一种机械工作，而且在关键员工离职后谁将继任这个问题上，这些企业也缺乏清晰的理解。这就是我所谓“貌合神离”的又一个例证。我们非常深入地研究了继任规划问题，并且明确了如果有人离开，我们会让谁来顶上。因此，当高层管理人员离职时，我们只需要几天时间就能任命继任者。这就帮助我们避免了离职通常所带来的空白期以及相应的混乱问题。这让我们营造出一种连续和稳定的形象——“先王已死，新王万岁”。

实现领导层快速无缝更迭至关重要。用一两个月（甚至更长时间）寻找替代者，然后新领导者再花一个月或更长的时间适应，那整个组织也会因此停滞不前。没有人全力工作，短期目标自然受损，一直在稳步推进的长期举措也会因此失去动力。有的领导者会说这样的停滞不可避免，是一个企业时常出现的问题，但实际上并非如此。为了避免影响业绩，一定要提前做好充分准备，这样当有人离职时，你才不会被打乱节奏。

要想同时实现短期和长期业绩目标，你就必须从总体上密切关注管理层。就像你在文化、流程转型和并购等领域的投资一样，只有当你拥有才华横溢的高层领导者，且他们既致力于公司战略，又有能力执行这些战略时，你才能真正取得进展。恰当的领导者数量也很重要。记住我在第一章强调的一点：在增加销售额的同时保持固定成本不变。正如通过流程变革可以推动整个组织的效率提升，你也可以通过一个相对小型、稳定但拥有超常表现的领导团队保持组织的精干和灵活。提高领导者的质量而不是数量，这样你就能提高组织在每个时间段的适应能力、竞争能力和最终表现。

加强人才管理

你可能觉得提升领导者素质是一件非常简单的事：把所有能力弱、表现差的领导者开除，换上一批更有水平的就是了。你确实可以用这种方法提升领导者的素质，但是在这一过程中，同时发生的过多变化也可能扰乱公司的正常运转。我在上一章就提到，我到霍尼韦尔的最初几年里撤换了不少高层领导者，但那并非激进的大清洗。我们会尽量保持现状，并以此维系一种稳定感，让组织有时间消化领导者更迭带来的影响。

于我而言，渐进变革似乎总是一项有益无害的管理原则，不过在人事问题上，渐进是我们的一种绝对必要的选择。我在序言里提到，我是在霍尼韦尔与通用电气合并失败后就任的，当时整个霍尼韦尔一片混乱。在双方等待监管机构批准这笔交易的约一年的时间里，尽管通用电气还没有正式成为霍尼韦尔的主人，但它实际上已成为公司的运营者，整个公司因此陷入了无秩序状态。通用电气告诉我们的各业务部门，一旦交易获批，这些部门将统统被取缔。大量的中层和高层因此流失。那些留在公司的也是在浑水摸鱼，他们想等着公司合并完成，拿到巨额赔偿后再做打算。后来交易失败，公司仍然由临时首席执行官负责，毫无清晰的战略。除此之外，文化战争也困扰着企业（参见第五章）。等我到来的时候，公司有25%的领导职位处于空缺状态，我的目标是既要保持公司稳定，也要推进变革。在这样的情形下，一次领导层的大清洗肯定是我们最不希望发生的事情，我们不想给公司上下造成进一步的刺激。很多投资者不明白这个道理，他们质疑我为什么没有创建一个新的领导班子。在他们看来，我要么是没有能力，要么就是其他人才不愿意和我共事。我知道事实并非如此。我们确实迫切需要提升领导者素质，但我们得慢慢来。

好消息是，提升领导者素质并不需要开展大张旗鼓的运动。我们发现，优化人员流程，使其真正发挥作用是一项需要长期开展的工作。上一章提到，我们在管理资源评估方面进行了数项变革，例如，我们邀请400位公司高层领导者参加年度会议等。另一项更为深刻的变革是我们从总体上强化了管理资源评估的强度及严谨性。我刚到公司的时候，领导者正在开展管理资源评估的流程。但就像我们的战略规划和会计问题一样，这项流程也并无多少实效。如果你问领导者对人才储备名单上某些人的看法："如果某某走了，你真的会让这个人接替他吗？"这些领导者会耸耸肩说："嗯，不会。"我们不仅没有深厚的人才储备，还在自欺欺人。

我们明确表态，这种懒散态度决不能继续下去了。在我到来的最初几年，我们让领导者重新进行管理资源评估，他们要么确定每个职位上的人选，要么承认存在人员断层并在表格上留出空白，否则就要重新进行一轮管理资源评估。除了一年一度的大会，每年我还会就管理资源评估问题和各业务领导者举行两次会谈。更高频次的会谈使领导者更为关注继任规划和领导力发展等问题。

在进行管理资源评估时，我们还花费相当长的时间讨论我们的规划及执行规划所需的领导能力。我们还就表现优异者接任什么职位更有益于其职业发展进行辩论。我们创建了个人发展机会，还给大约20位十分有前景的领导者配备了导师。导师团队来自我的核心领导班子，其中包括我。有一段时间，杜瑞哲成了我的学员，后来他成了我的继任者。

做有实质意义的绩效评估

我们还加强了定期的绩效评估，并将其纳入管理资源评估。这样做是为了告诉所有人，绩效至关重要。以前的绩效评估非常松散甚至“新潮”：接受评估的员工自己写报告，然后交给他们的上司修订审批。荒谬！我们要求所有领导者都必须亲自对直接下属的绩效做出评估。这导致如潮的抗议，领导者声称他们每天都忙于约见客户，聚焦战略，根本没有时间写深度的绩效评估。我会用如下方式的对话阐述商业逻辑，反驳这些领导。

我：是不是拥有最优秀的人才方能有所作为？

不高兴的领导：是的。

我：自己做一次评估需要多长时间？

不高兴的领导：一个小时。

我：给别人做一次评估需要多长时间？

不高兴的领导：一个小时。

我：你有多少直接下属？

不高兴的领导：10人。

我：所以你觉得每年拿出20个小时确保优秀人才的出色表现，是一件不值得投入时间的事情？

不高兴的领导：呃……

理就是这个理。

我们在绩效评估中加入了对员工12个行为准则的测量，而且要求每位管理者对下属的评估都必须经过其上级的批准（参见第五章），这样绩效评估就变得更具实质性和严肃性。我对直接下属也同样实行两级考核，需要由我批准的考核人数总共约125人。我通常会拒批其中的20%，理由是在我看来他们的表现都不合格。我们要确保员工支持我们的文化，领导者严肃对待绩效评估。因此，如我之前的解释，我们会调整绩效评估的时机，使其与薪酬调整协调一致。我们的评估流程变得更为严格，因此也需要管理者为此付出更多的精力，但这确实帮我们提升了整个组织的头部表现，同时也对一段时间内的领导者素质给出了更为精确的描绘。

要正确问责，谨防向上委派

大约20年前，《哈佛商业评论》刊登过一篇关于向上委派现象的重要文章——《谁的责任？》。[1]缺乏能力的管理者喜欢打着寻求建议的幌子，通过咨询上级这种方式逃避或推卸责任。这包括两种不同的表现形式。在有些时候，他们会给你发一封看似无伤大雅的电子邮件，或者在开会时提出问题："你想怎么做？"在这种情况下，你必须把球传回去，让他们自己想主意。你要让他们列出多个选项，然后解释每个选项背后的逻辑，并且要求他们从中做出选择。如果你不这么做，他们就会觉得你在为决策承担责任。

在另一种情况下，一些下属会在思考决策的过程中向你咨询意见。尽管你并不掌握所有相关信息，也不知道他们做了什么，但他们可能借此让你成为决策的共同制定者。在之后对业绩进行评估时，他们会搬出与你进行的对话，以此逃避表现不佳之责。不要落入这样的陷阱。在遇到这种情况时，我通常都会给出我的意见，但也同时明确不会为此承担任何责任。我会说："这听起来不错，但要搞清楚，决策的制定者是你不是我。你是站在前线的人，你得自己想办法解决，同时你也要为结果负责。"

你是"表现不佳者的守护神"吗

当然，如果我们不能解决绩效不佳问题，加强绩效评估本身也起不到提升领导者素质的作用。以往我们公司对低绩效员工太过仁慈，导致无能甚至糟糕的领导者尸位素餐。这背后的原因不尽相同：老板不愿意开口得罪人，他们为无能的领导者感到难过，他们觉得有些领导者虽行为不检点，但能力很强，因此舍不得放他们走。但我明确告诉他们，在这家公司里没有谁是不可替代的。有几位关键职位上的领导者，虽然业绩出色，但无法适应我们的文化价值观，所以我辞退了他们。我们和管理者讲，如果他们害怕或者不乐意让那些无能的下属卷铺盖走人，如果还想再给他们一次机会，他们就应该多想想在这些无能领导者手底下的成千上万名员工，想想他们的生活还有职业生涯。除此之外，他们也应该多想想我们对股东和客户负有的集体责任。通常来说，表现不佳者造成的负面影响往往传播深远，因为其他人会觉得这个企业的门槛比他们想象的要低太多。通过清理这些低绩效员工，我们则可以提醒所有人，我们的标准其实非常高——我在当小时工的时候就明白了这个道理。我的工友和我都知道我们团队里谁的表现最差。当那个人被辞退时，我们也会产生危机意识，因为我们不想成为新的最差者。

在霍尼韦尔，任何级别的领导者，包括首席执行官和董事会成员，都需要避免成为我所谓的“表现不佳者的守护神”。当发现有人无法履行其职责，我们就必须采取行动。 随着时间的推移，我们对继任规划愈加严格，而这令我们大有收获。如果需要罢免某些领导者，我们决不会犹豫，因为我们知道，替换他们不会对公司带来任何中断性影响。

我们还发现一件同样重要的事情，那就是应当换其他人负责对糟糕表现的改进。人力资源界的传统智慧认为，老板需要和表现不佳者合作，他们应该坐在这些人的身边，还应当提供指导和监督。但在我们看来，这恰恰是老板不该做的事。帮助 10 人团队中的那个掉队的人会耗费大量宝贵的管理时间。与其如此，领导者还不如在关注客户和运营的同时多同其他 9 个人配合，帮助他们共同为组织赢取胜利。表现不佳的领导者（以及低级别的管理者和员工）需要主动改善自己的表现。如果他们无法在相对短的时间内做出改变，那么他们就应当承担后果。这听起来似乎冷酷无情，但其实不然——这是对大多数勤奋及表现出色者的尊重和支持。我们会尽量以尊重和同情的态度对待表现不佳者。如果他们值得拥有第二次机会，我们也不会吝啬。[①]但是我们深知，要想取得短期和长期的成功，我们的团队必须拥有强有力的领导者。这意味着我们要严格评估员工，请表现不佳且无法改进的领导者离开，同时还要照顾好表现出色的员工。

最为棘手的情况是那些表现出色的领导者不支持我们的价值观，甚至还热衷于搞破坏。我曾遇到三次这样的情况。在几次温和劝诫都无效之后，我开始强硬起来，并与这些冒犯者展开我所谓的"棍棒"谈话。每次我都会让对方坐下来，然后直截了当地说，因为他们对我的建议无动于衷，所以我现在要狠狠教训他们。我不会和他们争论事实，这都是之前的事情，我只是告诉他们我知道事实是什么，而他们必须做出改变，我会给他们两三天的时间思考是否愿意这么做。我还告诉他们，为防止他们不思悔改，我已经给他们找好了替代者。在表达了怀疑并询问我信息来源之后，他们都表示希望留下来，但我并没有马上接受他们的请求，而是坚持让他们先考虑两三天，之后再给我答复。这三个人最终都留在了霍尼韦尔并且做出了改变，但我没有虚

① 我坚信，如果一个人真的愿意改过自新，他就应该获得第二次机会。我年轻的时候从第二次机会中受益良多。有一次我从商店偷了很多东西，另一次我在本该工作的时候在会议室睡着了。但在这两件事发生后，那些善良的人都放了我一马，给了我改过自新的机会，我也确实没有辜负他们。

张声势，当时我确实做好了踢他们出局的准备。[①] 我不必改变这些人的观念，但我确实改变了他们的行为。要想建立正确的企业文化，你就必须做好为价值观而战的准备，甚至不惜赶走那些表现出色但不配合你工作的人。

以一种接收者可内化的方式提供反馈

有很多领导者期望员工能够适应自己的独特领导风格。但如果想得到最好的结果，你就要超越自己的风格，根据不同的人确定自己的行事规则。有些员工你就得对他大吼大叫。对于另一部分人，你只需要说一句："你有能力做得更好。"朝着后者大吼大叫是不会有用的；对前者太有礼貌，则只会让他们犯嘀咕，却不会产生明显的行为变化。要充分了解你的员工，因人而异地提供反馈。说到反馈，专家经常建议领导者要"私下批评，公开表扬"。在某些敏感的情况下，私下批评确实是一种更加适宜的选择，但一般来说，批评和赞扬都应该是公开的。你的员工必须理解某些行为或者表现是不可接受的，否则他们会疑惑为什么组织允许这么做。从领导者公开的批评或者赞扬中，团队成员可以了解你正在努力打造的高绩效文化。

---

① 无论进行何种交易，无论桌子的另一边是谁，永远不要带着一把空枪谈判。虚张声势偶尔会奏效，但一旦被人识破，人们就会觉得他们是在和一个不可信的人打交道。在谈判中说到做到非常重要。有备份计划也可以让你表现得更自信、更果断，这反过来又会影响你的谈判对手对你的看法。无论是和工会还是和员工打交道，也无论你是在为购买或者出售公司讨价还价，这些原则都适用。

给领导者提供优厚待遇

我向来相信，单凭金钱并不足以驱动那些有才华的人，因为我们大多数人也都希望工作能带来成就和意义。我们都希望能在一天结束后回到家人身边，向他们讲述我们所取得的每一项成就。但我认识的一些商业领袖在这个问题上走得太远了，在他们看来，意义就是优秀人才所追求的全部。这当然不是真的，因为金钱也有巨大的作用。为了得到最优秀的人才，你必须给他们提供最好的待遇，为他们创造值得热爱的岗位及工作环境。

霍尼韦尔运营系统和文化转型让我们的领导者进一步体验到了工作的成就感，同时我们也不断推动公司在短期和长期内的表现。我们的老员工会以亲身体验告诉你，为一个成功高效的组织工作要比为一个失败的组织工作有趣得多。在金钱方面，我们毫不犹豫地为领导者提供高于市场平均水平的薪资待遇，甚至还因此受到了薪酬评级机构和投资者的非议。

这些机构希望我们采用更为僵化的方法计算薪酬。一些“专家”认为，确定薪酬的最佳方法是直接将其与公司股票的表现挂钩。如果与其他公司相比，公司股票处于第 75 百分位数，那么领导者的薪酬应该低于第 75 百分位数。这何其愚蠢！

首先，股市并不是一个很好的短期绩效指标。其次，你不能按比例评价绩效。一个在 4.3 秒内跑完 40 码[①]冲刺的橄榄球运动员，只比一个在 4.4 秒内跑完的人快 2%，他们可能只是第 100 百分位数和第 98 百分位数的差别。但就是这 1/10 秒和两个点的百分位数决定了

---

① 1 码≈0.9 米。

超级碗的输赢，决定了谁能接到球、谁会被拦截。无论是在商业领域，还是在体育领域，表现上的微小差异都可能产生巨大影响。在为领导者确定薪酬时，我们必须考虑到这一点。

还有一种类似的僵化观点，是将薪酬和具体的业绩数字挂钩，完全不考虑这一年中发生的各种变动（例如，行业变化，或者支持紧急战略而进行的必要投资）。但这会变相鼓励领导者，让他们在制定预算时就开始打好自己的小算盘，他们会给自己定下相对保守的目标，要求更低的预算。这样的领导者不会同时兼顾短期和长期业绩，相反，他们只顾及短期，不会为未来做任何准备。

在我离开霍尼韦尔之前，我们采取的是一种公平优先式的薪酬方案。员工必须得到一种保障，那就是相对于自己的表现和他人，他们受到了公平对待。我想让员工知道，我会根据他们短期和长期的整体表现对他们进行考核，而不仅仅看他们是否达到了预算目标。这种方法保护了那些业务发展严重落后预期的员工，同时拒绝仅仅因为业务发展比预期更快就给予奖励的行为。

为了吸引并留住最优秀的人才，我们给顶级人才提供了非常高的薪资，他们即便到其他公司担当更高的职位，得到的报酬也不过如此。为什么要等到别人准备把他们挖走时，才按照其市场价值提供相当的待遇呢？我们公司的薪酬顾问认为我们支付的薪资过高，证据是我们的高管流动率过低。我对此深表怀疑：领导层稳定是一件坏事吗？为了实现强劲的短期及长期业绩，即便其他公司已经聘用了他们（例如，我们的很多高管），你也必须想方设法留住人才。针对员工贡献，给予丰厚报酬利在长远。正如我向那个愚蠢的薪酬顾问解释的那样，当然有人离开霍尼韦尔……但他们是被我请走的。

我们还试图用薪酬体系激励领导者关注企业的长期表现，而不仅仅关心当年目标。将薪酬与公司股价挂钩的真正问题在于，它会助长短期主义。在我担任首席执行官期间，我们公司领导者的短期薪酬基本处于行业平均水平，也就是在第 50 到 70 百分位数区间。我们的长期薪酬（包括股票期权和限制性股票）则在第 90 百分位数。尽管专家抱怨我们的薪酬过高，但领导者之所以支持我在本书中所倡导的长期增长举措，部分原因就在于他们知道，如果我们取得成功，他们个人也将受益良多。许多领导者在霍尼韦尔发了财，但他们靠的不是工资和奖金，而是期权和限制性股票。

如果你的公司尚处在转型期，长期薪酬激励就可能比较难以实施。如果一家公司尚处于困境，一些提供长期激励的通常方式，例如，股票期权和限制性股票就会缺乏吸引力。这些潜在收益的预期似乎过于不切实际。为了稳定我们的领导团队，提振士气，我们制订了一项特殊的增长计划，激励方式则从股票变成了现金。在三年的时间内，如果领导者在业务及公司层面实现了内生销售额和投资回报率增长的目标，他们便可以获得 200% 的工资及奖金。如果我们能实现这些目标，那么我们的收入和现金流就会增长，而市场在认识到我们的真实价值后，公司股价最终也会因此上涨。

为了进一步在困难时期留住优秀的领导者，我们还以季度信的形式，及时向领导者报告他们当前的业绩表现，这种表现会如何影响他们的收入以及如何才能做出改进。这一方案获得了巨大成功，导致人员留存率出现了爆炸性的可喜增长，“一个霍尼韦尔”精神也因此落地生根。领导者努力工作，拥抱变革，他们不仅收获了财务回报，公司股票也最终反弹回升。

如果一项薪酬方案过于丰厚，董事和薪酬顾问就会觉得这个方案设置得有漏洞。在他们看来，一个精心设计的方案就应该和预期的工资及奖金完全一致；否则，就说明最初目标设置得过低。这太荒谬了。最初目标的确可能过于简单，但更高的薪酬支出反映的也可能是领导者相对于同侪的卓越表现。如果你的薪酬方案永远都是相当于工资及奖金的100%，那些卓越的领导者就会感到心凉，他们会觉得自己的出色表现没有得到回报。干出了成绩，就应该拿钱，公平最重要。

为了进一步留住中高层领导者，我们还改变了长期薪酬的发放方式。我们知道，与股票期权（只有在公司表现良好时，才会增值）相比，我们的员工更看重限制性股票（即使公司表现不佳，限制性股票也相当具有价值），因为期权本身比股票风险更高，而且我们历史上也缺乏上佳的业绩表现。基于布莱克-斯科尔斯模型（一种常用的期权分析定价模型）的传统观点认为，四份股票期权才能赶上一股霍尼韦尔限制性股票的价值。我们没有盲目地相信这一规则，而是进行了实际调研。结果我们发现，期权在员工心目中的价值实际上要低很多。在他们看来，十份期权的价值才能抵得上一股限制性股票。这其实也不意外：在很多领导者看来，鉴于我们近几年的糟糕表现，公司的前景往好了说也是充满不确定性。于是在低级别领导者层面，我们大幅扩大了限制性股票的发放比重，同时限制性股票和期权的比例也从1∶4变为1∶6。这样做的结果是，我们发放的股票数要比布莱克-斯科尔斯模型计算出的数值少得多。领导开心，人员留存率提升，我们还省了钱。

谨慎招聘

和留住人才同样重要的是，你要在最开始就找到合适的人才。这是一项需要相当多的脑力、体力以及专注力的任务。忙碌的领导者经常会在选拔流程上大打折扣。当某一关键岗位空缺，组织陷入忙乱之时，他们便会放弃原则并且说："有个人总比职位空着强。"短期来看，这可能是对的，但这只是因为你觉得岗位上有人就是一件好事。但现实中，错误的人选往往会带来大量的麻烦。宁可为了找到最合适的人选而保持数月的岗位空缺，宁可面对空缺导致的各种混乱，我们也不能随便找个人填补空缺。

为了得到一流的人才，我们在招聘上花费了大量的时间。整个公司的高级领导岗位共约 200 个，但每个岗位上的最终候选人都必须经过人力资源负责人和我的面试。有些高管不喜欢这种做法，他们认为我是在干涉他们的权力，但在我看来，这些面试至关重要。首先，我可以借此进行把控。在我任职的前几年，大约有 25% 的最终候选人没能通过我们的面试。此外，我们也发现，我们的领导者只是想赶紧找个人把岗位填满，根本不关心我们找的是不是最优秀的人才。有一次，我们的某业务部门想把一个三年前被辞退的员工招回来。之前我在另外一家公司也招聘过此人，并且在半年后开除了他。若不是我和人力资源的负责人执行了否决权，我猜我们还得把这个人再开除一遍。

我也希望通过亲自面试让对方感受到该职位对公司的重要程度。首席执行官和人力资源负责人轮流和你进行长达一个小时的交流，这其中的意味不言自明。此外，我也可以借面试机会告诉这些新人我对他们的期望和要求。我会跟他们说，我希望他们继往开来，而不是推倒重来。

有时候我也会对候选人施加一些压力，让他们解释清楚会在“继往开来”的过程中推进何种变革。有一次我问一位应聘某业务部门首席财务官的候选人他将如何改革前任的政策。他的回答是他什么也不会改，因为他的前任非常“优秀”。我对此表示质疑，显然有很多他可以推进变革的地方。“并没有。”候选人说。我于是告诉他我会出去15分钟，如果等我回来的时候，他还是想不出三条实质性的政策变革，我们将不会录用他。15分钟后，他提出了7条重要的变革举措，而且每一条都很有价值。我们聘用了他，他后来成了一位非常优秀的首席财务官。这再次证明了面试的重要性，也证明了尽力推动员工思考的重要性。

人力资源的职能转变也在确保我们选出合格的领导者方面发挥了重要作用。与同时完成两件看似相互冲突的事情的理念相一致，我们希望在降低人力资源成本的同时优化服务，其中就包括更为迅速地开展招聘。人力资源部门已经掌握填补一个空缺职位所需的时间，但至于新招来的领导是否适合，他们仍缺乏相应的衡量指标。为了弥补这个缺陷，我们分别在招聘完成后的第3个月和第12个月对招聘经理进行回访调查，以了解他们对新聘用人员素质的认可程度。我们要求提升招聘速度，但也不能牺牲质量。通过对质量的评估，人力资源部门在迅速开展招聘的同时也更为注重招聘的准确性。在第一年，一半新人的得分低于4分（满分5分）；后来，90%新入职人员的得分都在4分以上。调查变成一项非常有用的工具，可以让我们及时查漏补缺。

找到公司内部的汤姆·布拉迪

在上一章我们就强调过内部提拔领导者的重要性。在一定程度上，我们这么做是为了维系连续性，在公司巩固"一个霍尼韦尔"文化。不过，我们之所以重视内部提拔，也是因为这是一种获得最佳人才的方法。组织往往会忽视它们眼前的人才，因为他们的资历或过往职位而对他们产生刻板印象。

当四分卫汤姆·布拉迪加入新英格兰爱国者队时，他只是个无名小卒。在第一个赛季，当明星四分卫带领球队创下连输纪录之际，他却只能坐在替补席上。后来那个四分卫受伤，球队才想起这个默默无闻的布拉迪。爱国者队开始取得胜利，他们披荆斩棘，最终取得了史上第一次超级碗的胜利。从那时起，布拉迪带领球队连续 8 次打进超级碗，并赢得了其中的 5 次胜利。迄今为止，他总共赢得了 6 次总冠军，并因此被誉为橄榄球历史上最伟大的四分卫。一个被载入名人堂的球员，当了一年替补，其卓越天赋得不到认可——谁能想到，这种事竟然会发生在一个以极其善于评价人才而著称的行业。

在商业中，当考虑某些重要岗位的人选时，我们一不小心就会将自己人拒之门外。我们可能觉得他们经验不足，觉得他们没有 MBA（工商管理硕士）学位，或者他们只是二流州立商学院的 MBA，而不是毕业自哈佛，还可能是因为他们在某些领域表现得实在太好，所以你就对他们产生了某种偏颇刻板的印象。正如我经常说的，根据我的经验，经验的重要性被高估了。更为重要的是一点点经验和极高天赋的有机结合。在制定继任规划时，我们经常自问："这个人能否成为下一个汤姆·布拉迪？"尽管我们有时候会押错宝、选错人，但在大多数情况下，我们从内部选拔的人才都能担当大任。和汤姆·布拉迪一样，他们一直坐在那里，却没有人注意到他们。

在决定聘用谁时，我们也会考虑此人是否善于打造精诚合作的团队，同时也会专门挑选一些具有特定素质的人才，以实现同现有员工之间的平衡或互补。如果一个团队的领导者行事凌厉，那么我们就会在他身边安排一些性格稳重的人，反之亦然。我在组建领导班子时也考虑到了团队平衡的必要性。我知道自己防卫心强，行事果断。尽管我需要自己更能容得下批评，但如果我身边的人在给我提出反对意见时也能尽量保持平和，避免引起我的情绪化反应，那显然也是一件好事情。同样，我的团队里也需要一些行事稳重的人。如果所有人都和我一样雷厉风行，那么我们肯定会以每小时150英里的速度一起冲下悬崖。我们使用迈尔斯-布里格斯测试判断员工的性格类型，在我看来，这是世界上最好用的工具。我一般不喜欢人力资源方面的工具，但迈尔斯-布里格斯测试非常好用。

光聪明是不够的

很多企业希望让聪明人担当领导角色。但一名优秀的领导者不仅仅需要高智商，真正的领导者还需要优秀的判断力，不自以为是，拥有更多的常识。他们更关注执行和细节，有更好的人际交往能力。他们更善于应对挫折，独立思考，工作也更为努力。要想领导员工，实现更好的决策，你就要学习如何应用这些技能。同样重要的是，你也要招到不仅聪明而且拥有这些能力的员工。还有，一定要选择那些想要向这个世界展示自我能力的人。老话说得好，让人产生激情很难，让人泄气却非常容易。

控制领导者数量

我在前文已经谈到如何提升领导者素质的问题，但无论领导者有多优秀，控制领导者数量都是一件至关重要的事情。组织经常会遭受“领导膨胀”之痛。为了推动那些令人兴奋的新计划，它们不断增设新的领导岗位，但在保证现有领导者的工作效率方面却又做得不够。结果导致组织里充斥着各色领导者，即便他们中的绝大多数人都很出色，也无法阻止公司业绩受到拖累。这是因为领导者越多，官僚主义就越盛行。领导者不仅仅是领导员工，他们还通过会议、签字、项目、程序、优先事项等形式为其他人创造工作，优秀的领导者尤其如此。如此一来，组织中的其他人就必须把更多的时间用于回应领导者，领导者管理自己团队的时间就越来越少。每个领导者都有下属，而这本身就会增加组织的成本及复杂度。另外，你的领导职位越多，那么当有人退休或者离职时，你需要填补的空缺就越多。

我就任首席执行官之时，投资人并不认为我们存在领导者膨胀的问题，他们觉得我们是一家精益企业。但在之后的几年中，随着我们持续稳定的经营，我越发感觉我们的领导层不够精益。我们的一位领导者是一位制造业专家，为了评估某些偏远国家是否适合投资建厂，每年他都会带公司所有的制造业领导者，不远万里展开为期两个星期的考察。除此之外，他们每个季度还要拿出三天时间召开员工大会。我对此感到非常不解。我们为什么要在出差和开会上耗费如此多的时间？我们应该抓紧时间改进生产运营，落实推进霍尼韦尔运营系统。最后我叫停了这些考察和会议，并且取消了那位领导者的职位。

另外在我看来，其实我们只需稍微努力一下就可以提升领导者的运营效率。我们不会随意削减职位，相反，每年我们在给职能及业务领导者设置财务目标的同时，也会要求他们逐步减少领导者人数。我们公司有 740 名领导者，这些人无论是谁离开，我们都不会轻易找人替代，相反，我们会先了解一下，我们是否真的需要这一职位，或者是否可以把这一岗位的职责交给其他领导者。当然多数岗位都还是有存在必要的，但也许每十个里面，总有那么两三个是可以精简的。我们也将这一策略推广到了整个公司层面，利用对各业务及各地区雇员总数的月度跟踪监测，我们力求在发达国家中的各个工厂不会超员。我们在新兴及高增长地区并无招聘限制，因为我们仍在当地持续扩张生产能力（这一点我稍后会做详细解释）。但如果发达国家的某项业务人数出现增长，我就会提意见。要想在实现增长的同时保持成本不变，关键举措之一就是要严格控制新人招聘。

除了减少官僚作风，控制领导者人数还可以降低成本，如此一来，你就可以为现有领导者提供更丰厚的薪资待遇，这样就增加了公司的吸引力，提高了人才留存度。我们的代理声明中比较了霍尼韦尔 2003 年和 2017 年的业绩表现，参见下图。

如图所示，我们的销售额在 14 年中增长了 83%，每股收益增长了 371%，总市值增长了 400%。与此同时，有资格参加我们激励性薪酬计划（ICP）的高管人数减少了 14%（101 人），而奖金池的总成本仅增加了 14%。对投资者来说，这是一笔丰厚的回报。他们从持有股票中获得了高额收益，但在领导者薪酬方面的支出却仅比以前增加了少许（即使考虑我们的总体薪酬成本，即股票授予和奖金之外再

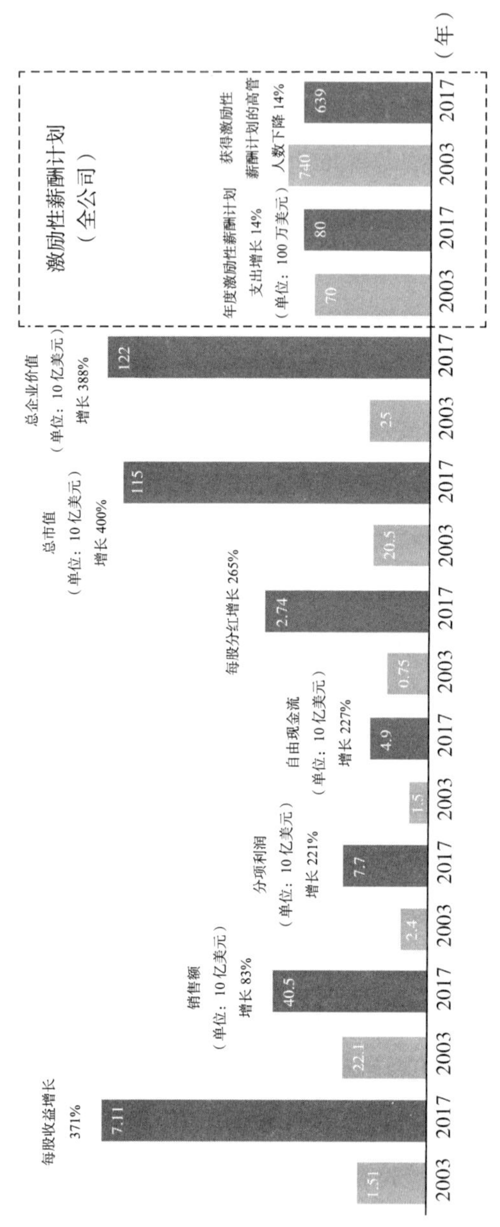

每股收益增长
371%
1.51
7.11
销售额
（单位：10亿美元）
增长 83%
22.1
40.5
分项利润
（单位：10亿美元）
增长 221%
2.4
7.7
自由现金流
（单位：10亿美元）
增长 227%
1.5
4.9
每股分红增长 265%
0.75
2.74
总市值
（单位：10亿美元）
增长 400%
20.5
115
总企业价值
（单位：10亿美元）
增长 388%
25
122
激励性薪酬计划
（全公司）
年度激励性薪酬计划
支出增长 14%
（单位：100万美元）
70
80
获得激励性
薪酬计划的高管
人数下降 14%
740
639
2003
2017
2003
2017
2003
2017
2003
2017
2003
2017
2003
2017
2003
2017
2003
2017
2003
2017
（年）

加上工资，这一判断也成立），而且别忘了当时我们的业绩表现比现在要差得多。那些说我们的领导层薪酬过高的分析师可以就此打住了。如果领导者付出了更多，而且如期实现了短期和长期业绩，为股东和客户赢得了利益，那么他们理应得到高于平均水平的薪资。

人力资源太重要了，不能只依靠人力资源部门

如果你还没仔细思考过领导者素质问题，那么现在是时候行动起来了——无论你是一个 10 人团队的领导者，还是管理着 10 万人。如果你是一个大型组织的领导者，你可能会觉得这一章所讲述的策略相当不错，于是便找到人力资源，让他们付诸执行，但这么做就大错特错了。作为组织的决策者，你必须亲自主导领导力发展、招聘以及解聘等事项。

之前我就提到，我们的全球人力资源负责人和我会亲自面试公司近 200 个高级职位的最终候选者。但这只是万里长征的第一步。我还会对 600 位高层领导者的薪酬方案进行审核，以确认它们公平合理且与年度跨职能管理资源评估保持一致。当然，管理资源评估也由我主导。为了给公司树立榜样，我也亲自对团队成员进行考核评估，和所有直接下属进行深度面谈。我还会仔细审核我的下属对其下级员工所做出的考核评定。

2006 年，我们设置了一项特殊的限制性股票激励计划。按照该计划，我们每年都会选出 60 位低级别高管，授予其相当于工资 50%~120% 的限制性股票奖励。一旦某位领导者获得嘉奖，那么他三年内将不得再次获得股票授予。利用这一策略，我们在那个期间一共奖励了近 200 名极具潜力的低级别高管。每年 8 月，我都会给获奖者

打电话祝贺他们，向他们解释其获奖原因，以及这一奖励意味着什么。这是一项非常耗费时间的举动，但收益颇丰。当这些冉冉升起的领导者接到我的电话时，他们时常觉得这是个恶作剧。在一个拥有超过 10 万名员工的企业里，一个首席执行官干吗要给这些基层领导者打电话？但这种个性化的做法产生了积极效应，相比于其他人，这些受嘉奖的领导者有着更高的留存率。①

为什么要在人事方面事必躬亲？法国前总理乔治·克莱蒙梭曾说："战争太重要，不能完全交给将军处置。"同理，我认为人力资源太重要了，因此不能将其交予人力资源部门。这话可能会让人力资源部门的人偶感不适，但这是无可辩驳的事实。作为首席执行官，我们必须对组织中的领导者知根知底，我也必须引导他们成为最好的自己。久而久之，我和霍尼韦尔所有企业的前 300~500 位高管都沟通了一遍。正如我在第五章中所说，我必须确保他们拥抱公司的价值观，而与他们相知相惜的好处是，一旦有高管决定离职，我就可以马上找到接替者。

另外也别忘了，你的参与也可以为别人树立榜样。由于我们要求霍尼韦尔的领导者必须对其下属进行严谨的绩效评估，因此我们也要求领导者必须亲自为下属提供指导和教学，为此我们还取消了一些公司通常会给员工提供的高管培训和 MBA 课程等。这样的做法难免引

① 说句题外话，我经常在批准某些领导者的离职补偿方案时问人力资源，为什么我们会在差不多一年前给予这些人限制性股票激励。人力资源部门经分析后发现，拿了限制性股票激励走人的，大多是那些差不多两年前从外部招聘的领导者。这些人在任职初期表现优异，因此获得了奖励，之后他们的表现则走向平庸。我们针对此问题实施了一条新规定：在公司内工作不满两年者不得获得限制性股票激励。这个问题迎刃而解。

起抱怨，但看到我亲自给下属考核绩效，亲自在培训中教学，亲自面试领导候选人，整个公司的领导者也会有所触动。你通过更多地参与向他们传递出一个信息：领导力对成功至关重要，而且你必须亲自实践。

在薪酬方面要尽力争取公平。我在这里谈的主要是领导者问题，但在设计薪酬方案时，我们的心中装着所有霍尼韦尔的员工。在计算整个业务部门的奖金时，我们不仅考虑其业务是否达到了目标，也会考虑其与前一年相比、与整个行业相比，以及与公司整体相比的表现。我们也会看领导者是否采取有力决策促进了公司的长期增长。有时如果觉得有必要，我们会扩大整个部门的奖金池，当然也可能缩小。我们希望整个公司在关注长远的同时，也要把眼前的事情做到最好，而他们也知道我们任人唯贤，只要有付出，我们就肯定予以回报。

在发展个人领导才能的同时，也要做好承受压力的准备。如今给予领导者丰厚回报的观点已然成了过街老鼠，这一点，我们只需看一下那些关于首席执行官薪酬的争议就可心知肚明。许多人相信现在的薪酬体系都只有利于管理层，因为企业领导者都是朋友。但我们公司不是这样的。在我们这里，业绩说话，而且不仅是短期业绩，还要看长期表现。我们领导者的薪酬之所以高，是因为公司的长期表现好。按照计算，如果我们真像薪酬机构建议的那样将高管薪酬与公司股价挂钩，我们实际上会支付更多的薪酬。在重奖领导者方面要坚持自己的立场，并且应具备长期思维。商界的许多领域仍受制于短期主义，但你没必要受此束缚。

至关重要的领导力

看完这一章的论述，你也许仍然心存疑惑，觉得我在领导力方面言过其实。我们的业绩收益中，到底有多少源于领导者素质，而非本书中所提到的其他要素？我们真值得将如此多的注意力和资源放在领导力上面吗？对于第一个问题，我的回答是“很多”；对于第二个问题，我的回答则是一个绝对的“值”字。在我撰写本书的初稿时，我原定的书名为《至关重要的领导力》，因为事实就是如此。正如我们的人力资源负责人马克·詹姆斯所言，很多人觉得领导者就是个灯泡，随便换上个灯泡你就能得到同样的光。这真是再荒谬不过的言论。如果我们没有花费精力吸引、挽留以及培养一流的领导者，我们就不可能有什么值得大书特书的成绩。在组织中，增长措施、流程以及智识上的交流都关键无比，但如果没有卓越的领导力，我们就不可能将它们转化为丰硕的成果。

我用卡尔·约翰逊的故事说明领导力的重要性。卡尔生于俄亥俄州一个叫作加利恩的小镇，早期的生活相当窘迫——他的父亲在他童年时期锒铛入狱，母亲再婚后则备受虐待。卡尔的家庭生活十分不幸，就连他的哥哥也因为吸食海洛因过量一命归西。如果不是因为对体育的热爱，卡尔极可能重蹈家人的覆辙。在高中的时候，他成了明星四分卫，带领球队获得了州冠军。在教练如父亲般的鼓励之下，他最终考上了大学，走出了小镇。他以四分卫的身份赢得了一份橄榄球奖学金，并进入辛辛那提大学学习，后来他又到休斯敦大学攻读 MBA 学位。[①]

---

① 卡尔为本书的写作接受了专门采访，而且还分享了他女儿为他所撰写的一则生平事迹文档，我对此深表感激。本书中关于他成长经历的描写就源于那篇文档和我们的采访。

1998 年，卡尔加入皮特威公司。2002 年，因为皮特威被收购，他成了霍尼韦尔的一名雇员，并且在消防业务部门一路高升。2006 年，他开始负责我们的气体检测业务。当时这项业务利润微薄，而且一直深受质量问题困扰——客户经常会收到残次产品。在之后的几年里，卡尔兢兢业业地在业务内推行霍尼韦尔运营系统。最终不仅产品质量问题得到了解决，他们还研发出不少卓越的新产品，客户满意度也有所提升。他们的业务快速增长（三年内实现超过 50% 的有机增长），营业利润率超过 20%。时至今日，这一业务仍然是一台利润发动机。

卡尔是我们在领导者培养和留存方面的一个成功范例，从他身上我们也可以看到这些领导者为公司成长做出的巨大贡献。他是我们内部的汤姆·布拉迪之一，而且如果我们不是一直专注于公司的领导力提升，着眼于从内部培养领导者，我们可能永远也发现不了他。如果不是薪酬的激励，如果我们没有为他提供一个茁壮成长的工作环境，他也不可能一直留在霍尼韦尔。

今天有很多领导者不断走出霍尼韦尔，但也有很多人坚守在此。多年来，卡尔就是坚守者之一。“我在这儿感受到了安全，感受到了稳定，感受到了发展。这里给我和我的家庭带来了成长机会。我喜欢这里的环境，它充满竞争力，而且如此重视结果。”他还欣赏霍尼韦尔对长期的关注——拒绝“一劳永逸”心态，专注缔造“正确的结果”。2018 年，卡尔最终离开了霍尼韦尔，在此之前，他已经在这家公司效力了 20 年。

要想同时赢得现在和未来，你需要更多像卡尔这样的领导者。你需要发现他们、培养他们，为他们创造良好的工作环境，给他们启发，为他们赋能。你会发现，这种举措会带来一种良性循环。将优秀的领导者置于恰当的企业文化之下，你便可以收获业绩的增长；反过来，业绩增长又给领导者提供了物质和精神激励，使他们更具缔造卓越业绩的动力。如此一来，你的企业发展前景将不可限量。

问题清单

1. 你会将多少时间用于团队或组织内的领导者培养？你是否经常将其混同于其他事项？
2. 在继任规划问题上，你是否给予了足够的重视？你的组织是否经常因为领导者离职而出现动荡？如果你最优秀的员工明天离职，你需要多久找到继任者？你是否已经在积极寻找组织内的汤姆·布拉迪？
3. 你的激励措施是否主要指向短期目标？你会如何进一步平衡短期与长期目标？
4. 你是否会亲自面试重要岗位的候选者？
5. 你如何对团队或组织中的领导者进行培训？你是否参与其中？
6. 你是否为你最出色的领导者提供了足够的薪资福利？如果想要获得最优秀的人才，你就一定要舍得花钱。另外，你是否为他们创造了成功所需的各项条件？
7. 你组织中的领导者数量是否超标？当有领导者离职时，你有没有先去了解一下，你是否真的需要这个岗位？你能否把这个岗位和其他岗位合并？当公司为了一个新项目而需要增加一个新的领导岗位时，你是否会从其他地方削减一个岗位？
8. 你的团队或组织的人力资源实践是否如预期般充满活力？领导者是否会认真参与绩效考核？你是否会把考核同薪水调整挂钩？你是否会严肃处理表现不佳者？是否会充分奖励表现最优秀者？
9. 你是否能杜绝下属通过电子邮件或者面对面交流进行的向上委派？

第三部分 投资促增长

第七章

增长为要

1997 年，我在主管通用电气的大型家电业务工作时，我们开发出一系列 Advantium 烤箱。这种烤箱具有微波炉的加热速度，又能和传统烤箱一样把食物烤得又焦又脆。Advantium 烤箱主要使用微波技术，除此之外，利用我们所称的光波技术，它内装的特制高温加热灯可以让食物变得更加焦脆。当我的团队第一次把 Advantium 烤箱拿给我看时，营销团队的领导者就建议说，我们应该打造一款和微波炉大小相仿，可以放在厨房使用的电器设备（这是一项很重要的细节）。但他认为这种新电器应该有两部分空间，其中一半是微波炉，另一半则是光波炉。这听上去愚蠢至极。微波炉本身就不大，你还要将它一分为二，消费者肯定会觉得很奇怪。

我让技术人员更加详细地介绍了光波技术的工作原理。在了解到这是微波技术和光波加热灯的结合之后，我问他们能否让这种电器只有一个内腔，但消费者可以通过按钮选择光波或者微波。一个技术人员思考了大概 30 秒后回答我说：“嗯，这行得通。”此时那位营销领导者却朝他跳脚：“几个月前设计产品概念的时候，你怎么不说？！”

这位技术人员有点儿不知所措地看着他说："你也从来没问啊。"

研发是令很多公司头疼的问题，导致这一问题的原因就是技术和营销人员的老死不相往来。霍尼韦尔显然也无法例外。为了解决这个问题，我们要求技术和营销人员必须从一开始就密切合作，齐心研发。我们还创办了一项公司级的年度活动——技术研讨大会，每年，来自世界各地的数百名技术和营销高管都会聚集到一起，共商协作，互相交流。这些持之以恒举办的活动旨在通过增强研发能力促进公司的长期增长。领导者和股东都非常明晰此举的重要性，因为要想在明天赢得客户，今天就必须加强投入。但更多的研发资金投入并不是取得成功的充分条件（我们也犯过这个错误）。要想同时取得短期与长期的卓越业绩表现，你需要坚持不懈地推动业务发展，而这意味着你的研发支出一定要明智审慎地以提升研发流程为根本目标，你必须从花掉的每一分钱里谋取更多的收益。

长期增长不能仅仅依靠研发。在前文中，我已经介绍过我们增进未来投资灵活性的规划路径：即使销售持续增长，我们也要通过流程改进和效率提升稳定固定成本。我们应当将企业创造的剩余价值部分返还给股东，但同时也要留出部分资金，用于解决企业存在的遗留问题，并通过流程和文化改造提高生产力。除此之外，我们还应当拿出大量盈余，用于布局未来增长。在下一章中，我将介绍我们为扩大和改善公司增长状况所采取的积极并购战略。本章的重点则在于如何通过研发、全球化和提升客户体验实现未来的成功。我会首先从客户体验谈起，因为这的确是一切增长的基础。如果你不能取悦当下的客户，那么你在其他增长领域所取得的任何进展都无足轻重。你可能会招徕到新客户，但是也会失去很多现有的客户。一定要确保客户在当下就获得了真正的良好体验，唯有如此，你才能有机会解决研发、全球化和并购诸领域的问题。这是一条艰难，有时甚至非常孤独的道路，但只要你全心全意地追求，兼顾长期和短期，你肯定能一马平川地走下去。

服务客户，不能只说不做

12 岁那年我在父亲的加油站工作，在那里我第一次意识到了让客户满意的重要性。我清洗挡风玻璃，清扫卫生间，然后把各种清理完毕的工具放回原位。我问父亲，为什么我干的全是这些脏活儿。他告诉我，要想理解一件事情的全部，你就必须从最基本处入手。他还跟我说，清洗挡风玻璃是一项非常重要的工作。到处都是加油站，所以我们必须给车主一个到我们这儿加油的理由。漂亮干净的挡风玻璃便是我们吸引车主的一种方式。同样，当车主去卫生间，感觉它非常干净时，他们也会更愿意把车交给我们保养。这其实是从视觉上告诉他们，我们对我们从事的事业充满自豪感。父亲还强调我们一定要善待和尊重顾客。“记住，”他常说，“你爬旗杆爬得越高，就有越多的人看到你的屁股。”这虽是句俏皮话，但我懂它的意思——要善待每一个人，尤其是你的客户。

我到霍尼韦尔之后马上就发现，我们的客户服务完全没有达到应有的水平。我们天天谈论客户满意度，甚至还强调取悦客户，但只说不练是没用的。在第一章中我提到一位在航空展上遇到的客户，当时我问他对我们有什么意见，他却跟我说，因为我们没有履行产品开发合同，所以他的公司正准备起诉我们。我是多么希望以后再也不要出现类似尴尬的对话，但事与愿违，我们的客户总是不断跟我抱怨，而这些问题，涉及延迟交付、质量不达标、新产品推出不及时以及其他方方面面。我就此向各业务领导者发出询问，他们却坚称根本不存在实质性问题，因为客户从来没跟他们抱怨过。他们拿着各种指标跟我说，你看我们在产品质量和交付上的表现都不错。

我怀疑指标出了问题，因此进一步强化了各种衡量标准，并且坚持对每个工厂进行单独考核。正如我在第一章说的，我发现工厂领导者都在钻制度的空子。例如，客户可能没有在之前指定的时间内提交订单，或者销售人员没有正确输入订单，而我们却没有将这些订单计入交付指标。在他们看来，这些问题都不是工厂管理者造成的，所以干吗要计入呢？这些指标看起来都很棒，产品交付和质量表现近乎完美，但客户所感受到的真实情况却大相径庭。客户不会关心为何会出现订单延迟，他们只关心货物到底能不能及时送到。我们还发现，其实客户一直有不满，但整个公司却对此习以为常，完全无视或者淡化了客户的意见。我们的态度好像变成了这样："要不是这帮该死的客户，我们早变成一家伟大的公司了。"我们忙着完成数字，却忘记了一项基本的商业现实：唯有努力服务好客户，让他们多下订单，我们才可能持续生存下去。

为什么指标比看上去更具欺骗性

我们起初在客户体验上所出现的问题，充分说明建立衡量标准的重要性。有人说，"有了衡量便万事大吉"，但事实并非如此。当对某些东西进行衡量时，你的确能见到指标的改善，这是因为人们会学着适应、调整甚至"玩弄"指标。我经常说，一衡量，指标涨。比如你想让过去三年推出的产品的销量增长50%，那

> 么你就会发现，员工会重新定义新产品，或者对老产品稍加修改就推出新型号，然后指标就完成了，但你这50%的增长并非实质性的改变。换句话说，指标常常会导致大家追求表面意义的东西。对此问题的唯一解决方法是，先要对所谓的指标有一个清晰的定义，之后我们还要和实施产品质量及交付控制流程一样，对指标施行某种形式的监督流程。

我们愿意采取一切可能的办法改进客户服务。在我任职的头两年，我们通过一番努力，转换了整个组织的思维模式。除了改进评价指标和绩效审计方法，我们还把做好客户服务列入我们的12个行为准则以及关系企业增长的五大战略举措，并将其作为对领导者进行考核的相关指标。我们还设置了一个每周颁发一次的“日常英雄主席奖”，以表彰那些为客户做出卓越贡献的员工。我在公开活动上强调，我们要把客户体验放在最优先和最重要的位置，并且要把它作为建立高绩效文化的必要组成部分。我告诉员工，我们不能再把订单问题的责任推给别人，我们必须找出问题根源，并通过流程改造解决这些问题。

改善客户体验并不需要巨额的资金投入，但为了让员工专注于此，并使其成为企业文化的一部分，领导者确实为之投入了大量精力。努力带来了改变。由于公司在开始时的表现极为糟糕，所以在改变的头两年我们便看到了快速改善的成效，而这反过来也提升了我们的销量和收入。在新企业文化确立和霍尼韦尔运营系统实施的同时，我们持续改进客户服务。我们绝非完美，到现在也与完美有遥远的距离，但和最初比起来，我们确实有了很明显的改进。

在研发上投入越多，收获越多

我们也期望能进一步推动业务增长，开发出让消费者耳目一新的产品和服务。我们的研发部门里有不少工程天才，但各个级别中也不乏庸才。正如当时航空航天部门的总裁兼首席执行官马天明所说："我们在新产品上的研发投入严重不足……我们只是为了完成某些数字指标，而实现当下业绩指标的方法之一就是不研发新产品。"[1]更糟糕的是，就连那点儿可怜的研发支出也没用对地方。我之前就说过，我们的工程师固守在自己的小圈子里，完全没有关注我们的业务和用户需求。工程部门也高度分散，整个研发团队的质量和表现参差不齐。

与此同时，我们的产品开发进度缓慢，根本没办法及时将新的想法转化为产品并投放市场。自动化和控制解决方案部门的首席技术官兼副总裁丹·舍夫林说，我们当时已经陷入一种"下降螺旋"，我们缺乏足够的新产品驱动销售，现有产品线则出现老化，于是我们的营收出现下降，在新产品研发上的支出也与日递减。[2]

为了促进产品开发，我们每年都在不断地增加开支。从 2002 年开始的 15 年间，我们的自主研发预算从占销售额的 3.3% 上升到 5.5%。在此期间我们的销售额翻番，从 220 亿美元增加到 400 亿美元，因此这意味着我们在研发上的总支出增长了三倍。但数字只是一种表象，因为这不能反映我们研发质量的提高。如下的几项措施极大地提高了研发效率和效果，让我们从每一分研发投入中获取了更多价值。

首先，我们通过扩大在发展中国家的研发规模降低成本。许多领导者害怕在印度、中国、墨西哥或马来西亚等地进行研发，他们担心工程质量会受到影响。我就任首席执行官时，我们在印度有一家叫作霍尼韦尔技术解决方案的研发中心，它以比美国和其他发达国家低得多的成本为我们全世界的市场提供优质的软件工程服务。然而这家工厂只有 500 名员工，规模相当小。我看到了这个机会，于是要求这家工厂的负责人尽快把员工人数增加一倍。这位负责人跟我抗议说，要是雇了这么多工程师，我们上哪儿去找活儿给他们干。但我告诉他要有信心，业务总会有的。

于是，说服霍尼韦尔业务的领导者，让他们将日益增长的研发需求从成本更高的美国和西欧转向印度、中国和捷克等国，成了我们的一项主要挑战。随着研发预算的增加，我开始每个季度都与公司的首席技术官会面，敦促他们将新支出投入到低成本、高质量的研发中心。有时候我会要求领导者亲赴印度和中国，让他们实地了解当地研发中心的质量。当他们提出更多工程人才的引进需求时，我会说这没问题，但前提是他们只能在低成本国家扩张。慢慢地，我们的各业务线适应了这一要求，我们印度、中国和捷克研发中心的规模也因此急剧扩张。时至今日，我们在这些国家一共拥有大约 1 万名研发员工，他们为霍尼韦尔的各个团队提供了世界级的工程服务，每年为公司节省下数百万美元的成本。这一举措也帮助我们建立了全球销售增长的基础，因为我们建立的这些研发中心，也让我们对当地市场有了更深入的了解。

我们改进研发职能以刺激增长的第二种方式，就是简化新产品的开发。2003 年，当我们开始推出霍尼韦尔运营系统时，我们也启动了一项名为“快速产品开发”（VPD）的计划，该计划以推动销售为目标，对我们开发过程的几乎每个部分都进行了重新设想。我们的工程师和市场人员一起分析了项目在系统内的进展流程，识别并消除了阻塞因素，提升了产品的研发速度。我们对产品开发过程进行了详细的步骤分解，并且对其所有环节都做了改进——我们从一开始就把营销和工程合二为一，改善了产品设计的可用性，提升了工厂生产这些产品的便利性，实现了产品设计水准的快速提升，并改进了我们推出新产品的方法。我们减少了设计变更所需的系统内签字数量，改进了软件开发和测试，并强化了对电子设计工具的使用。

得益于这些事无巨细的工作，我们最终大幅减少了花在项目上的工程时间。你可能以为管理者会主动把改进新产品开发流程作为他们的优先工作，但要获得他们的支持其实并不容易，他们都太专注于日常活动了。为了推动相关工作，我每个季度都会同公司所有的首席技术官面谈，和他们讨论 VPD 业务的进展情况。在每年的高级领导者会议上，我们会为那些在 VPD 流程改进上表现最出色的首席技术官和业务领导者颁奖，同时也会在大会上公布落实这一计划最好的前十名和最差的后十名。我会同后十名的业务领导者会面，责成他们予以改进。①

建立恰当的技术能力

除了从整体上解决研发问题，我们还通过其他革新提升我们的软件工程能力。在我就任早期的一次蓝色笔记本练习中，我让团队按学

---

① 第一章中提到的增长日也是了解关键项目及举措周期性进展的好方法。令人惊奇的是，领导者经常不能在高潜力项目上进行充分投资。他们把一个项目的人员配备从 2 个人增加到 4 个人就自我感觉良好，但实际上他们应当提升预期，直接调配 25 个人。领导者经常犯资源投入不足的错误（参见第三章），也经常对机会视而不见。

科对工程人才进行分析。我期望机械、电气以及化学工程师等都能取得相当均衡的突破。令我惊讶的是，我们有很多软件工程师，但是却没有把软件工程作为一门学科并给予重视。我曾经是一名软件行业工作者，担任过天合汽车集团（TRW）的CEO①，而且我对一种叫作集成能力成熟度模型（CMMI）的软件开发技术印象深刻。CMMI将组织中软件开发流程按从1级到5级的成熟度等级进行排名，其中5级为最佳。1级的开发流程是“不可预测，缺乏控制，被动的”，5级的流程则组织流畅，易于理解，并且持续关注改进。[3] 在5级流程下，你的整个开发过程稳健有序，它不仅可以让错误最小化，也可以让整个组织从错误中吸取教训，避免重蹈覆辙。

我希望我们全世界的软件工程都采用5级流程，但是公司的首席技术官们却对此毫无兴趣。在他们看来，CMMI太过官僚主义（确实如此），并且抑制创新。但这种反对却让我想起戴明在20世纪50年代的遭遇，当时他首倡不要将产品质量视为企业成本，而应作为制造业的一个关键因素。可惜美国公司对此不感兴趣，于是他把这套理念带到了日本，日本的汽车制造商接受了它，然后成为主导全球市场的参与者。CMMI同样源于美国（卡内基·梅隆大学），但当时的5级公司基本上都在印度和日本。我们在印度的霍尼韦尔技术服务中心于多年前就获得了CMMI 5级认证，而这也是我们得以在那里展开扩张的另一个原因。

尽管整个说服过程历时漫长，但一些首席技术官的的确确变成了CMMI的粉丝。自动化和控制系统业务部门的丹·舍夫林亲自带

① 在到霍尼韦尔之前，我于2001—2002年担任此职位。

领首席技术官们到印度，对当地工厂的运行情况进行了为期两周的深入调研。回来后他终于相信，将整个业务部门的所有工厂都调升至 5 级，将是一件能创造巨大价值的举措。经过六七年的过渡，自动化和控制系统部门的所有软件工程都升级到了 5 级。我们本可以做得更好，效率提升更高，不过对我们来说，这也算是我们迈出的一大步。

构建战略性研发

除了改善研发和工程流程，我们还大力要求业务领导者以更具战略性的眼光看待研发。我们单个的业务部门通常以过往预算为依据确定研发投入，它们觉得这方面的支出要保持“适当”的比例，却完全不考虑这种做法对当前及未来项目的影响。我们研发预算的制定权收归到整个业务部门层面，通过对潜在项目的分析，我们会把更多的资金投到那些可能产生更大商业影响的项目中。

在航空航天业务方面，我们也开始以兼顾长期和短期增长为原则确定新项目。大多数新产品的开发都是我们所说的“长周期”项目。一款革命性的新型驾驶舱通常需要 6~8 年之后才可能完工上市。为了兼顾短期，从 2005 年开始，我们开始涉足一系列的“短周期”项目——客户无须等待数年，而是可以在几个月内购买产品（例如，对现有飞机进行渐进式改进，而不是为新飞机打造全新的平台）。然后我们又开始为这类产品增加销售人员，使其在 2010 年实现了进一步的规模扩张。短期和长期项目的结合可以使我们实现更为稳定、更可预测的增长。多年来，我们的短周期产品的销售持续增长，如今它已经成长为一个利润高达 10 亿美元的业务。

关注终端用户

让我们的员工专注于提供更好的用户体验，是我们改进研发的另一种方式。20 世纪 90 年代末，我家里装了一台霍尼韦尔温控器，一到夏天它就会把空调开到最冷状态。我本来打算调调温度，但根本不知道如何下手。面板上的说明令我摸不着头脑，更不用提那几乎看不清楚的极小字体。我又查阅用户手册，还是搞不清楚如何调高温度。最后我彻底放弃，穿上了一件毛衣。

执掌霍尼韦尔后，我们也曾在早期的战略规划评审中讨论过如何提高用户体验，但由于当时有太多其他必须重视的优先事项，用户体验的问题也逐渐被我们遗忘。将近 10 年后，当我在西点军校教授领导力课程时（对一个从小镇走出来的孩子而言，这是一项莫大的荣耀），我听一位教授说，这所学校最擅长教授的内容之一就是关于“人的因素”，换句话说，就是那些让日常用品最大限度地满足人类使用需求的原则。我认为，这是霍尼韦尔尚未关注的一个领域，也是一个潜在的重要销售增长途径。像苹果这样的公司非常善于预测重大且通常未被发掘的客户需求并将其融入产品设计。如果实现销售额的最大化，我们就不能仅限于按照 VPD 原则更快地推出更多的新产品，我们需要的是更好的新产品，更容易使用、安装和维护的产品，这意味着我们必须更深入地理解客户需求。我们必须提升用户、安装人员以及维修人员的体验。

在接下来同首席技术官进行的季度会上，我们开始行动，启动了一个名为“霍尼韦尔用户体验”（HUE）的品牌活动。为了实现成为

“工业部门中的苹果”这一既定目标，我们聘请了指导顾问[①]，新招聘了大量拥有用户体验专长的人才，创建了专门用于 HUE 的设计工作室，在公司内部发起了一个 HUE 季度大赛，并开始为总经理级别人员提供为期两天的 HUE 课程（我每次都会参加并讲话）。与我推动的其他活动不同，HUE 从一开始就在组织内部受到了热烈欢迎。然而这项活动的落实同样需要时间。我们原计划在一年内招聘 200 名人为因素专家，但由于其他优先事项的影响，我们只招了大约 50 人。管理者也不愿意把工程师派到这个领域花时间同客户打交道，他们只想把宝贵的工程时间用在开发产品上，却完全忽视了洞察客户需求的价值。

尽管充满挑战，HUE 还是取得了相当大的成功。一个例子便是在现任首席执行官杜瑞哲领导下，由我们过程控制业务部门开发的 Experian Orion 控制台。工业设施控制室内的控制台类似于飞机的驾驶舱。工业控制操作员接收有关工厂运行的可视化数据，并在出现问题时进行必要的干预。传统上，这些控制面板复杂又难用。为了打造“未来的控制室”，我们派遣一支由霍尼韦尔技术专家和 HUE 专家组成的团队进入客户工厂，了解炼油厂、化工厂、造纸厂和矿山的操作人员如何使用现有的控制面板。

在了解了客户的反馈后，我们发现完全可以大幅简化这些控制面板，使其更像苹果的 iPhone——更简单、更直观、更容易使用。我们进行了全面重新设计，创造了一个符合人体工程学的革命性新面板，

---

① 总的来说，我反对聘请顾问，因为我想让我们自己学会如何做工作。但在我们对某个项目一无所知的情况下（例如，HUE），我会同意聘请顾问，当然即便如此，我们也会在管理上保持谨慎。

并将其命名为 Experian Orion 控制台。这个控制台包含的软件不仅可以实时显示操作问题，还可以自动提示操作员应该使用何种预设程序安全修正问题，最大化地确保企业利益。控制台包括无线数字视频和音频通信，操作人员可以在工作站实时监控工厂，并协助现场操作。Experian Orion 控制台于 2013 年推出，目前已在数百家工厂使用，它不仅以独特的设计获得了用户的喜爱，还帮助工厂提升了安全性、可靠性和效率。

我们从这件事上也得到了一个教训：即使人们承认像 HUE 这样的举措是一个好主意，领导者也必须坚持不懈地推动人们超越日常运营，认真对待这些新行动。总的来说，我们通过 HUE、VPD 和 CMMI 等举措强化了研发，而这又极大地促进了我们的增长。我在前面提到，在我任职期间，我们的总体研发支出增加了三倍。如果再考虑到我们研发流程变得更精简、更高效、更以客户为中心这一现实，我们的研发实际上可能达到了近 400% 的增长。在过去的 7 年里，新产品和新服务帮助我们赢得了 75% 的航空航天合同，也帮助我们提高了美国以外销售额占总销售额的比重。从小型喷气式发动机到商用驾驶舱航空电子设备，从安全系统到条码扫描，从仓库自动化到炼油和石化技术，我们凭借新技术在众多市场占据了主导。我们在保证季度业绩的同时实现了这样的长期增长。如果你愿意就如何创造新产品和服务，以及如何做得更快更好等展开批判性思考，你也可以在你的业务中取得类似的成果。

深入推进全球化，但不可操之过急

在加强研发的同时，地域扩张会进一步促进销售额的增长。当我加入霍尼韦尔时，全球 75% 的 GDP（国内生产总值）来自美国以外的地区，但我们却只有 40% 的销售额来自海外。这 35 个百分点的差距就是机会所在。这时候你首先想到的肯定是全力推进，在世界各地四面出击，通过在各地的合资或收购建立广泛的影响力。但如果读过本书的前面几章，你就知道我们其实更倾向于采取循序渐进重点突破的扩张方法。我们会首先关注高增长地区，尤其是在中国和印度的扩张。如下图所示，到 2035 年，高增长地区的经济规模将占全球 GDP 的 53% 以上。这些地区的人口占全世界总人口的 1/3 以上，特别是印度和中国这两个高速增长地区，将成为高增长地区经济扩张的引领者。所以与其平均用力，诸事无成，我们不如先在中国和印度建立我们的桥头堡。若能在这两个国家取得成功，我们便可以分享全球化的成果，并能够在其他地方复制我们的成功经验。

2004 年，我们中国业务的年收入仅为 3.5 亿美元，同比增长 4%。这个增长率听上去还过得去，但如果你知道当年中国的整体 GDP 增速超过 11%，工业部门增速达 17%，就不会这么想了。正如我们中国业务前负责人、现全球高增长地区总裁沈达理所言："我们的市场份额每天都在流失，而我们却对此一无所知，实际上我们是……在自取灭亡，我们早就应该研究市场、客户和竞争对手，但却一直无动于衷。"[4] 分析师一针见血地指出，在全球扩张方面，其他美国公司已经把我们远远甩在身后。在我上任之前完成的重组中，公司大幅削减了我们在中国的员工规模——当时我们在中国只有大约 1000 名雇员。

一些分析师和员工敦促我们通过收购公司或组建合资企业以实现在中国的迅速扩张，但我们更倾向于现有业务的内生性增长。一家美国公司要想适应在中国的运营和竞争，肯定是一个缓慢和艰难的过程，

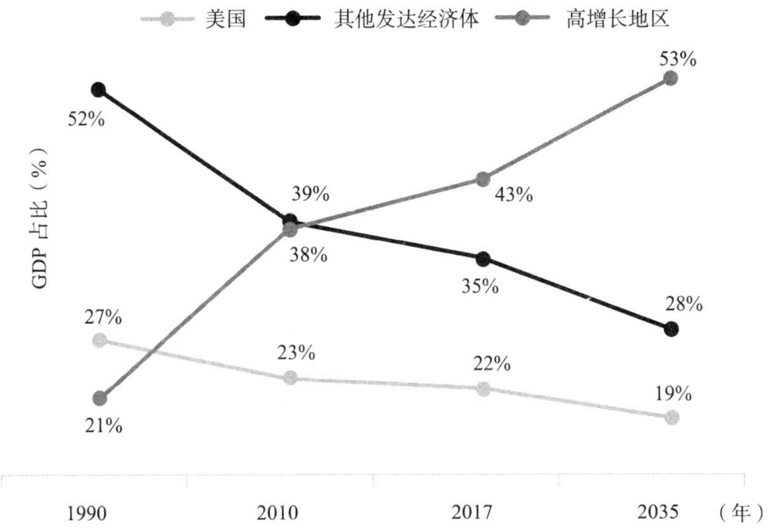

资料来源：Global Insight

但如果我们能通过亲身学习了解到这一切，就会具备在全球其他地区复制这种成功经验的能力。此外，由于需要进行广泛深入的尽职调查，在中国进行收购也是一件非常耗时的工作。由于个别中国企业的财务账目并不严谨，所以我也担心收购会带来事倍功半的结果。我们确实非常关注潜在的本土收购对象，但我们的重心更在于如何招揽到中国的优秀企业领导者，以及按照预期销售额大幅增加员工招聘（而不是等到销售额上来之后再招聘）。

成为中国式竞争者

在沈达理的领导下，我们优化了中国公司的管理者，并开始向中国的中高端市场进军。我们重组运营，以期成为能与本土顶尖对手竞争的“内行人”。我们的逻辑是，如果我们无法在中国本土战胜当地竞争者，那么等这些本土对手最终成熟并进军发达国家市场时，我们就更没有击败它们的办法了。我们没有从美国空降领导，而是聘用优秀的中国人担任当地企业的重要职位，同时大力开展本土化采购。很多企业往往采取老大哥模式，它们由总公司或业务总部决定解决方案，并保留项目签字的权力，但随着我们中国团队的日渐成长，我们给了他们更多的自主权和控制权。我们把研发机构设置在发展中国家的战略也给了我们很大帮助，这不仅是因为我们可以从研发支出中获得更多的收益，也是因为我们具备了本土专业知识，能够设计出受当地消费者喜爱且能与本土竞争对手相抗衡的产品。

我们在中国的发展一直很缓慢，直到2004年沈达理加入霍尼韦尔并成为中国业务的负责人，这一状况才得以改变。作为一名中文流利的外籍人士，沈达理在中国生活多年，非常了解中国文化。他心中一直藏着一个宏伟的目标：他希望证明一家美国公司可以像一家真正的中国企业一样运营。大多数西方公司在进入像中国这样的国家时，都对当地消费者知之甚少，它们只是把西方市场的那一套照搬过来。这样做或许可以赢得发展中国家高端市场中的部分客户，但对这些国家庞大的中端市场而言，它们的产品既不适用，价格也太高。结果，更了解本土消费者及其需求的当地竞争对手以更低的价格挤掉了它们，占据了绝大部分市场。本土竞争对手的产品的确比不上西方公司的产品，但它们的质量已经足够好，而且价格低得多。在很多情况下，本土客户更在意价格，而非那些他们根本不需要的高端复杂功能。

在最初的努力取得成效之后，我们正式确立了一项名为“成为中国式竞争者”的战略举措。我们要求在中国市场上的一切，包括市场营销、综合管理、设计、制造、采购和员工等都实现本土化，并且提出要对这方面的进展进行量化考核。我们的领导者必须找出他们最强劲的中国竞争对手，并就如何与这些对手展开竞争进行深入分析，决不能重蹈西方公司传统做法的覆辙。每年我都会与中国的区域领导者、全国领导者以及全球商业领袖等进行两次会面，我们会用一整天的时间探讨当下的业务进展以及我们所需要的新资源。

这一流程对我们的业务非常有帮助。随着我们对本土对手认识程度的不断加深，虽然每次会议上我们在采购等相关维度上对业务的评分也经常一路下滑，但这不是因为我们的表现变差了，而是因为我们发现了自身更多的不足，例如，我们发现，那些身在美国或欧洲的全球领导者仍保留了太多的监督与控制权。一旦有问题暴露出来，我们便采取行动加以改进（顺便说一下，这个例子也充分说明开诚布公的会议能够提升绩效。领导者无须承受每次开会都得面面俱到的压力，相反，他们更关注的是如何把事情做好以及实现持续提升。这才是我们所需要的）。

保持组织灵活性

在全球扩张的过程中，我们遇到了一个经典问题：我们是应该让每个业务部门（航空航天，性能材料和技术，自动化和控制解决方案，运输系统）自行组建全球业务并负责各自的产品销售，还是应该按照国家组织部门，让我们在该国的运营领导者（“国家业务领导者”）全权负责所辖区域内的全部业务？同时做两件看起来相互冲突的事情是我一贯的原则，所以在这个问题上我也要鱼与熊掌兼得。我们的全球业务需要对最终的经营结果负责，但国家业务领导者对当地市场有着更为深入的了解，因此也对决策拥有发言权。国家业务领导者的角色有点儿模糊不清，他们对业务既负责又不负责。他们身处当地市场前沿，能够影响业务决策，但他们也要配合身在欧洲或美国的全球业务领导者。为了让这一体系实现良好运转，我们要求国家业务领导者和各具体业务必须在当年该国的各优先事项上达成明确共识。在国家业务领导者的聘用上我们也一直非常谨慎，因为我们希望他们能够激发当地企业和全球业务部门领导者之间的信任。

这种方法为我们的决策提供了很大的灵活性。有时，当一个全球业务部门似乎忽略了某个特定国家时，我们会支持该国业务领导者的决策。在其他时候，钟摆则摆向另一个方向。有时我们也会采取完全不同的方法。在中国，我们发现自动控制系统火警探测业务的本地领导者李宁屡创佳绩，表现非常出色。由于表现卓越，李宁在决策上享有很高的自主权，但我们自动控制系统其他中国业务的领导者因为表现不够好而未能获得太多自主权。于是我们把自动控制系统中国所有业务的决策权都交给了李宁，虽然这并不符合我们的国家业务领导者 / 全球业务模式。结果该部门的年销售额增长率即刻从 10% 跃升至 20%。只要能获得良好的结果，我们就愿意修订我们的模式。

我们在中国的持续耕耘得到了回报。由于按照西方标准设计氢净化装置，我们的一家企业在中国输掉了 100 多次相关投标，但该企业却坚持认为自己是正确的，中国客户是错误的。中国的质量标准和西方一样高，但由于中国技术迭代快，所以中国消费者并不需要产品具有太长的寿命。后来我们开始按照中国标准进行设计，结果赢得了超过 1/3 的投标项目。我们在中国的各项业务都实现了缓慢而稳定的有机扩张。从 2005 年开始之后的多年间，我们一直处于爆炸式增长的状态。如今，中国已成为霍尼韦尔在美国以外的最大市场，年销售额约为 30 亿美元。除了利润可观的销售额，我们在中国的员工总数也达到 13000 人，其中只有约 75 人是外籍员工。

从 2010 年起，我们开始将这种方法复制到其他高增长地区。与此同时，我们也要求各项业务必须更具全球化思维，其中就包括让销售人员前往客户所在的国家（这听上去好像是常识，但实际上常识却常常不为人所识）。我们某项业务的高管抗议说，把员工分派到世界各地会削弱公司的独特文化。我的回答是，我们既要拥抱全球化，也要保持强大且有凝聚力的企业文化，我们能够且必须做到这一点。随着时间的推移，大家逐渐认可了这一原则，并且进一步将其发扬光大。2003 年，我们只有 42% 的销售额来自美国以外的地区，到 2017 年这一比例达到 55%。在这一年，高增长地区的销售额占总销售额的 23%，而 2003 年这一比例仅为 10%。

确定增长优先项

虽然我已经介绍了多种促进增长的方法，但一家公司不可能在同一时间段内平均用力，四处出击。分清轻重缓急非常重要。在启动增长举措前，首先要对公司及其优势和劣势进行评估，之后再确定最具机会的增长方向。或许你的新产品设计制造流程已经非常完善，你的客户服务也已经做得很好，但你还没有在某个颇具潜力的国家进行业务布局。所以要按我建议的那样，从此处布局，做出有针对性的努力。当然这也需要耐心。用我最喜欢的比喻之一来形容就是：你可以耕耘播种，但你更需要在整个季度甚至几个季度里给植物浇水，给予它们悉心照料，这里没有任何捷径可走。

全球化意味着你必须真正进入并且熟悉你所进入的新市场。在研发过程方面，你需要从内到外重新构想流程，以便工程师、设计师、市场营销人员、商业领袖和其他人能改变工作方式，增进对客户的理解，更好地开展合作以及提高生产效率。在客户体验方面，你需要在深层次上改变人们的态度和行为，这样人们就不会把重心继续放在完成季度业绩目标上，而是会把为服务客户变成一种持之以恒的习惯。

保持亲身参与

不要指望可以把实现增长的责任委派给别人然后坐收渔利。增长的前景会让组织内部的人兴奋不已，但随着各项举措的推进，必需的变革也会引来阻力，又或者成为日常运营压力下无所作为的牺牲品。我之前已经提到，我们的业务领导者极不情愿在发展中国家搞研发，我们总部的领导者也经常发现他们确实很难将控制权割舍给发展中国家的业务领导者。实际上我们还有很多其他方面的阻力。当我要求业务领导者增加研发支出时，他们无不面露怒色，他们声称找不到足够的可投资项目。我对此的反应是："自己去找！"

挑战也会在我们最意想不到的时候出现。在我任职初期，为了确定来年的平均加薪幅度，我们做了一次年度薪资规划。当我们完成了对美国部分的分析后，相关团队就开始离席了。"也给其他国家算一下怎么样？"我问。"没人想这么做，"与会的领导者告诉我，"每个国家都只管自己可以加薪多少。"这种思维模式可真不够全球化的，我们必须改变它。

我在访问高增长国家时经常遇到一种情况，那就是总部业务领导者对当地领导者的招聘工作指手画脚。每次碰到这种事，我都会回去找该业务的高级领导者，当面提出这个问题。无论你是想让组织走向全球化，还是为此目的而关心客户改革研发，你都应该亲自调查研究，确保落实。

为了落实相关目标，我们应确保所有人的相关支持行动都能产生实际结果。快速产品研发、全球化或者客户体验改进，这些本身都不是你追求的目标，你做这些事情是为了促进销售。然而，对那些在一线工作的人来说，他们很容易把艰苦的工作和实际结果混为一谈。如果各项举措进展顺利，那么销售增长情况如何？永远不要忘记这个问题。正如我之前所说，这个世界看重的是结果，而非努力或过程。

除了自己的亲自参与，你也需要找到合适的人才和你并肩作战。如果没有沈达理担当中国市场和我们企业文化之间的桥梁，我们就不可能在中国取得成功。我们的另一位领导者克里希纳·麦凯帝也同样功不可没，是他帮助我们将软件工程能力扩展到了印度和其他国家。曾在美国霍尼韦尔工作过的他既了解我们的公司，也了解印度工程人才，通晓激励和留住他们的方法。

在提升产品开发的市场敏感性方面，我们的首席战略和营销官朗达·格曼尼起到了关键作用。马天明曾回忆说，在我们任职之初，我们的航空航天部门根本没什么营销经验。它对何种飞机型号会更受市场欢迎毫无战略理解力，因此也无从确定我们的研发方向。格曼尼的到来改变了这一切，将业务的营销带到了“前所未有的卓越水准”。我在本书中强调过提升领导质量的重要性。你或许能够靠平庸的领导者留住一些现有客户（这是一个相当不确定的“可能性”），但你肯定无法实现增长。

不断拓展新边界

你在寻求长期增长时，千万不要把自己局限在这里讨论的这些具体举措上，要对新的增长领域保持敏感。在我任职的中期，我们确信数字革命将在未来几十年席卷整个工业经济，如果能领先一步，我们必将从中获得巨大收益。除了在高增长地区推进软件工程的扩张，并将我们全球的工程师提升至 5 级水平，我们也在新数字商业模式的探索上持续加快脚步，例如，我们推出飞行器上 Wi-Fi 的启用和转售服务，打造了用于新软件产品开发的 Sentience 平台。我们现任首席执行官杜瑞哲就是 Sentience 平台的打造者和推广者。这一现已改名为 Forge 的产品是一个基于云的物联网平台，也是霍尼韦尔打造可扩展性软件的内部产品开发框架。这一平台的标准化流程让开发者可以用更快速、更协调的方法创建新软件产品。霍尼韦尔 Forge 专注于为客户提供三个关键领域的服务：为资产可靠性提供端到端的企业绩效管理，流程优化，提升工人的安全、竞争力和生产力。

为了改进数字人才池，我们还改变了招聘惯例。之前我们总是从最顶尖的名牌大学发掘数字人才，现在我们专注于招揽精英型程序员，他们的产出通常是一名普通程序员的 10 倍。为了吸引这些被我们称为“倍增器”的顶尖程序员，我们开始根据编程、协作和团队合作等方面的特定技能评估潜在员工，我们会观察他们的实操能力，而不只是看学历背景。我们在招聘数据科学家时也采用了类似的方法。我们将软件视为一项业务，并将其整合到更多的现有产品中，这样的努力极大地提升了我们的业务水平。

为了实现能力扩张，改进招聘，我们还在佐治亚州的亚特兰大的软件中心成立了一系列的跨功能团队。我们认识到，顶尖的数字人才希望找到更多的聪明人并肩合作。很多人都觉得这些人只想待在硅谷，但其实有些人也愿意生活在别处，而且他们不想再做什么潮流应用，而是希望做一些更有意义的项目。在卸任之前，我会定期前往亚特兰大给这些团队加油鼓劲儿。我的继任者杜瑞哲也同样如此，在他看来，这是将霍尼韦尔打造成软件工业公司的重要举措之一。事实证明，这是一项关键之举。今天，全公司几乎有一半的工程师在开发软件——与前些年相比，这可算是一项颠覆性的变化。

你要对新的增长途径保持敏感，但也不要忘记之前做出的努力。大约在 2004 年，经过几年的重点努力之后，我们自认为已经在客户体验方面做出了很好的改进。在接下来的六七年中，我一直没有忽视这一问题，相关工作也在持续推进。之后我们不再把它作为工作重点，因为我们觉得公司从上到下已经知道该怎么做。但令我万万没想到的是，2013 年，在飞机制造商空中客车对航空供应商进行的一项行业调查中，我们排名垫底。怎么可能发生这种事？我命令业务领导者解决这个问题。过了这么多年之后，我们不得不再次把注意力放在客户体验上。结果我们发现，这是我们衡量指标下降导致的问题。在考核业绩表现时，我们排除了太多的例外情况，因此最后的考核结果根本不能反映客户的实际体验。我们对现有的衡量标准条分缕析，对客户会遭遇困境的运营部分进行了识别和分析，并采取了纠正措施。得益于这些努力，我们在后来空中客车的调查中排名显著提升。到 2018 年，我们的部分航空航天业务已跻身顶尖企业行列。

自 2002 年开始的 15 年间，霍尼韦尔的收入从 220 亿美元增长到 400 亿美元，这其中有 65 亿美元的增长来自收购和资产剥离的净影响，剩下的 115 亿美元来自提升客户体验、新产品和服务以及全球化战略所带来的有机增长。如果不是在保持固定成本不变的同时增加销售，并将收益的一部分投到致力于长期增长的项目中，我们就不可能收获这样的成果。如果我们没有投资于长期增长，我们或许能在短期内给股东带来更多的回报，但我们的长期业绩必将遭受巨大损失。要想收获，必先播种。所以，现在就开始耕耘吧！

问题清单

1. 你知道必须投资于增长，但你在推动增长方面到底投入了多少精力？你是否为增长举措提供了足够的资源？你是否能善用增长日推动企业进步？
2. 你的客户是否真的对你很满意？你如何了解客户的满意度？你最近是否亲自拜访过客户，听取他们的真实反馈？你们在客户方面的衡量指标是否恰当？
3. 你的企业文化是否对客户服务给予了足够重视？
4. 你的新产品开发流程效率如何？这些流程是否鼓励跨职能领域的持续合作？它们是否在产品开发早期就考虑了市场营销？
5. 你的研发工作是否达到了预期效率？你是否考虑过在高增长地区建立研发中心以开拓新市场？
6. 你的研发方向是否正确，你是否为研发配备了最顶尖的人才？
7. 你的产品研发人员有多重视产品或服务的实际体验？你是否能想客户之所想，了解他们的潜在需求？
8. 对于全球化，你会谨慎行事，战略性布局，还是会四面出击？你是否注重自身的本土化，并致力于在中端市场打败本土竞争对手？
9. 本土运营是充分发挥了潜力，还是被总部束缚了手脚？你们的本土运营企业享有多少自主权？
10. 假如你现在刚开始关注增长问题，那你认为你的公司的现有优势是什么，机会在哪里？哪些类型的长期投资能给你的公司带来最大收益？
11. 哪些领域可以使用前十名或后十名这种方法提升整体业绩？

第八章

升级业务组合

2004年，霍尼韦尔和陶氏化学在得克萨斯州进行了一场激烈的经典式决斗。多年来，这两家企业共同控制着一家名为环球油品公司（UOP）的企业，双方各持股50%。UOP是一家世界级的炼油厂和石化工厂工艺技术[①]开发商，但由于长期受到两大股东的冷落，这家公司一直管理不善，业绩不佳。这样的企业本应实施全球化战略，并且进一步加大研发，但每次霍尼韦尔打算给它注资的时候，陶氏化学就在一旁打退堂鼓，反之亦然。霍尼韦尔和陶氏化学的所有权协议中有一项“得州枪战”条款，该条款规定如果一方出价收购另一方所持有的50%公司股权，那么非竞购一方有权以相同的价格向第三方出售股权，也可以用相同价格收购竞标方所持有的50%股权。这样的条款旨在防止一方以低价收购另外一方的股份。

我一直认为UOP是一家不错的企业，因此希望收购陶氏化学的股份，但我们本来有机会收购UOP的特殊材料业务部门却反对这笔

① 这些是将原油转化为一系列有价值产品的化学过程。

交易。该部门不认可这家企业，认为收购它的风险远远大于所获得的潜在增长机会。2004 年，陶氏化学提出以 8.65 亿美元收购我们所持有的 UOP 公司股份。它原本觉得我们肯定会乐意做这笔买卖，但没想到的是，我不顾业务部门的反对，拒绝了对方的收购要求，并提出要行使我们的权利，反向收购陶氏化学所持的股份。我一般都不会反对业务领导者的建议。实际上，这是我在任期间唯一一次否决一位业务领导者的收购提议。之所以有这样的例外，是因为我们的收购团队在幕后做了很多功课，而他们的结论让我确信我们的业务领导者是错误的。我们通过认真的分析发现，UOP 处在一个非常有前景的行业之中，而且占尽先机，但存在投资不足的问题。该公司拥有精湛的技术和高度可信任的团队，可以很好地与我们世界级的过程控制业务相结合，为我们增添独一无二的功能优势。而且目前的收购价格也非常吸引人：大约仅为 EBITDA（息税折旧及摊销前利润）的 5 倍。如果我们的计算没有错误，如果我们能把这项业务和霍尼韦尔现有业务完美整合，那么可以肯定，我们几年内就能实现赢利。

许多公司在并购方面表现不佳。一位商业学者指出，“几乎所有的研究”都表明，大约 80% 的交易都没有达到预期的效果。[1] 霍尼韦尔对此也有亲身体会。当我接任时，我们不得不对之前的收购进行大约两亿美元的大规模减记。例如，我们曾经以 5 亿美元收购了一个只值 3 亿美元的印刷电路板业务。鉴于这些糟糕的过往，投资者强烈建议我不要进行任何收购，而是应该出售我们的整个化工业务，尽管这块业务里面还有一些做得不错的企业。我指出，并购有好有坏，关键看方式方法。如果并购做对了，我们可以促进业务的长期增长，而且如果能同时剥离那些表现不佳的业务，我们的长期增长也会更强劲。

每家公司都应该充分利用战略合并、收购和资产剥离等手段推动长期与短期业绩的增长。和上一章提到的全球化及研发一样，这些都是促进企业内生增长的有力举措。对公司业务组合的积极管理可能会影响短期利润，因为收购需要摊销费用和先期重组成本，因此通常会导致当年的业绩亏损，而资产剥离会导致业务出售部门的利润亏损。但如果操作得当，这些交易在几年后就会带来回报，提振企业的季度收益和现金流。随着利润和现金的不断涌入，企业便可以利用它支持后续交易，这就形成了一个短期业绩和长期增长相互促进的良性循环。

和前一章所谈到的一样，这里的关键在于，在首次对业务组合进行积极管理的起步阶段，你一定要给投资者一份“说得过去”的季度财报。不要为了交易而彻底放弃企业的季度业绩，也不要为此与投资者为敌。此外，也请遵循本书此前所提到的总体商业策略：在保持固定成本不变的情况下实现增长。如果坚持这一原则，你就可以一边利用财政自律得来的利润支撑短期收益，一边积极对收购、合并以及资产剥离等面向未来的业务进行投资。

改进交易策略

要想使并购成为一种增长策略，你就必须具备持续进行成功交易的能力。如何才能做到这一点？答案很简单：审慎交易，保持纪律。你必须设置一套合法的收购流程，也必须严格遵循该流程。

我第一次意识到并购流程的重要性，是在20世纪90年代末期。观察者经常谴责并购，说它得不偿失，但我感兴趣的是私募股权公司的一整套商业模式。它们开展战略性收购，然后想尽方法提升公司运营水平，最后再将其明智出售。如果股权私募公司能够以并购为手段让企业大幅增值，像霍尼韦尔这样的大公司为什么不能如此？

成为霍尼韦尔首席执行官之后，我发现公司缺乏一套严谨的并购流程。我们糟糕的并购记录就是最好的证明，但这并不意味我们不能引进这样一套流程。我要求并购团队的新任负责人安妮·玛登对霍尼韦尔过去10年间所进行的交易进行事后分析，总结成功经验，吸取失败教训。我希望在此基础上开发出一套适用于全公司的新收购流程。安妮不负众望。在之后的6个月里，我们发现公司一直在以一种毫无目的的机会主义方式开展收购，并且在如何确定收购标的，如何进行尽职调查，如何计算企业价值，以及如何整合收购方四大关键领域存在困扰。

在对亏损进行评估后，我们得出了一个强大的收购四步骤模型。我在任期内一直在使用和改进这个特别强调不要支付过高费用的模型，如今它依然在发挥效用。在一些企业中，领导者似乎认为价格与战略无关，他们总是自我安慰说这就是“我的战略，多少钱我都要推进下去”。实际上，价格是战略的基础。如果你出价过高，你的投资者将永远不会从你的战略中获得经济利益。我们从不介意支付合理价格，但支付过高的价格是我们的大忌，你也应该如此。

如果你的组织正在升级业务组合，我建议你试试我们这个模型。运用这一模型，你无须牺牲当前利润也能创造长期增长的机会。接下来，让我们分领域来看一下霍尼韦尔是如何实现交易标准化，如何为交易制定新规则的。下面是我们与投资者共同使用的一张图表，它很好地总结了我们最初的并购过程以及后来的演变情况。

规范并购流程

确定目标 ——→ 尽职调查 ——→ 估值 ——→ 整合

过去：在流程整合之前			
• 喂，这个准备卖了 • 交易及策略	• 交易全凭热情 • 无视调查结果	• 考虑销售协同效应 • 实现率低	• 让即将退休的人员负责整合 • 整合节奏拖沓
现在：过去 15 年间			
• 战略先行 • 持续搜寻 • 更深更宽的通道	• 发挥职能部门的专长 • 严格坚持原则	• 只关注成本协同效应 • 设置严格的收购标准 • 价格是战略的组成部分	• 安排优秀人才专职负责整合 • 管理人员开发 • 在尽职调查时就开始制定整合规划
建立稳固通道	拒绝糟糕交易	决不多出价	出色的持续追踪
巧妙布局优势行业			

资料来源：Honeywell Condential · C 2016 by Honeywell International Inc. All rights reserved.

建立稳固通道——确定目标

要想进行成功交易，你首先要找到交易标的。正如安妮所了解到的，我们从未主动和战略性地为现有业务寻找可收购和运营的企业。相反，我们一直在等待投资银行家来敲门，向我们兜售潜在交易，然后我们从中挑选出一些在当时看似很有吸引力，但并无多少战略相关性的交易。例如，在 20 世纪 90 年代末，霍尼韦尔收购了为消费者市场生产风扇和加湿器的 Kaz 公司。收购目的是在消费者中建立霍尼韦尔的品牌形象，并从零售领域获取更大的份额。但霍尼韦尔对如何通过零售渠道进入市场一无所知，我们主要是一家航空航天和工业公司。Kaz 的领导团队本应为此贡献专业知识，但一年之后，由于对我们两家公司的文化冲突感到失望，该团体突然集体辞职。由于霍尼韦尔内部没有人懂得该业务，公司也似乎无心扭转局面，该业务最终以损失数亿美元的代价被出售。整个交易在2002年6月完成，当时我刚刚就任董事长，因此有资格参与相关决策。这只是我们从一开始就注定了失败结局的众多交易之一。

在新的并购流程下，我们开始将战略置于最优先的位置。我们会动员各业务部门努力思考它们的战略增长目标，积极在市场上搜寻，并且要保持宽广的理想收购目标获取通道。所谓“理想”收购目标，指的是那些占据有利位置的企业，也就是那些在良好、高增长且赢利的行业中占有较高市场份额，或者通过未来收购可以实现较高市场占有率的企业（例如，在竞争格局高度分散的情况下）。

哈佛商学院著名教授迈克尔·波特自20世纪80年便提出行业质量和分析的概念，随后这一理论便在企业领导者圈流行开来。我在通用电气的时候就通过亲身经历发现身处一个优势行业的重要性。当我主管通用电气的大型家电部门时，我们的市场占有率很不错，但整个行业却处在一种糟糕的高竞争、低增长状态之中。我们如何努力也无法在市场竞争中胜出，因为价格压力实在太大了。但我发现，如果是在一个优势的行业中，那么即使处在不利位置，你也很容易取得进展。我接手硅酮业务时，整个项目举步维艰，但毫无疑问这是一个优势行业。没用三年时间，我们便解决了关键运营问题，让收入实现翻倍，利润更不止翻了一番。这在通用电气内部可是一个巨大的成功故事。当然，如果我们能找到那些身处优势行业且自身不存在问题的公司就更好了。你会收获极度有吸引力的增长，投资回报也会非常强劲。因此我们创造了“在优势行业中占据有利地位”这一短语指代我们寻找的那些投资。

为了抓住最佳机会，我们各业务部门竭力寻找理想的补强型收购目标（那些和我们的业务有重叠的公司），并尽力发掘那些同我们的重点业务密切相关的优势行业。如此一来，一旦收购了这些企业，我们也可以有足够的专业知识开展运营。追踪这些企业并最终达成交易，这可是一件非常辛苦的差事。霍尼韦尔资深高管罗福鼎对此如是说："我们去贸易展寻找交易机会，我们去和银行家交谈，我们和任何能帮我们找到交易机会的人谈。这是一项需要全身心投入的工作。"[2]专心寻找收购标的变成领导者的日常工作，这在很大程度上是因为我们在第二章所介绍的严格战略执行方法。由于战略变成领导的日常工作，持续就收购机会展开调研自然也成了他们平时工作的一部分。这种深度介入使我们保持了充足的交易通道。用罗福鼎的话说，它使我们对交易谈判有了一种更为规范的立场。如果一项交易谈不成，没关系，我们还有很多其他交易标的。

有时，我们甚至可以和那些理想的战略收购目标谈判数年。我们和它们的高管建立联系，定期跟进，一直等到他们愿意出售才肯罢休。我们通过这些努力所表达的善意既增加了达成交易的机会，也让收购完成之后的整合变得更容易。有时，我们并不是出价最高的竞标者，但最后还是成功完成了收购，这是因为我们花时间了解了对方的管理层并取得了他们的信任。当然，每一笔成功完成的交易背后，都有很多被我们略过或者错过的收购对象。安妮说过，我们吻过 100 只青蛙之后才能找到真正的王子。她的话没错。

为了建立稳固管道，你应该：

- 不要等着银行家上门向你推销交易，相反，你要主动在市场上搜寻。
- 寻找那些在优势高增长行业中处于有利地位的企业。寻求补强型收购目标，以及那些处于优势行业，并且在业务上和你临近的公司。
- 你对所谓业务临近的判断可能会失真。如果所谓的临近实际上和你的现有业务非常遥远，你就有失败的风险。
- 把寻找收购目标作为一项日常优先事项。
- 保持耐心，培养与潜在收购对象的长期关系。

拒绝糟糕交易——尽职调查

一旦确定收购目标，进入谈判阶段，下一步应及时确保潜在收购对象的业务及财务真实性。当你深入了解了这家企业和它的账目，你还打算收购吗？如果答案为是，那收购价格是多少？你是否会给交易增设附加条件，详细说明在哪些情形下，如果问题得不到解决，你就会放弃收购？安妮之前发现，霍尼韦尔并未建立一套对收购对象展开严格尽职调查的制度。急于达成收购的业务部门常常会忽略各种危险信号，直接完成交易。

我们创建了一本所有业务部门在对潜在收购对象展开尽职调查时都必须遵守的企业手册。这本手册里没有什么革命性的内容，但它确实帮我们在财务、增长方案、人力资源、法律和环境问题等方面的评估确立了连续性。总的来说，这本手册能够让我们专注于消除对一项业务的种种假定，进而避免落入确认偏误的陷阱。我们要求公司法务、会计或 IT 等职能部门的专业人士都必须参与尽职调查，并对所发现的任何问题提出应对策略。

例如，我们的法务团队发现收购对象可能面临潜在的诉讼风险。在对这一情况进行分析之后，我们的团队会确认风险的程度，我们是否可以通过保险对冲或者要求赔偿，以及如果我们无法降低风险，我们是否应该放弃收购。我们的法律总顾问会就是否应该进行这笔交易做出最后决定。

最后，我们改变了薪酬结构，不再向参与特定收购的高管支付奖金。此类奖金只会刺激人们达成交易，而无法保证交易的质量。我们要达成好交易，消灭坏交易。

为了拒绝糟糕交易，你应该：

- 规范尽职调查。
- 让职能部门的专家为你提供问题建议。
- 不要激励大家完成交易，因为随着时间的推移，他们可能会为了获得激励而促成那些存在潜在问题的交易。

决不多出价——估值

正如安妮的分析所揭示的那样，我们缺乏一个评估收购对象的独立模型，过分依赖投资银行家的估值。如果你要买一处房产，你会相信经纪人的话吗？肯定不会！你会自己做一些功课，即使只是了解一下你所在地区其他同类型房产的售价。如果我们收购了一家公司，但 4 年后交易没有按照我们的预期产生结果，我们不可能跟投资者说这是因为银行家的估值模型有问题。我们需要创建自己的模型，然后要相信自己的模型，我们必须按模型进行交易。这就意味着我们要亲身实地调查研究，自己做估值。

我们打造了一个全公司都可以使用的标准估值模型，并将其置于我们的规范并购流程之中。这个模型主要关注的是预期现金流和收益影响，而且我们强调，我们的团队必须独立估算收购标的的销售额和利润率，而不能依靠这些公司提供给我们的数字。我们考虑到了收购可能带来的成本协同效应（我们可以通过合并法务或人力资源等职能部门，优化产能以及实施霍尼韦尔运营系统等方式提升效率）。在过去的收购交易中，我们还考虑了潜在的销售协同效应（我们可以将现有业务的产品和服务销售给被收购企业的客户，反之亦然。这样便可以提升销售额）。但安妮和她的团队在分析后发现，尽管我们此前的收购确实如预期带来了销售成本的缩减，但实际上我们可以做得更好，因为这些交易只产生了 10% 的预期协同效应。我们系统性地高估了能够从具体收购中所获取的价值，这导致我们为交易支付了过高的价格，进而无法获得预期的结果。

我们修改了估值模型，使之完全基于预期的成本缩减之上。我们的确计算了潜在的销售协同，并且在后续的整合过程中一直予以监测跟踪，但我们并未指望它们完善交易。如果我们能实现这些协同，那这将构成我们的一笔纯粹收益。此外，为了尽量减少对收益的短期冲击以及确保未来增长，我们要求所有的交易都要满足如下三个具体的财务要求。第一，在收购完成后的第二年，我们收购的每一家企业都必须能够增加霍尼韦尔的每股收益（或者用财务人员的话来说，收购必须在第二年实现增值）。第二，内部收益率（IRR）必须高于 10%。第三，完全投资回报率（也就是考虑所有成本和现金流）在第五年必须超过 10%。[①] 这些其实都是非常难以实现的指标。为了完成目标，我们不能出价过高，而且要实现高程度的成本协同。随着时间的推移，我们逐渐认识到，如果我们的收购出价维持在 EBITDA 的 11~12 倍，如果我们能将运营成本降低 6%~8%，我们就可以实现目标。考虑到成本协同因素，我们收购的实际成本往往在 EBITDA 的 4~6 倍，这就让收购变成了一个巨大的增长杠杆。以我们 2013 年对移动计算机公司易腾迈（Intermec）的收购为例，我们的收购价为公司 EBITDA 的 17 倍，但因为我们实现了大规模的成本削减，因此对我们来说，收购该公司的真实成本仅为 EBITDA 的 4 倍。

更为重要的是，我们采取了一种决不多出价的原则。来自新罕布什尔州的我，长期以来一直为我北方佬式的节俭而感到自豪。如果某个项目存在得不偿失的风险，那我宁愿放弃一笔潜在的好交易。像我们这样的大公司可以在小交易上犯错误，但必须搞好大交易。奉行这一原则意味着我们必须对收购保守估值，如果交易太贵，就一定要选择放弃。有些领导者不愿意这么做，他们认为自己是为了实践战略而收购公司，因此必须为此买单。这是一种落后的思维。如前面所讲到

---

① 关于这些要求，我再多说两句。我们知道收购的公司会在初期带来收益上的压力，如果收购对象或者银行家对此另有说法，那肯定是他们没有将交易的全部成本计算在内。要求第二年实现增值的这种做法，我们可以增加一项收购按预期提升财务表现的概率。实际上，短期的业绩表现也是对长期预期的一种确认。在内部收益率方面，因为我们的资本成本已经降到 8.97% 或更低的水平，许多银行家便带着一些他们认为可行的交易找到我们。我不想让财务人员浪费时间做这些计算，所以后来我就选择了以 10% 作为标准。一个在 10% 水平上来看不可行的交易，在 8.97% 的时候也不会变得很好，事实也的确如此。最后，在第五年达到 10% 的投资回报率是这三大指标中最难实现的一个，但如果你能在销售额和收益双增长的情况下实现这一指标，那么可以说你做了一笔非常成功的买卖。

的，价格必须成为战略的基础组成部分。如果你有一个出色的战略，却让公司付出了高价，那么其他公司的股东不会看到你的功劳，他们只会看到战略的好处。

当然，如果你一心想壮大业务，是交易的最初主导者，那么让你在谈判过程中放弃交易也不是一件易事。2002 年 12 月，在我就任大约 6 个月后，我们收购了贝克电子——一家为飞机机舱制造航空电子系统的公司。我们航空航天部门的领导者渴望这笔交易，愿意不惜任何代价实现收购。他们相信我们可以将贝克的客舱技术与我们的驾驶舱技术连接起来，为客户带来全新体验。这些领导者亲自参与谈判，却忽略了职能部门专家提出的潜在问题。专家提出应该给这家公司一个更低的估值，并特别指出这家公司前一年的业绩虽然强劲，但 2002 年的销售额却有所下降。尽管我们的专家一再抗议，但航空航天部门每次都坚称，它为业务设定的运营和财务目标是现实的（也就是说高价收购是合理的）。在谈判过程中，业务部门的领导者对收购愿望的表现过于急切甚至有些失控，这让我们在与卖方的谈判过程中陷入劣势。

最后，我们以过高的价格收购了这家公司。在接下来的几年里，贝克的产品销售额一直没有提升，反而出现下降。到 2006 年，航空航天的领导者说，他们不喜欢这笔业务，如果可以就要把它卖掉。尽管还有其他因素导致这笔交易的失败，但这件事表明让主导交易的业务领导者退后并由其他专业人士就具体条款展开谈判的重要性。

在制定新的并购流程时，我们力求保持交易制定者和谈判者之间的明确界限。当一位业务领导者确定了收购对象之后，他就会将交易转交给我们的企业并购部门，由该部门依据业务部门对收购对象的承诺，就合同细节展开谈判。有时，我们的业务部门会与企业并购部门就收购产生分歧——我们的业务领导者只是想抓紧完成交易，而且他们已经与对方建立了私人关系。我们的并购部门则更为冷静行事，他们要保证不会出价过高，为此他们会不惜采取强硬手段甚至中途放弃谈判。经过多次的谈判实践后，我们的策略产生了效果。把交易制定者和谈判者相分离的举措，少不了会引起我们业务部门的激烈反对，但这种做法的确能够促进我们收购价格与业务部门承诺之间的协调匹配。

作为领导者，我的职责是对已经走完流程的交易进行最后的审核。我必须对交易的不利面进行真实的探究，然后再决定是否应以商定的价格继续完成交易。当我们的团队完成了他们的工作，整个交易只待我签字批准时，他们就会对这笔交易深信不疑，并且自然而然地把注意力全放在有利的方面。虽然交易的顺利完成是最可能出现的结果，但我这最后一步也至关重要。我会让大家再次思考什么可能会出错，以确保我们已经考虑所有可能会出现的情况。

在上面提到的贝克惨败事件中，我未能进行适当的监督。就在这桩收购发生之前，我拒绝了一笔更大的交易，理由是我不怎么喜欢那个行业。航空航天团队因此对我非常不满，他们觉得我不热爱航空航天，也不尊重他们的判断。于是这一次我做了让步，结果损失了 2000 万美元。这给了我一个终生难忘的教训。之后我开始认真行使监督权，并且取得了良好成效（正如我常说的，领导者最有价值但最不受重视的贡献之一，不是麻烦一发生就去解决，而是避免产生麻烦）。有好几次我都成功制止霍尼韦尔收购处在巅峰行业或国家的公司。例如，当油价达到每桶 100 美元时，所有人都认为油价会继续上涨，而这也让某家与石油相关的企业的估值水涨船高，但我最终没有同意收购这家企业。我当时让大家思考油价跌到每桶 50 美元会出现什么情况，并借此让我们远离了这笔交易。随后油价大幅跳水，我们也逃过一劫。

为了决不多出价，你应该：

- 开发自己的标准化估值模型。
- 独立估算销售额和利润率。
- 考虑预期成本削减，而非销售协同效应。
- 对收购进行估值时要保守，如果交易价格过高，就退出。
- 不要让交易制定者负责合同条款谈判。
- 行使最终监督权，找出不利因素，如果出价过高，就放弃交易。
- 保持宽广的收购目标获取通道，让收购从必选变成多选。

出色的持续跟踪——整合

为了获得具有吸引力的成本协同效应，你需要将被收购公司与现有公司很好地整合起来。不幸的是，霍尼韦尔在这方面犯了严重的错误。我们在整合的规划方面做得非常糟糕，而且一旦交易完成，我们还会经常延迟采取预期行动。我们会花一年时间研究整体情况，以确定我们是否走在正确的方向上。这听上去是一种谨慎的做法，但实际上时间过去越久，变革就越困难，因为这时候收购双方的管理者和雇员可能都已经习惯当下的状态。用我的话说，他们变成了维持现状派的一部分。

在其他情况下，我们的整合之所以失败，首先是因为我们未能组建一支强大的团队规划和执行整合，相反我们把它变成每个人的负担。这就导致了组织混乱和不确定性，因为整合需要大量的工作，大型企业的整合更是如此。你必须安排专人全身心负责这一任务，这样才能确保整合顺利进行。其次，我们也没有在整合团队中配备最优秀的人才，而是安排了一群行将退休的老将。最后，我们没有对整合进行定期核查，因而未能确保收购是在我们的估值模型下进行的。

对我们来说，最难忘的整合失败案例就是我们在 2000 年对工业综合企业皮特威的收购。整合过程完全混乱，糟糕的决策层出不穷。举个例子，霍尼韦尔决定关闭位于康涅狄格州的皮特威工厂，并将 600 个工作岗位转移至墨西哥，这样公司就可以从每个人身上节省下三万美元的成本。实际上这家工厂并没有 600 人，而只有 220 人。以这样的员工数量考虑，将工厂迁往墨西哥的决定从经济上看并不合算。还有一次，公司在没有征求任何意见的情况下宣布将接管皮特威的 IT、工资及其他职能系统。这种做法只是增加了皮特威的成本，却看不到任何净收益。正如我们在第五章所提到的，皮特威的员工因此士气低落，对霍尼韦尔文化毫无归属感。“与霍尼韦尔其他的那些失败交易一样，我们也在走向没落。”[3] 时任皮特威总裁罗福鼎如是说。收购后的整合实在是太糟糕了，为了让业务走上正轨，我们不得不在收购的三年后，又开展了一场全新的、历经多年才完成的大整合。

为了强化整合的效果，我们要求霍尼韦尔每一家开展收购的公司，都必须于交易完成前准备好一份获得批准的整合方案。这项方案中必须详细列出每一年的目标（包括成本协同效应、销售协同效应等），其中第一年更是要列出季度目标。这些方案也必须列明我们预期要进行的管理变革、薪酬和福利变化、业务职能系统变化，以及我们计划开展的其他重大变动。对于任何超过5000万美元的收购，我都会在交易完成前亲自与团队对整合方案进行评审。此后，我们会在交易完成后的前三个月里每月进行一次评审，在其后至少一年里开展季度评审。最后，我们还要求业务部门的负责人按年度向董事会汇报收购整合的进展情况。

我们还加强了与整合相关的执行细节。为了加强新员工对变革即将到来的认识，我们在他们的工作场所张贴了新标识，并在第一天就发放了新名片。我们明确表示，即便裁员，我们也会保留两家公司（霍尼韦尔的收购部门和被收购公司）中的最优秀人才。这说起来容易，做起来难，因为我们整合团队中负责人事决策的领导者肯定更青睐原霍尼韦尔的员工，毕竟他们可能已经相识多年，而至于那些被收购公司的员工，他们可能只认识了两个小时。为了克服这种偏见，起初我们会聘请外部顾问评估两家公司的员工。随着时间的推移，进行更为客观的评估就变成一种文化规范，我们无须外部力量的帮助也可以做出正确的人事决策。一个很好的例证（前面提到的）就是，霍尼韦尔现任首席执行官杜瑞哲就是因为我们收购了他主管的码捷公司而加入霍尼韦尔的。

我们开始组建专职的整合团队，并为他们配备优秀人才。认识到整合也会影响一项业务的各方面职能，我们也把它当成了锻炼队伍的机会，崭露头角的领导者正好可以借此提升综合管理能力。我们让每个业务部门通过其定期的管理资源评估（参见第六章）确定，一旦企业进行收购，它们就会让谁加入整合团队。这样当真的出现收购交易时，我们就能确切知道我们应该让谁负责业务整合，而且能够快速组建一支优秀的团队。更关键的是，我们在交易的早期阶段就确定了潜在的整合团队，因为我们也要让这些团队为我们进行尽职调查。由于在最终完成收购之前就已经深入了解收购对象的各个细节，因此到了整合阶段，我们的团队便能够迅速、果断、聪明地展开行动。另外，因为他们在执行尽职调查时也参与了整合方案的制订，因此他们也能更好地推进整合计划，实现业务目标。这就避免了所谓的“交接”问题——只负责方案的团队可能会制订一些浮夸过头的计划，因为他们根本不操心执行问题。整合团队中也包括被收购公司的领导者，他们凭借原公司传道者的身份，也更容易获得员工的支持。

这个团队在进行尽职调查和整合新收购公司的同时，也会留意业务中出现的一些新问题，以及一些能够帮助我们提升运营的新方法。我们从来不会说：“这就是霍尼韦尔的方法，你们照做就行。”当我们遇到有趣的创新时，我们会把它们移植到现有业务中。这不仅能帮助我们改进运营，也能帮助我们争取新团队成员的心。他们没有被强迫的感觉，相反，从第一天开始，他们就感受到了重视和尊敬。

为了实现整合，你应该：

- 在交易完成之前制订涵盖管理、指标及其他相关主题的整合方案。
- 亲自审核和批准方案。
- 强化执行细节。
- 安排专职整合团队负责整合事务，尽早组建团队。
- 展开变革，并即刻推动思维转型。
- 留意被收购公司的优势流程，并将其作为创新引入自己的公司。

- 亲自对整合进展进行定期追踪，确保真实收购成果优于估值模型的预测。

淘汰落后业务

要想升级业务组合以实现长期增长，规范的收购流程只是要素之一。你还必须对当前业务进行分析，然后剥离其中不够理想的部分，但这种分析切忌盲目。在动画片《辛普森一家》里，当霍默对电视上的某件事大发抱怨时，他的妻子玛吉说："霍默，批评是很容易的。"霍默回答说："但也很有意思！"业务组合分析有时候也是如此。银行家、顾问以及你的下属都会忍不住对业务指手画脚，说你该如何如何，因为他们很享受这种乐趣，而且动动嘴皮子也不是什么难事。我经常跟这些人讲："霍尼韦尔的业务有哪些优势和劣势，我早就一清二楚。你们不如多给我说说我们该做什么、怎么做，那样岂不是更厉害、更有价值。"找到潜在的收购对象可谓一切的基础，这也是为何它始终应是展开收购的第一步。你可以从这里起步，确定你该剥离哪些业务。

在我任职的第一年里，我们完善了收购流程，对我们现有的部门及其组成业务进行了简洁而有力的分析。针对每一项业务，我们都会研究它到底是不是处在具备优势的行业赛道，是否在行业中占有一席之地，以及它是否能够带来强劲的投资回报。我们会根据得到的答案将这些业务分成三类。A 类意味着一项业务处于优势行业并且在其中占据有利位置，拥有良好的投资回报率。B 类则表示一项业务没有达到 A 类的标准，但仍有上升的潜力。如果一项业务没有上升到 A 类的潜力，我们就会把它归为 C 类。

针对你的业务组合，问自己如下三个问题：

1. 它是处在一个优势行业吗？
2. 它在行业中是否占据有利位置？
3. 它是否能提供良好的投资回报率？

我们大约 80% 的业务属于 A 类或 B 类，这不算一个太糟的结果。我没有对外披露我们的具体评判方式，相反只是在内部做了有限说明。在随后的日子里，我们尽可能地将 C 类业务剥离出售，持续执行这种分析方法，并且又给类别评判增加了一个新标准。在经历了无数次的公开活动和业务评价之后，我意识到，仅仅把企业经营好是不够的，让我们的业务真正令人兴奋的其实是技术。于是我们开始将业务是否拥有令人兴奋的新技术列为一个新的考量因素。我们的耗材解决方案业务主要负责为航空航天装配线提供螺母、螺栓和其他小零件。这项业务处于优势行业且在其中占据有利位置，投资回报率稳固，但唯一的技术优势仅在于其 IT 系统方面。负责的领导者对这项业务提不起劲儿，而且只有在高层领导者和我步步紧逼的情况下，这项业务才能显现出些许增长。我们认识到，我们完全可以把耗费在这项业务上的精力投到其他更有成效的领域。因此，我们花了两年时间寻找潜在买家，然后将此项业务出售给一家更适合经营它的企业。我们从这笔交易中得到了丰厚的现金及股票回报。

在我就任的最初几年，我们的关注重点很简单，那就是要将剥离资产卖出一个好价钱。我们希望快速甩掉这些耗费精力且难以经营的业务，腾出资金进行战略性收购。在几年后的一次蓝色笔记本训练中，我突然想到，我之前只是把私募股权模型用于开发收购流程，但尚未将此模型应用到资产剥离上，因此值得一试。一旦众多大公司开始进行战略业务组合分析，它们就会进入一个资产剥离流程，其目标是尽量为其所售卖的资产觅得一个好价格。那么我们就开始思考：如果我们是一家收购资产然后设法转手获利的私募股权公司，我们会如何让公司扭亏为盈，然后又如何将这家公司出售？

在和并购负责人安妮·玛登的共同努力下，我们制定了一套用于改善售前业务并提升其出售便利性的严格流程（我们甚至还为此写了一篇文章）。对资产剥离问题的愈加重视也意味着整个出售流程的加长，有时候甚至需要花费数年的时间。我们会投资新的增长领域，发展多个潜在买家，尽力为业务的出售做好各项准备。如此一来，我们也给股东带来了更好的收益。

尽管我们想尽了办法，我们的傲特利火花塞业务每年仍亏损 500 万美元。投资者和业务部门负责人都想尽快把它处理掉，让账目变得好看点儿。我们没有操之过急，相反我们花了近一年的时间强化傲特利的制造运营，最终扭亏为盈，实现了 2000 万美元的利润。我们还到处寻找合适的接盘者或者合资伙伴，发展多类型的买家，这样的努力让该项业务的出售价格比原来预期高了两亿美元。

改变管理业务组合的方式

结构化流程非常有帮助，但有了流程不代表万事大吉，你也不能以为你的业务组合会马上因此变得更为规范、更有战略性以及更加高效。你还需要关注另外一个重要因素：你和你手下的领导者。

管理公司业务组合以实现增长，需要领导者付出大量的时间、精力以及注意力。作为首席执行官，我不仅认真研究我们的新收购和资产剥离流程的每一步，而且在整个任期内密切关注交易活动。每隔 6 个星期我就会对各项业务的收购通道进行评估，就战略和潜在收购目标等同业务领导者进行持续讨论。这些会议的时间虽然都不长，每项业务也就是占用 30 分钟，但我们可以借此让业务领导者保持方向，避免把时间和精力浪费到一些无法产生结果的想法上。更重要的是，这些会议是一种强制机制。领导者知道我们会跟进，因此他们必须履行在会议上做出的各种承诺，例如，对某项悬而未决的交易展开调查，或者寻求收购某家公司等。这些会议只是我与团队讨论未来并购活动的渠道之一。在讨论年度战略规划时，以及在我提到的增长日和运营日期间，我们也会展开沟通。

我之前就说过，领导者要放权，但不能撒手不管。你尤其要运用我们在第一章所提到的智识探究思维模式，认真行使你的监督权。当团队或组织中有人向你提出潜在交易项时，你要抓紧推进。如果你听说了某家处于优势行业的企业，那就认真展开调查。谁是其主要竞争对手？它们的赢利能力如何？这个行业真的像看起来那样有吸引力吗？从一家企业在行业中的未来地位入手，仔细研究你是否可以通过整合一个分散行业中的多家公司，打造一个行业巨头。当我们进入气体检测业务时，整个行业处在群龙无首的状态，但 8 年之后，我们把收购的几家公司并入霍尼韦尔，并因此成为行业的领头羊。在条码扫描、安全设备和互联飞机等领域，我们也如法炮制。

在考虑潜在收购时，你要密切关注风险及其对短期业绩的影响。每个季度我们的业务部门都会给我送来几头“大象”级别的重大交易，如果真的能完成这些交易，霍尼韦尔的规模可以马上翻倍。但我总是对此类交易望而却步，因为我担心这些交易一旦失败，公司的业绩就会遭受冲击，而且即便能成功完成此类并购，我们的短期业绩也会因为费用摊销而出现一段长时期的下滑。我任职期间的最大一笔交易是在 2015 年斥资 50 亿美元收购埃尔斯特计量设备公司。50 亿美元不是个小数目，但和我们当时已接近 400 亿美元的年收入比起来，这一金额也不算过分。我在职期间的唯一例外，是 2016 年对联合技术公司提出的 900 亿美元收购计划。当时的机会太过诱人，我们很难熟视无睹。联合技术公司有很多管理不善的优质业务，如果我们两家能实现合并，然后剥离部分业务，我们就有机会成为一家管理完善、实力强大，且可以让所有人获利的企业。这笔交易没有成功，但当时确实值得一试。但总的来说，切莫孤注一掷。你的目标是实现长期的稳定增长，因此根本无须承受如此高的额外风险。

风险第一的原则也会让你认识到分散投资的重要性。在读过美国前财政部长罗伯特·鲁宾的《在不确定的世界》一书后，我对交易就更为谨慎了，即便看上去好处很多，交易也很有可能实现，我也会更多地关注潜在的不利方面。低概率事件确实会出现，你必须为此做好准备，管理你的组合，唯有如此你才能保持灵活性，对变化做出快速反应。

作为领导者，你还必须确保组织中拥有善于进行合并、收购和剥离的各类专家。我们拥有强大的法务、会计、人力资源、IT 等职能团队，并依靠他们推进我们更具规范的交易方法。在进行尽职调查时，你希望各项财务数据真实准确，并确保收购方是真心实意想要达成这笔交易。你希望收购对象拥有一支优质的领导团队以及积极的员工队伍，而且不要有法律或者环境问题。你也希望职能团队能够对所有交易保持客观态度，而不是把自己视为交易的阻碍者或者啦啦队长。在理想情况下，无论最后交易成功与否，组织中的业务领导者都会把职能专家视为一种帮他们获取最佳结果的资源。一旦交易通过审查，一支强大的职能团队可以在帮助你尽力降低风险的同时加速交易进程。你会逐渐地建立起自己的可靠信誉，而这会使你在交易竞标中获得优势。

将并购逻辑应用于产品组合

我在本章的诸多建议似乎主要适应于大型组织的高层领导者，但实际上小型公司和非营利性组织也可以采用类似的方法实现短期及长期业绩，公司内部的业务经理也可以运用这些策略。假设你是一位产品经理，你可以把自己的产品组合当成业务组合思考。很多经理人喜欢给客户提供大量的产品选择，但其实很多产品卖得并不好或者利润不高。新产品不断涌现，但产品经理却以部分客户仍存在需求为理由，仍不愿舍弃那些型号陈旧的次等货。

你要对 SKU（库存单位）进行积极管理，投资于高增长、高利润的 SKU，淘汰那些表现不佳的产品。试着把你产品组合里的 1000 种低利润 SKU 的价格提高一倍，你就可能会发现客户会放弃其中的 900 种。你应把它们全部清理掉。你的收入或许会下降，但利润并不会受到很大冲击，因为这些被淘汰的产品根本不会带来利润。至于客户仍在订购的另外 100 种产品，你现在也知道这些产品对客户非常有价值，而你却一直在压价销售。无论企业大小，积极管理资产组合都将让你走上更好的长期表现之路。如果你还没有开展我所说的这种组合分析，现在应该开始行动了。

战略性业务管理的力量

我们从 2002 年开始搭建组合管理流程，几年之后才开始真正将其应用于公司收购。在 2004 年第四季度，我们一下子展开了三笔收购，交易价值总额达到 35 亿美元，在当时算是一个不小的动作。我们对其中的一个收购对象敖华尔公司的关注已经有一年时间，但因为其业务中只有 40% 是我们喜欢的部分，所以我们一直没有和它联系。当另外一个竞标者表现出对这家公司的兴趣时，我们也表达了自己的收购意向。在交易撮合的过程中，我们基于充分准备的快速反应速度让敖华尔和银行大吃一惊。我们最终收购了敖华尔，然后以高于最初估值的价格卖掉了我们不喜欢的那些部分。我们派出顶级人才负责整合，并依照新流程定期召开会议跟进。

我们决定出售敖华尔的支票打印业务。尽管这部分业务颇有利润，但它并不符合我们现有的业务模式，而且由于网上银行的兴起，这块业务也在走下坡路。我们原本打算先把这项业务保留一段时间，以实现其对于霍尼韦尔的价值最大化。但不幸的是，这项业务的领导者傲慢专横，拒绝与霍尼韦尔的人协作共事，而且还威吓下属听命于他。这样的情况不应当也不可能持续存在。我们认识到，如果不果断行动，此人很可能会不惜牺牲业务以维护自己的权力。于是我们策划了一次黎明前的突袭。

我们从此业务内部选定了新的首席执行官，从霍尼韦尔内定了首席财务官，然后就一早起飞，在上班时间时赶到该业务的总部。我们首先同这位首席执行官会面，通知他立即离任并解释了原因。我们指定的新首席财务官则和现任首席财务官会面并解除了后者的职务。霍尼韦尔的人力资源负责人同新首席执行官人选面谈，以确定他愿意接受这份工作（他接受了这项任命，但我们也有一个以防万一的备选方案）。随后我同新任首席执行官见面，向他提出了我的要求。我们的并购负责人安妮一整天都在沟通协调，以确保整个计划的顺利开展。我们向员工发出任命通知，同新的管理团队召开了沟通大会，然后迅速离开。整个业务的运营迅速得到了改善。

员工们开始畅所欲言，以前的诸多不可能也变成了可能，每个人的生活都有了改善。后来我们以远超预期的价格出售了这项（以及敖华尔的其他部分）业务。

如果没有一个稳固执行的并购流程，我们永远不可能完成这项黎明前的突袭行动，更不可能改进支票打印业务。总的来说，收购敖华尔的这笔交易给我们带来了丰厚的回报，在收益增长、内部收益率以及投资回报率方面都远远超出了当初的预期。剩下 40% 业务的整合成效也超出预期，我们不仅实现了超出规划的成本协同效应，还从给公司估值时根本没考虑的销售协同效应中获得了收益。

第二笔收购的对象是 Zellweger 公司。这项收购的规模相对较小（2.5 亿美元），但意义重大，因为这是我们涉足邻近市场（气体检测）的第一步。未来负责运营 Zellweger 的霍尼韦尔业务部门是自动化和控制解决方案（ACS）部门，他们对这笔交易非常满意，但由于该部门的领导者也参与了收购敖华尔的交易，因此他们担心无法在 Zellweger 上集中太多的精力。我极力促成这笔交易，认为机不可失，时不再来，当机会出现时，我们不能让它溜走。领导 ACS 的罗福鼎与我不谋而合，于是最终实现了收购。后来我们又针对 Zellweger 的业务开展了另外几项收购，合并后的公司销售额超过 10 亿美元。

2014 年的第三笔收购的对象是我之前提到过的 UOP。我第一次模糊意识到这是一笔正确的收购是在2005年这笔交易完成后不久，一家私募股权公司打来电话，说它此前一直在就从陶氏化学手中全盘收购UOP股权进行谈判，现在它也很乐意以同样的22亿美元价格从霍尼韦尔手中买下这家公司。这时候我明白了：陶氏化学之前曾向我们出价8.65亿美元收购公司一半的股权，计划将公司扭亏为盈后，再以11亿美元的价格将其出售给私募股权公司，这样就能立即获得2.35亿美元的收益。幸亏我们没有听他们的，否则我们真成了十足的傻瓜。

在接下来的几年里，UOP给我们带来了巨大的回报。我们将“地平线三号”研发（一系列追求超长期回报的项目）的支出从400万美元增加到2000万美元。为了实现公司的生产和技术能力扩张，我们还投资了几个资本项目，而且这些项目很快就获得了回报。2006年，UOP引入了一项从植物材料中提取环保柴油燃料的新技术。在接下来的10年里，各种颇具商业价值的创新接踵而至：一种由可再生能源制成的新型航空燃料，一项把石油残渣变成燃料的生产流程，实现了天然气生产能力的扩张。

UOP是一家百年老店，拥有引以为豪的企业文化，所以大约过了10年，这家公司的员工才真正对霍尼韦尔产生归属感。你应该还记得UOP是一家石油化工企业，因此整合中最难的地方在于，我们如何才能让它同我们这些生产过程控制系统的业务方实现密切合作。在很多年中，UOP的人一直把过程控制的人称为“霍尼韦尔”，把自己叫作UOP。雪上加霜的是，我们的过程控制隶属于自动化和控制解决方案部门，这就更增加了双方高管之间的距离感。转折点出现在2012年，当时我们把过程控制划到了UOP所在的性能材料和技术部门（PMT）。此部门的负责人是曾经负责过程控制业务的杜瑞哲，这就让我们可以通过一个独特视角观察这两项业务的整合进展。因为杜瑞哲是未来霍尼韦尔首席执行官的潜在接班人之一，因此这些变化扩大了他主管业务的规模，而这也意味着我们可以借此观察他在职责显著增加后的表现（参见第十章）。今天 UOP 和我们的过程控制业务都认为自己是霍尼韦尔公司的一分子，因此它们的合作也非常顺利。它们开发的新产品、过程、技术以及软件等都非常先进，世界上的其他公司都难以望其项背，因为没有任何其他公司能和霍尼韦尔一样，同时掌握着石油化工过程和过程控制系统两方面的专业技术。这是一个制胜组合。

这三项交易的成功让投资者很早就相信，我们会负责任地处理并购交易，不会拿他们的钱打水漂。虽然如此，但我们还是不能说业务组合管理的“任务已完成”。尽管在罗福鼎的领导下，我们的 ACS 业务在寻找目标，展开搜寻以及建立通道等收购早期方面表现优异，霍尼韦尔的其他业务却拖了后腿。要想让整个公司都把收购利用起来，并把它作为一项促进长期增长的机会，我们既需要时间，也需要进行高管更迭。我们还需要继续关注业务组合，持续对其进行升级改造。2007 年，我们再度对收购流程进行了评估，分析了它的成功和失败之处，并对其做出了微调。

我们自始至终都发现，规范的方法确实可以促进增长。在整个过程中我们也遇到过几次失败的情况，但那些收购的规模一般较小。我们的重大收购都取得了成功，有些可以说是取得了显著成功。在我任职期间，我们总共收购了约 100 家公司，为霍尼韦尔带来了 150 亿美元的销售额增长。我们同时出售了销售总额达 85 亿美元的约 70 家企业。从总体上说，我们这家起初只有 220 亿美元销售额的企业，实际上进行了 235 亿美元的交易活动。至于 UOP，我们起初的利润确实受到影响，但没用几年时间，我们就把 8.65 亿美元的投资变成 50 亿美元的价值。这不是太糟糕！这就是稳健战略性业务管理的力量。

问题清单

1. 你在管理业务或产品组合上投入了多少精力？你是否把它作为长期增长的优先途径？人们是否分清了轻重缓急？
2. 对以前的交易进行事后分析，你是系统性还是随心所欲地进行兼并、收购和资产剥离？如果你有一套适当的系统，那它是否存在薄弱环节？
3. 你是否会定期重新评估合并、收购和剥离流程，以确保它们的有效性？
4. 你在确定潜在收购对象方面表现如何？你和团队是否在持续建设一个涵盖更多潜在收购目标的通道？你是否在战略性地评估这些机会？
5. 你的尽职调查是否具有清晰的流程？在识别或解决交易中出现的问题时，你会保持多大的接受度？
6. 在过去的交易中，你是否存在出价过高的问题？为什么？你会接受被收购方或者银行家给你的数字，还是会对潜在收购进行独立估值？
7. 你在整合的执行方面经验如何？你在交易完成前是否已经有了适当的整合方案？你是否认真对待了整合问题，并派出最优秀的人才专职负责此事？
8. 在考虑资产剥离时，你是急于完成交易，还是会花时间和精力为交易做好准备并发展潜在买家？
9. 在组合管理上，你是亲力亲为，还是把这些职责都交给他人？
10. 如果你有一套产品组合，你是否会定期对 SKU 的表现进行评估，以确定哪些产品表现不佳？你有没有试过将价格翻一番或翻三番，看看会发生什么，并让市场验证这些SKU的真正价值？

第四部分 保护你的投资

第九章

应对衰退

2018 年春，当我在办公室整理打包物品为离职做准备时，我偶然发现了一封写于 2011 年夏天的信。这是一封写给不知名的未来首席执行官的长信（单倍行距，共有 9 页），记录的是我的一些个人思考：作为一名领导者，我们应如何面对危机，带领组织或团队度过低迷经济期？当年，我带领团队以挺拔之姿度过了 2008 年的大衰退，不仅超越了同行，也超越了霍尼韦尔在之前所有衰退时期的历史表现。因此，当时的我感觉非常有必要留下一封这样的信。虽然那是一段仍算新鲜的经历，但我仍觉有必要把当时的应对方法记录下来，以供我的继任者参考。如果他们在未来也遇到类似的情况，想必可以更轻松地应对，而且也无须浪费时间把我们曾经的教训再学习一遍。

如果你没有做过此类事后分析（我把它叫作白皮书），我强烈建议你一定要做一下。我们在第一章已经提到，对同时关注今日与未来的组织而言，智识的严谨性至关重要，而建立和保持这种严谨性，正是领导者所担负的一项独特职责。之后我花了几个周末的时间，写出了一份关于我们如何应对大衰退的备忘录，不仅回忆了当时我们面对的关键挑战，还对我们的应对方法进行了彻底反思。写作也让我留下了关于我们组织最佳实践的制度记忆，也激发了读者（在此事件中，读者主要是董事和关键高管）对衰退的反思。我通常都不会写这样的分析文章，只有在我们的组织遭遇重大调整，并且从中得到了一系列我认为非常重要的教训时，我才会这么做。

这份备忘录包含的具体建议也适用于任何试图建立一个同时赢在现在和未来的组织的领导者。当经济衰退袭来时，领导者往往会感到恐慌。他们进入生存模式，按季度管理，通过削减长期增长项目提升短期业绩。这样的行动可能会暂时取悦投资者，但会破坏该组织来之不易的进步。这是一个巨大的错误，但万幸的是我们没有犯这个错。我们以创造性的解决方案化解了大衰退带来的金融挑战，在保持长期投资的同时，仍然取得了超越竞争对手的良好业绩。我们的具体策略（有些起到了作用，有些没有奏效），员工和组织对这些策略的反应，以及我作为领导者所做出的响应，这些都是我在备忘录里想要传达的信息。现在我打算和大家分享其中的一些内容。[①]

尽管经济衰退令人不悦，但只要你保持自律，坚持短期和长期的平衡，衰退也可以为你所用，成为一种在未来帮你超越竞争对手的途径。这里有两个重要的基本策略。首先，通过积极削减成本且保持公司长期增长项目（包括流程改造和企业文化）的稳定，做好应对经济

① 为了增强对过往事件的记忆，我在另外一篇未公开发表的内部白皮书中也大量使用了本章中所提及的概念和文本。那篇名为《霍尼韦尔：从 2008—2009 年经济衰退中所获得的教训》的文章另行成篇，由我们的财务团队留作内部经验学习材料使用，它与我为继任者所写的这些内容不是一回事儿。

衰退并遭受重创的准备。其次，即使你仍在因为经济衰退削减成本，也要想清楚应该为经济复苏做好哪些准备，因为眼前的经济形势虽然暗淡，但复苏总会到来。要想在兼顾未来的同时做好短期业绩管理，你就要付出更多的努力，展开独立思考。你要快人一步，在经济的坏消息彻底袭来之前就做好应对经济衰退的准备。同时，在经济衰退最严重的时候，即便所有人都在恐慌，你也应当保持冷静，要记住好时光终究会回来，而你的组织需要为此做好准备。你将会面临来自员工和投资者的强大压力，但是如果你能坚定立场，做好短期和长期管理，这些利益相关者终究会感谢你。或许有一天，你会发现自己和我一样，也要写一篇关于自我的事后剖析文章。

思考可能会发生的事情

衰退并非凭空出现。如果足够警觉，你总能发现关于衰退的迹象或者信号。如果你想在经济下行期也能追求短期和长期目标，那你就要尽早发现关于衰退的迹象，在别人毫无防备时就做好防护措施。我们在 2008 年就是这么做的。由次级抵押贷款危机所引发的大衰退自 2007 年 12 月正式开始。银行家坚持认为次贷问题影响有限，而且最初它看起来也确实不像一个大问题，因为当时霍尼韦尔的销售额、利润率、每股收益、现金流和订单都很强劲。我们的并购机器在运转，我们推出了许多新的产品、服务和流程举措，同时也在积极进行全球扩张。

我在内心深处确实存有些许怀疑。20 世纪 90 年代末的亚洲金融危机始于泰国货币贬值。评论人士当时也说这不是什么大问题，但后来危机蔓延到巴西，然后又蔓延到俄罗斯。等到我们知道发生全球危机的时候，一切都太迟了。类似的事情会再次上演吗？2007 年底，我同一位投资者朋友的饭局也同样增加了我的疑虑。

当时我和他开玩笑说建议他购买霍尼韦尔的股票，当时的股价为 65 美元。我的朋友回答说他肯定会买，但要等到股价跌到 59 美元时才出手。“股价不会跌的。”我说。但他坚持自己的判断，并且预测一场衰退即将到来。我也坚持自己的观点，于是和他打赌，未来一年我们的股价不会跌到 59 美元，要是我输了就请他吃饭。虽然我嘴上如此说，但其实我非常尊敬这位朋友，同时因为这场对话，我对潜在危机也更增加了几分警惕，尤其是几个月后我们的股价跌破 59 美元时（我们的股价在最低时跌到了 27 美元左右）。

2008 年上半年，我的忧虑有增无减。虽然我们的财务表现依然强劲，但很多人极度悲观。在这个时候，我们很容易陷入无所作为的观望状态。投资者没有对我们提出要求，公司内的很多高管看着我们的业绩数据，觉得衰退并不会对我们产生什么影响，但我还是采取了行动。这部分是因为前财政部长罗伯特·鲁宾那本《在不确定的世界》带给我的深刻启发。鲁宾认为，在特定情况下，很多事情都有可能发生，而一旦这些不可能变成现实，它们就会给我们带来极大的破坏，你必须对此有所认识，并且要为此做好准备。如果要赌 100 美元，我们还是会押注乐观派的这边。但我们还是想到经济衰退会重创霍尼韦尔这种场景，并且要为这种看似极不可能的情形做好准备。保罗·萨缪尔森有句名言：“在过去 5 次衰退中，市场预测到了 9 次，所以也不要过于紧张。”话虽这样说，但在经济上保持警惕还是非常有意义的。

尽早行动

作为预防措施，2008 年 7 月，我们以 10.5 亿美元的价格将耗材解决方案业务卖给了 B/E 航空航天公司。这一价格接近市场峰值，使我们获得了 6.23 亿美元的税前利润。我们没有将这笔利润分配给股东，而是拿出其中的两亿美元用于重组（包括工厂整合、遣散 3000 名员工等），这样即便衰退成真，我们也算做到了防患于未然。无论有没有出现衰退，我们都会逐步推进这些重组计划，但现在的确是我们大刀阔斧进行改革的好机遇（这为我们在 2009 年省下了近 5000 万美元）。在制定 2009 财政年度预算的过程中，我同样要求各部门领导者在制定来年的规划时，必须以假设销售出现大幅下滑为前提。这引发了航空航天部门领导者的反对，他们声称目前短期和长期的业务订单量都非常强劲，如果未来真的出现需求枯竭，他们可以到那时再削减高达 1.2 亿美元的成本。但我告诉他们为了以防万一，必须现在就把成本降下来。

这件事情做对了，因为等到 2008 年 10 月，也就是经济衰退正式开始的一整年后，我们的短期业务跌到了短期周期的谷底。2008 年第四季度，我们的销售额下降了 8.4%，部分业务领域甚至出现了 16% 的下滑。[1] 但因为我们一开始就进行了重组，并对业绩做出了保守预估，因此我们的年收益还是上升的——从每股 91 美分涨到 97 美分。我们还减少了大约 6 亿美元的成本，这相当于每股成本降低了 60 美分。除了实现短期业绩为正，我们也为同时实现长期和短期的更佳表现做好了准备。因为我们一开始就削减了成本，所以即便经济衰退在逐步加深，我们也不必做出过于剧烈的降低成本的动作。我们也因此能够更好地资助所有前述增长举措，更好地履行我们对客户的承诺（稍后会详细解释这一点）。

然而一旦经济衰退真正袭来，这种未雨绸缪也没能保住我们的股价，这对投资者来说是一件不幸的事情。出于对市场以及公司业绩可能会因衰退而受到打击的担忧，我们的股票价格出现急跌，到 2008 年 11 月甚至已经跌到 27 美元。直到 2011 年春天，我们的股价才再次达到 60 美元。然而，一旦我们摆脱了衰退，投资者便给予我们足够的信任，因为我们确实比竞争对手更早地采取了应对举措，而且在衰退期间及衰退后都有不俗的业绩表现。我们并非远见卓识，只不过是早早打下了智识规范的根基（参见第一章）。我饱览群书，并积极向其他行业的人士请教，学习他们的新理念，正是这些努力让我能够超越眼前的业绩目标，看到了更为宽广的经济图景，并采取了合理的预防举措。

但我们对经济衰退的准备并不完美。2007 年，由于投资者多年来一直要求我们回购股票，因此我们以每股 55 美元的价格回购了价值 20 亿美元的公司股票。尽管有些人可能会说，把现金返还给股东并非错误的举动（另外，尤其要考虑到的一点是，在写作本书时，霍尼韦尔的股价已经达到 172 美元），但在经济衰退最严重的时刻，我们更稳妥的做法是先把 20 亿美元拿在手里以防万一。不过从总体来说，我们在业务看上去仍非常强劲的时刻就采取了未雨绸缪之举，这给了我们很大帮助。我愿意把我们培养智识严谨性的努力看作一项重要的、无形的长期投资。在日常的重压下挤出时间阅读和思考是一件很困难的事情，但这种投资最终会得到回报，让我们可以做出更好的商业决策。我们的回报恰好在大衰退前和这一期间出现，而这正是我们最需要它的时候。

保护客户

虽然我们反应较早，但 2009 年销售下滑的糟糕情况还是超出了预想，我们不得不削减额外成本，或将巨额亏损转嫁给投资者。我们可以稍微削减在直接材料（与某种特定产品生产相关的材料）方面的支出，但这么做的效果不大，因为我们与许多供应商签订的都是锁定价格的长期协议。我们也可以并且确实降低了非直接材料（在生产中使用的材料或者其他和特定产品不相关的间接流程）成本，但实际帮助也不大。因此，无论是雇员、客户，还是投资者，都不得不承受业绩下滑之痛。问题在于，如何实现痛苦分配的最优。

在削减成本时，我们通常会避免采取那些可能会过度损害霍尼韦尔长期发展能力的措施。虽然当下的日子很艰难，但未来肯定会更美好（我相信很多人持有与此相反的观点），因此我们必须为复苏做好准备。这意味着，首先，我们不会以牺牲客户的方式削减成本。一旦客户离开，他们就很难再回来。我们将继续保持现有的人员配备水平，保持交付材料的齐备。我们还将继续推进所有的流程改进措施，尤其是继续打造我们的霍尼韦尔运营系统。此外，我们将继续秉持对客户的承诺，为他们不断开发新的产品和服务。如果某个客户放慢了引入新产品的速度（其中包括我们的产品），我们也会跟着降低支出。否则，我们会保持支出的稳定。我们甚至还继续举办前文所提到的全球科技峰会。既然我们已经把所有的重点都放在投资研发上，那就不能让大家觉得衰退期间新产品已不重要。我们的根本目标是确保客户在经济衰退期间不会受到我们的任何影响，因为如果在客户服务方面缺乏强劲表现，我们的投资者和员工也都会跟着遭殃。

留住人才

剩下的是投资者和员工的问题。我们在这方面大力推进成本削减，力求在财务表现上超越同行的同时保持我们的长期业务基础。一些领导者觉得削减成本会伤害员工，所以他们宁愿让投资者承受销售下滑所带来的全部冲击。削减成本无疑令人难受，但领导者也不总是能随心所欲。很多时候，当有人向我抱怨成本削减之痛时，我的回答是："这就是为什么我们把它叫作衰退，而不是聚会。"领导者没有好的选项，他们只能从坏的和不那么坏的选项中挑一个。不那么坏的选项让我们能够给投资者一个更好的结果（即便股价还是会下跌），把员工的痛苦水平降到最低，并为复苏做好准备。

除非是永久性的岗位裁撤，否则决不裁员，这是让我们成功度过经济衰退的一项关键决策。所谓永久性裁撤，是指我们永远不会进行相关岗位的招聘。研究表明，裁员会导致更低的创新水平和更低的员工士气，在职者的表现也会恶化。此外，公司声誉也会下降并导致更高的客户流失率。一项研究发现，"裁员之后，大多数公司的赢利能力都出现了下降"。[2]

霍尼韦尔本身也吃过裁员的苦头。在 2001 年的经济衰退期间，我们遣散了大批在中国的员工，全然漠视当时该国两位数的经济增速（领导者发现裁撤千里之外的海外员工比裁撤本土员工容易得多）。这对我们的中国业务来说是一个巨大的挫折，我们也因此不得不花大力气重建在该国的业务（参见第七章）。

对大多数企业来说，避免在持续一两年的经济衰退中裁员是常识。一旦决定裁员，领导者就需要花费大约 6 个月的时间实施相关计划。他们必须确定需要淘汰的岗位并处理所有的法律问题。一旦员工离开，你就需要6个月的运营时间才能收回你在员工遣散和其他裁员方面的花费。在经济复苏到来之前，你能享受裁员收益的时间大概也只剩下6个月。一旦经济开始复苏，你就得重新招聘以应对需求增长。如果有人告诉你，你得花6个月建一座工厂，再过6个月才能收回投资，然后在仅得到6个月回报之后把它关掉，你会觉得这太荒谬，绝对不会去干。但不知道为什么，领导者认为做类似的事情能说得通。

我坚信经济衰退不会太过持久。虽然裁员是一个糟糕的选项，但我们不能把所有负担都推给投资者。我们有责任保护他们的投资并让投资增值。如果我们的表现低于同行，投资者就会觉得我们是一家周期性公司（一家无法应对衰退的企业），我们的股票也只能维持较低的市盈率，这会给我们的股东带来伤害。由于在此前几次衰退中的表现，我们已经被扣上周期性公司的帽子，这也是我们的股票比其他工业股折价10%~20%的原因之一。

我希望我们能在这次经济衰退中表现得更好，这样我们就能挽回声誉，提升股票的市盈率。我认为关键仍在于削减成本的方式，我们必须更好地平衡投资者和员工的负担，也要在保证我们行业基础的同时，更好地应对经济复苏。我们不需要比竞争对手强出两三倍，我们只要比他们做得稍好或与其保持一致就足够了。这意味着我们必须设法削减劳动力成本。我让我的团队研究给员工放长假，事实证明，这比我想象的复杂得多。不同的州和不同国家在这方面有不同的监管规则。但在了解了法律之后，我们最终还是选择了这条道路。员工不会被裁掉，但他们需要无薪休假一段时间。我们很多同行都选择了裁员，但我们觉得这不是办法，正如人力资源、安全和传播高级副总裁马克·詹姆斯所说，裁员“只会让你付出大笔的遣散费，打乱他们的生活，让他们待在家里或出去找其他工作，但之后企业复苏，你又得把他们招聘回来”。[3]

坚决执行强制休假

我们要求各业务线根据自身财务状况（经济衰退对我们各业务的影响不尽相同），落实在12个月内共强制休假4周的计划。一开始，我们的员工很支持这项政策。他们知道时局艰难，也理解我们尽力不裁员的苦心。

即便如此，强制休假也是对员工和公司的一种挑战。随着经济衰退的恶化，我们不得不多次采取这一举措。从员工的角度想一下，作为一家之主的你若总是要为下个月是否会被减薪25%甚至更多而操心，这也是一件颇让人难受的事。我开始收到一些匿名信，这些信敦促我裁掉10%的员工，一了百了。我也开始对此产生疑虑：如果我们就强制休假进行公开投票，绝大多数员工都会举手赞成，因为他们不想在同事面前显得冷酷无情；但如果是匿名投票，我想他们会更支持裁员，因为他们觉得自己的表现更为出色，因此不太可能成为那不幸的10%。

几个月之间，强制休假对我们的员工造成了伤害，也打击了士气。有一次，一位公司的业务领导者打电话给我，要求不要实行第四轮的强制休假。他们对自己的销售预期颇有信心，确信不用让员工回家也能完成业绩。但实际上该公司已经连续9个月未能实现业绩预期，而当我询问时，该业务领导者也承认，他们根本不确定能否实现下个月的预期。我别无选择，只能对这家公司实施第四轮强制休假（我做对了，因为该业务在第 10 个月也没能达到业绩预期）。

这是痛苦但必要的选择。我之所以坚持实行强制休假，不仅是因为这样可以让员工保住饭碗，比裁员成本更低（无须遣散费），还因为这样可以让我们保留长期的业务基础。我们把员工的所有知识都留在了公司内部，因此当经济复苏时，我们可以更好地为客户提供服务，推进创新。为了帮助你厘清各种成本削减举措的利弊，我们制作了下表。

应对经济衰退的几种常见成本削减措施

成本类别	利	弊
直接材料（直接用于产品制造的材料）	• 如果你能让供应商降价，那就再好不过了	• 因为多数公司都与供应商有合同，所以让他们降价并非易事，但你可以试一下 • 如果你需要将其计入存货账户，那么这种降低成本的影响只能延期显现
非直接材料或服务（不直接涉及产品，但要向供应商支付的金额）	• 这是一项非常重要的举措，因为一旦降低了这类材料或服务的使用，你就可以立刻降低成本	• 只要不影响客户，我们就可以使用这种策略
临时员工或合同员工	• 这类削减会立即降低你的成本。如果你一直保有一小部分（10%~20%）的临时或合同员工，同时遵守相关州或联邦的适用法律分类，这种方法就会起作用	• 确定不会影响客户 • 必须密切注意法律分类

员工薪资

裁员	•这种削减只会影响少数雇员（10%~20%）	•财务回报不高 •你的组织会累积大量前期费用，未被裁掉的员工也可能产生愧疚感 •裁员会伤害你的业务基础，影响你在复苏到来时的反应能力
强制休假	•从财务角度看，这种方法的成本要低得多 •为迎接复苏保存了业务根基 •当复苏开始时，员工的感觉会更好	•强制休假会影响全部员工 •由于各州和各国的法律差异，因此强制休假更难管理实施
福利	•员工不会立刻感受到福利下降 •公司财务报表很快能反映削减的影响	•员工不喜欢缩减福利，但他们会认识到，这比强制休假或者裁员要好
折旧与摊销	•只要不影响客户，影响就可控	•由于大部分都是之前的已有支出，因此对业绩影响不大
奖金	•员工看到削减奖金的重要性，认为这是“荣辱与共”的象征 •削减奖金会对财务表现产生直接影响	•领导者会觉得他们干得更多，得到的却更少了。你可以慢慢找到尽量减少他们的怨气的办法（例如，以股票形式发放奖金）
直接支持客户（合作广告等）	•削减对客户的支持可迅速影响财务表现	•这是一个非常糟糕的想法，因为它会导致客户流失，给企业造成长期伤害

衰退真的不是聚会

几轮强制休假虽然为我们节省下两亿美元，避免了 2000 人的大裁员，[4]但却无法让我们安然度过 2009 年。到了年中时，为了应对销售的不断下滑，避免在年内第二次下调盈利预期（我们在当年第一季度就和其他公司一样下调了盈利预期），我们不得不进一步削减劳动力成本。在整个 2009 年，我和我的团队一直在忙于应对此事，整个过程相当艰辛。团队成员在这个问题上出现了分歧，大多数人都认为我们不应该针对员工采取措施，我则不得不反复提醒他们，我们必须做出艰难的选择，衰退不是聚会。

我们没有进行大规模的裁员，也没有把强制休假的时间延长至 4 周以上，相反，我们转向了其他选项，主要对奖金和福利做了削减。①我已经决定放弃董事会授予我的奖金。我在第五章已经提到，我是在提议将员工退休金的缴存比例调低 50% 的同时做出这一决定的。尽管团队成员不希望削减福利，但他们也知道，这是所有糟糕选择中最不坏的一个。我们的员工已经承受数轮强制休假的磨难，相比之下，削减福利则不会让他们马上感受到痛楚（尤其是同实行强制减薪或者在把强制休假再延长几周等类似举措相比）。而让我倍感惊喜的是，我的团队成员和航空航天业务的领导者也都自愿放弃奖金。最后，公司按照我的提议削减了福利，同时把奖金池缩减了 2/3。在发放剩下的 1/3 奖金时，我们又放弃了现金奖励，而是采取了发放限制性股票和期权的形式。这为我们节省了现金支出，而且由于等到衰退结束后我们的股票很有可能出现反弹，所以从长期看我们的领导者也没有损失。

---

① 为了降低成本，我们还冻结了所有的招聘、员工奖励计划和加薪，并更密切地管理我们的供应链和库存。

即使是衰退期，也要播撒增长的种子

除了强制休假节省了两亿美元，削减奖金池和福利又分别带来了两亿美元的成本缩减。另外，运营的改进也帮我们省下了 9 亿美元。总而言之，这些开支削减让我们在 2009 年比竞争对手活得更好，也让我们在无须牺牲主要增长计划的前提下超越了上次衰退时的表现（见下图）。我们继续投资员工（以培训、技术研讨会、高级领导者会议等形式），没有理睬组织内部分人士要求缩减相关费用的呼声。当 2009 年 12 月销售开始反弹时，我们的员工和领导团队都完好无损。我们的客户关系非常强劲，文化、流程或并购战略也没有出现倒退。相反，我们还加大了并购力度，希望能以更低的价格收购更多的公司。在衰退进行期间，我们以 14 亿美元的价格收购了防护设备制造商斯博瑞安，将其纳入我们的安全产品业务组合。[5] 我们还以 7.2 亿美元的价格收购了码捷公司，并将其整合至我们的条码扫描业务中（同时也收获了我的继任者杜瑞哲）。

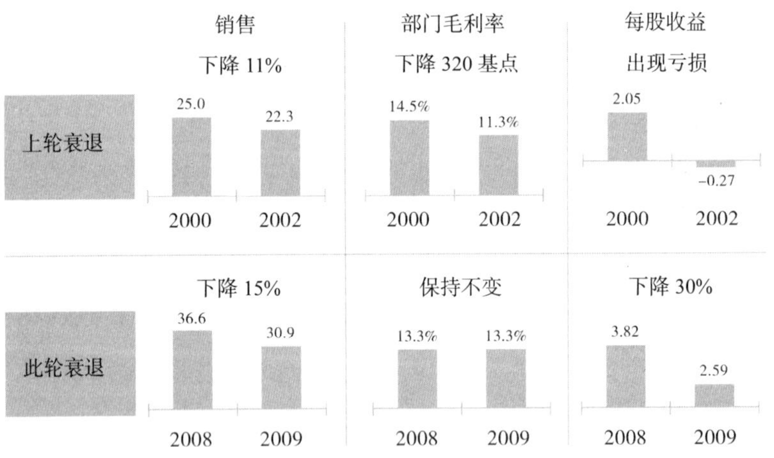

注：上轮衰退数据出自原始报告；2008—2009 年数据则为试算数值。

没有人喜欢衰退，但正如我们的经验所证明的，你完全可以在衰退中保住业已奠定的长期增长基础，关键是在别人恐慌时保持冷静。记住我的话，衰退是暂时的，好日子终究会回来。作为一个领导者，你需要思考何时会出现复苏以及你的组织应如何应对复苏。不要为了短期的亮丽股东回报而削减所有的增长性投资，你应当交出让投资者满意的业绩，但同时也要尽你所能保住长期投资。通过这种方式应对衰退，你不仅能保住眼下所有的投资，也能保住长期持续贡献优异业绩的能力。

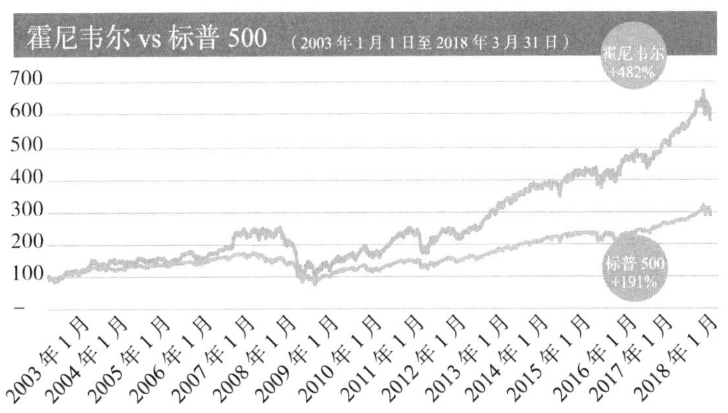

和供应商保持牢固关系

我关注的重点是劳动力成本，但事实证明，我们围绕材料的战略也对我们在经济衰退后的表现起到了关键作用，尽管它并没有以削减成本为核心。企业在走出衰退时面临的一大困难是，竞争对手也在提高产量，因此生产所需的供应在供应链的上下游都变得稀缺。比如，当一家航空公司将飞行时间减少 7% 时，这些公司的领导者就会把霍尼韦尔的零部件订单砍掉25%，同时还会为了节省现金而清理现有库存。基于同样的逻辑，我们自己也会砍掉40%的供应订单，我们的供应商又会砍掉50%或60%的订单。如此一来，终端市场7%的下降便给整个供应链带来了巨大影响。在经济复苏期间，情况正好相反：你顺着供应链越往深处走，就会发现需求激增的情况越发严重。如果某工厂的订单在一夜之间翻倍，它往下一二级的供应商根本不可能满足其需求。他们需要先把解雇的员工重新招聘回来，还要获取各种所需材料。这就导致在经济复苏期间，我们的企业无法实现应有的快速增长。

我在销售额还在下滑的时候就思考了这个问题，而且我预计，我们一些下滑最严重的短期业务将在复苏期间遭遇最严重的供应问题。我遇到的一位经济学家做出了一个非常简单的预测：企业将以进入衰退时的方式走出衰退。在我看来，这是一种既直观又正确的说法。如果你的企业是一个长周期企业，在一年的时间里只出现了2%~3%的销售下降，那么在类似的复苏时期，你也只会有2%~3%的年增长。如果你的短期业务因经济衰退而陷入困境，6个月内销售额出现了20%~30%的下降，那么当你的业务恢复时，你可以期待20%~30%的销售额增长。按照这种逻辑，我们可以预期，我们的短期业务将在相对较短的时间内遭遇需求大幅回升的情况。如果我们的业务无法获得所需的供应，复苏就会陷入停滞，我们在这些市场上的竞争对手就会占据上风，或者我们都会因为供应短缺而陷入同样的挣扎。我希望我们能在经济复苏时占据优势。

为了应对这种情况，我要求各业务领导者在经济衰退最严重的时期就要开始与供应商展开合作，备战经济复苏。在当时，很多领导者认为这似乎是不可能完成的任务。因为很多经济学家以及我的一些下属都预测，未来的经济复苏将呈现L形，也就是本质上不是复苏的复苏。按照这种观点，我们的销售永远不会反弹到衰退前的水平。但我坚信复苏必将到来，就像历史永远都会重演一样。而当复苏到来时，我们的短期业务必须确保能首先在供应上得到满足。我们的领导者开始同供应商进行对话，预先签订合作框架，确保当经济复苏来临时，我们能优先于竞争对手获得生产材料。这体现的是我们的独立思考，因为我们的竞争对手都没有想到这一点。我们还抓住机会从供应商那里拿到了更有利于我们的付款条件和更优惠的材料价格，签订了长期合约，这些都是在经济衰退期间更容易办成的事情。得益于这些努力，当经济恢复时，我们便腾空而起。我们的销售增长速度超过了竞争对手，这乐坏了我们的投资者。例如，由于领导者提前和供应商展开合作，我们利润丰厚的航空航天商用零部件业务在2011—2012年的增速超过竞争对手约50%。

另外4种力挽狂澜的方法

除了要在竞争对手觉悟前就为衰退和复苏做好准备，你还可以采取其他措施帮助团队或组织应对衰退。第一，如果你是一家上市公司，你要管理好投资者的预期。在做盈利预期时要保守一点儿。你不可能知道经济会衰退到何种程度，因此要给自己留一点儿余地，以防销售额比你预期的还要低。你可以下调收益预期，但要是频繁这么做，你的声誉就会受损。与此同时，你也要跟投资者承诺公司的表现决不会比对手差，甚至还要超越他们。要做到这一点并不容易，你得自己摸索。如果你在下调了一次盈利预期之后发现仍麻烦不断，就要继续削减成本。例如，我们后来就削减了奖金池和福利。事实证明，这是一项正确的决策，我们不仅维护了自己在投资者心中的声誉，还把对员工的直接冲击降到了最低，而且没有损害我们的长期业绩。

第二，在制定有关削减成本和其他敏感问题的重大决策时，一定要与团队中的其他领导者合作，确保他们和你勠力同心。由于一些措施可能会伤及员工，因此部分领导者会有不愿意面对经济衰退的情绪，或者只想着让股东承担损失。这时候你决不能独断专行并且指望着别人都听你的，相反，你要把所有困难和建议都摆到桌面上，让团队成员自己得出结论。我喜欢将团队分成几组，然后让他们各自展开讨论，因为我发现这是一种避免群体思维的手段（正如我在第一章中提到的，这也是一种提高智识讨论水平的工具）。有时，你的团队会提出一些你根本没想到的解决方案，这当然是好事。当然他们也会认可成本削减措施是一种破坏程度最低的选择。因为他们有机会独立思考这些问题，所以最终也会支持一些实则非常令人痛苦的决策。例如，我让领导团队认真考虑一下我提出的福利削减及其他成本控制措施，而正是这种思考让他们最终接受了我的建议。用马克·詹姆斯的话说，“思考消除了抱怨”。[6]

如果你负责的是一个有数百名甚至数千名领导者和经理的大型组织，那么你就不仅需要管理团队在成本削减问题上和你保持一致，还要获得整个公司管理者的支持。我们在法国实施强制休假措施时对此有很深的体会。按照法国的法律，强制休假必须遵循自愿原则，但不同工厂自愿休假的人数却存在巨大的差异。我们对此进行了调查，发现这都要归因于工厂的管理者。因为工人是否愿意休假，完全取决于工厂的经理如何向员工介绍强制休假以及员工对他们的信任程度。

正是因为认识到了领导者扮演的重要角色，所以我们即使是在削减劳动力成本，也没有放弃一年一度的高层领导者会议。虽然活动规模不如往年，但我们仍需要通过这样的平台来向领导者传递持续服务客户、留住优秀人才等一系列基本想法。我们会承认经济衰退的严重程度，但也强调衰退只是暂时的，而好日子还是会回来的。我们需要向领导者解释为何要削减他们的奖金，并且告诉他们等到公司恢复元气，他们也将得到所失去的一切。最后，我还要让他们知道我也没有拿奖金。虽然抱怨总是存在，但得益于我们的高层领导者会议以及其他会议，我们的领导者领会了意图，并且在衰退应对问题上给予了我们应有的支持。

第三，也是至关重要的应对衰退的方法，是与普通员工开诚布公地沟通。员工必须了解企业经营状况的真相。如果你一开始表现得过于乐观，那么当销量进一步萎缩时，你可能不得不再次回过头解释。与此同时，不要假装你知道经济衰退会有多严重，因为你根本不知道。你所做的任何预测可能会回过头打你的脸。要对员工的痛苦感同身受，并帮助他们理解当下举措的必要性。让他们相信衰退终会结束，复苏即将到来，而今天采取的所有艰难行动，都是为了让他们在明天取得成功。换句话说，你要给予他们希望——一种强大的人类情感。无论做什么，都要让员工知道你所做出的牺牲。虽然我很早就知道自己会放弃奖金，但直到衰退进入第六个月后，我才明确表示自己会这么做（从公司治理的角度来说，我也不想显得自己凌驾于董事会之上）。但这是一个错误的决定，因为它让公司员工对我产生了一些完全没有必要的怨恨。

员工需要明白，即便是在困难时期，公司也会公平对待员工。但除了公平，我们也要考虑任何举措可能带来的长期后果。从某个角度来看，削减研发支出是一件貌似公平的事情，但实际上导致的客户流失和业务萎缩会从长期角度伤害员工。同样，在大衰退期间，像对待美国本土员工一样对印度软件工程部门实行强制休假也只是一种表面的公平，因为印度的经济很强劲，我们在当地的竞争对手根本没有任何强制休假或裁员举动。但因为我们施行一刀切，我们在印度的员工出现了很高的流失率，整体业务也因此受损。强制休假要根据各项业务的市场表现而定，同时也要充分在地理上加以区分。要让你的员工知道公司利益和行动的一致性，并且要竭尽所能说到做到。再强调一遍，我们不能因此牺牲公司的长期增长。

第四，尽量保住你的现金流。现金是永远的好朋友，在困难时期更是如此。我很后悔在经济衰退来临前进行了回购，不过我们的现金状况一直比较良好，而且在经济衰退期间，我们也有不错的现金产出。这反过来为我们在收购等方面提供了很大的灵活性。由于在现金、债务规划方面一向保守，我们没有出现任何债务问题，也没有同银行家或者债权人发生纠纷。如果你想在经济衰退期也能睡个好觉，那我强烈建议你一定要保持现金在手。

为了应对衰退，你应该：

- 尽你所能对衰退进行预测。
- 管理投资者预期。
- 尽力确保其他领导者与你勠力同心。
- 与员工进行开诚布公的沟通。你永远不知道未来情况会有多糟糕。

• 尽量多地持有可用现金。

• 为复苏做好准备。

播种然后收获

经济衰退是对领导者所致力的平衡性短期、长期兼顾战略的一种深刻考验。在顺境时为未来增长打基础要比在销售下行的逆境时容易得多。但如果能坚持同时聚焦短期和长期，你仍有可能实现你的战略，而且如果竞争对手没有跟上来，你仍可以建立真正的长期优势。可以肯定的是，在衰退时期同时处理短期和长期问题，是领导者面临的最严峻的挑战之一。正如我在 2011 年事后分析中对未来领导者所发出的警告，衰退就是“首席执行官物质回报最低的一段时间”，而且对其他领导者也同样如此。“它会对你所有的领导力进行测试。你必须果断行动（即便自己还没有十足把握），也必须在交流时展现同理心……衰退期就是公司最需要你的一段日子。”[7]

兼顾短期和长期确实是一件难事，但如果我们能够在平时坚持不懈，这件事就变得容易许多。我在前面提到，培养智识的严谨性是一项长期投资，而这项长期投资的回报之一，就是能让我们得出应对衰退的更佳决策。我们从一开始便兼顾短期和长期增长的付出与努力，同样也会在艰难时期给予我们回报。因为我们之前就构建了企业文化，我们的领导者才会自愿放弃奖金，我们的员工也不会因为强制休假而丧失对公司的信心。因为我们拥有一支实力更强、质量更高的领导团队，我们的领导者因此能够更好地向员工传达信息，保持全员士气。因为我们已经对会计策略进行了改革，尤其是取消了经销商加载，因此销量下降幅度小于预期。因为我们已经实施霍尼韦尔运营系统，所以我们的生产率实现了提升，这让我们有了更多的收入，同时减轻了大规模裁员的压力。

为了同时实现短期和长期业绩而采取的种种措施，不仅可以帮你在顺境中实现成长，也能让你在逆境中避开最坏的结果。从这个意义来说，明智的领导者总是在自觉或不自觉地为下一次衰退做准备。从内而外强化你的公司，在保持良好季度业绩的同时致力于长期增长，这样你的组织就能够承受最猛烈的经济风暴。这套方法适用于霍尼韦尔，也同样适用于你的团队或组织。

问题清单

1. 你是对宏观经济趋势给予了足够关注，还是更关注你所在企业和行业的细节？你和行业以外的人是否有足够的交流？
2. 你是会注意到经济衰退的早期迹象并采取合理的预防措施，还是会听信别人的话，觉得这没什么大不了的？
3. 当乌云出现在地平线上，你该如何在不伤害季度业绩的前提下做好应对准备？
4. 在艰难时期，你是否会为了削减支出而不惜牺牲客户服务能力或者破坏此前在长期增长方面的投资？
5. 除了裁员，你是否还考虑过其他选项，比如强制休假？
6. 在经济衰退期间，你是否会为经济复苏做打算？你如何与供应商保持协作，以确保能迅速提升产能，满足客户的新需求？
7. 在应对经济衰退时，你是单纯地发号施令，还是会与其他领导者就困境展开沟通，之后共同做出艰难决定？
8. 你是否管理了投资者预期，以便在销售低于预期时让自己有足够大的回旋余地？
9. 你是否与员工进行了坦诚交流，让他们在面对逆境时也能保持坚强？
10. 在成功度过危机后，你是否会拿出足够的时间反思和记录你学到的东西，以供后来人参考学习？

第十章

做好领导交接

无论你多么努力地在实现当下利润的同时投资未来，你的成就总是显得脆弱不堪，尤其是当你要离职的时刻。你的继任者知道如何遵循你的管理方法吗？他们是否会好心办坏事，因为意想不到的问题而偏离轨道？在交接和过渡的过程中，组织内部是否会出现紧张情绪或者不确定性事件，继任者的注意力也因此受到影响？这些可不仅仅是学术问题。在商界，领导层的交接失败是一件很常见的事。事实上，在我退休的时候，卖方分析师告诉我，仅仅是我离职这件事就足以让他们惊恐万分，因为在工业部门，近 20 年里就没有一次成功的首席执行官交接。我们得知，交接失败的预期正在对公司的股价产生负面影响。

这些投资者根本就不应该担心。除了我会尽我所能为杜瑞哲的接任创造条件，我们的首席执行官是我们历时 10 年时间经过缜密流程层层遴选出来的。整个流程从接触大量潜在候选人开始，到之后我们逐步缩小筛选范围并确定几名最终候选人，最后我们选择了杜瑞哲。随后我们制订方案，并开始执行为期两年的权力交接。10 年前就开始规划我离职后的安排，权力交接的时间需要持续两年，这些听上去似乎过于极端。但正是由于这些努力，我们才避免了首席执行官交接过程中常见的内讧和混乱。组织中的所有人都一直很清楚负责人是谁，这让他们可以把精力放到打造强劲业绩这一重点上。在交接期间，杜瑞哲和我建立了良好的工作关系，因此我力挺他的变革举措，也乐于提供有价值的指导和意见，而杜瑞哲则可以全无后顾之忧地思考他想要做的事情（这种关系持续至今）。所有的交接都有瑕疵，但我们的交接却和预期一样顺利，它让杜瑞哲乃至霍尼韦尔从我手中接过了接力棒，继续繁荣向前。

如果你关心长期和短期的业绩表现，那就要秉承一直以来都遵循的独立思考模式，尽早规划交接。在临近退休时，你要把更多的时间和精力放在引导你的继任者身上。这是你的最佳路径选择，因为这样不仅能确保你所有的投资获得回报，也能让公司和员工在未来的数年甚至数十年内受益。

确定和测试候选人

很多领导者或许在理智上认可尽早制定继任规划的重要性，但在执行方面，他们要么放任不管，要么三心二意，工作重心全都放在应对短期业绩的挑战上。话说回来，谁愿意想退休的事呢？我也不愿意。但我见到有太多的组织都选错了继任者，因此我下定决心要把这件事情做好。我在霍尼韦尔的目标，不仅是要把它变成一家我在任时表现优异的企业，也希望它成为一家持久优异的企业。事实上，我曾经说过我想在霍尼韦尔留下三部分遗产。第一，我希望在我任职期间，所有与霍尼韦尔有联系的人，包括投资者、客户、员工以及供应商，都能赚很多钱。第二，我想要创建一支全明星式的领导人才梯队。虽然这些人才持久地受到外界青睐，但他们却会选择留在霍尼韦尔，因为他们热爱自己的工作，为这家公司感到自豪。第三，我会愿意在长达10年甚至更长的时间里持有霍尼韦尔的股票，因为这家公司没有我也会继续蓬勃发展。最后一点也意味着，除了拥有合适的员工、流程和业务组合，我还必须在选择继任者问题上格外谨慎。

2007年，因为预期我会在10年后，也就是在我60~65岁时退休，我的团队和我开始在内部寻找潜在的接班人。我们寻找的人不仅要业绩出色，有潜力担任首席执行官一职，还要能够在这个岗位上工作10年甚至更长的时间。为了兼顾短期和长期表现，我们不希望我的继任者只能干三五年，因为这样的话，他就无法为公司带来深远改变。我们把目光放在了40多岁的潜在候选人身上，另有几位能力极强的资深领导者，则因为年纪和我相仿而离开了我们的视野。

我们先是创建了一个由十几人组成的候选人名单，在接下来的几年中，我们赋予他们更大的职权并观察他们的表现。我们没有公开过这个名单，只是和董事会的管理发展和薪酬委员会以及在董事会年度评估期间对此做过讨论。[①] 随着时间的推移，我们又对最初的名单做了增减。我们安排一位颇具才华的青年领导者前往瑞士负责一项规模为40亿美元的业务，希望借此对他进行考察。虽然我们暗示了意图，但他还是以行动过于冒险为由拒绝了这个任务，我们便把他踢出了候选人名单，因为一个领导者若不能处理好该项工作中的固有风险，他

① 本段的素材来自一份未公开的白皮书——《霍尼韦尔首席执行官的继任与交接：我们的经验和教训》。在本章中，我引用了白皮书中的部分概念和语句补充我对事件的记忆。

就不可能成为首席执行官。另外，我们也会因为候选人了解市场过慢，或者行动不积极等原因将他们踢出局。我们还把一个原来不在候选之列的人加到了名单上，他就是杜瑞哲。我之前提到，2008 年我们收购了条码扫描公司码捷，担任码捷领导者的杜瑞哲也同时加入霍尼韦尔。在他的领导下， 4 年后我们的扫描和移动业务规模扩大了一倍，营收达到约 15 亿美元，利润率也显著提高。此后，他又成功地改造了我们价值 35 亿美元的过程解决方案业务。

创建正式遴选流程

在观察这些潜在候选人的同时，我也更认真地考虑了在选定最终人选后的正式遴选过程。在读了有关这个话题的书籍和文章后，我发现自己并不欣赏大多数专家提倡的策略。虽然这些专家倾心于复杂选择过程，但关于这些策略有效性的证据却少之又少。如果一位首席执行官在任职几年后就遭到解雇，或者公司连续 10 年业绩不佳，那么这些所谓的宏大流程又有何用?

有一些遴选流程则完全不合逻辑。一种观点认为，领导者需要考虑公司未来可能面临的情况，并据此挑选继任者。这明显是错误的，原因很简单，没有人知道未来会发生什么。据文献记载，在杰克·韦尔奇成为通用电气的首席执行官之前，麦肯锡对通用电气的未来做了四个预测，韦尔奇正是在此基础上当选。韦尔奇任职超过 20 年，表现可圈可点，但麦肯锡的四个预测却错了三个（而其认为技术将以前所未有的速度发生变革的第四个预测，也未免太显而易见）。韦尔奇的例子说明，适应形势制定和实施成功战略的能力远比预测未来重要得多，因为前者是一种无论未来如何都能找出解决办法的能力。我作为首席执行官所见到的霍尼韦尔就完全不同于别人跟我讲述的霍尼韦尔，所以我觉得这种能力确实非常重要。

我的研究让我相信，霍尼韦尔必须设计一套自有的未来领导者遴选流程。我们的一位董事向我推荐的一本书给了我很大的启发，这本书就是约瑟夫·鲍尔所著的《CEO 接班方略》。鲍尔主张应从公司内部遴选首席执行官，在他看来，你需要的是一种特殊内部人士：他必须对公司及其运作了如指掌，但同时又保持着某种距离感，知道公司需要做出何种改变，也就是说，他是一个拥有外部视角的内部人士。这一论断非常正确。尽管董事会有人主张从外部寻找首席执行官的候选人，但我否决了这一提议。在我看来，我们已经在公司内部投入大量精力培养优秀的领导者，而且很难在外部找到更好的人选。

为了打造一套可靠的继任流程，我寻访了 6 位杰出的现任或离任首席执行官。这些人有的成功和继任者实现了职务交接，有的则没有。从和他们的对话中我了解到，一旦选定了最终的入围者，做好整个遴选流程的时间安排就成了关键。我们需要一个足够长的流程评估最终入围者的表现，但它也要足够短，否则会让候选人感到倦怠。综合来说，三年似乎是一个合适的时间安排。我还认为，候选人在当下工作中的表现固然非常重要，但我们也要考虑他们的性格、才智以及个性等无形品质。我们应该主要看哪些无形品质呢？除了解决问题的能力，我也不太确定。

2013 年，我们的人力资源负责人马克·詹姆斯就继任者应具备哪些领导力特质拟定了一份清单，并将它提交给霍尼韦尔董事会征求意见。最终的清单包括 45 个项目，单倍行距的内容足足有一页半。我们原本都对此感觉良好，但一天晚上在进行蓝色笔记本训练时，我突然意识到我们的做法有问题。试想一下，我们现在以这份清单为基础，以 5 分制评估候选人，最后这 45 个项目的平均分就是每位候选人的最终分数。由于没有人会在每个项目上得到满分 5 分，因此最终的评分大致都会落在一个相同的范围内。如果在三个竞争者中，有一个得了 4.5 分，另外两个则分别得到 4.4 分和 4.2 分，你能从中得出什么深刻结论？这可不是一场奥运会花样滑冰竞赛。我们的目的是甄别候选人，我们需要的是一种清晰且有意义的分析方法。

于是我们决定将这份清单浓缩为几项关键标准，如此一来，我们便可以轻松评估候选人。我们制定的 6 项标准分别为：

- 对胜利的强烈渴望：我们想要的不是一个善于为失败找借口的新首席执行官，而是一个即使出现了意外，也知道如何取胜的人。
- 智识：我们需要聪明、擅长分析、能够避开麻烦的人。
- 独立思考的能力：我们不需要随波逐流者。
- 勇气：我的继任者必须能够做出大胆的决定，同时还敢于在事后检验自己的决策。
- 好奇心：我们的首席执行官需要通过不断接触新理念与时俱进，他应该是一个具有自我认知并热爱学习的人。
- 激励能力和建立强大文化的能力：我们的下一任首席执行官必须能调动公司以执行战略，聘用优秀人才并善于激励人才。

对最终候选人进行评估

运用这些标准，我们在 2014 年有了一份最终入围者名单，其中就包括杜瑞哲。我们没有公开宣称这些领导者进入了决赛圈，而是给他们每个人来了一个职位大“跃迁”，并观察他们的反应。对我来说，把如此多的职责交给他们也算是一种冒险，但我想知道他们会怎么做、怎么想，而这就需要给予他们更多的决策自主权。我会为所有人提供指导，并通过每季度的会面对他们的决策能力做出评估。对于我们即将面临的首席执行官继任人选问题，我始终保持中立并且守口如瓶，因为我知道，如果我以任何方式或形式谈论遴选流程，公司内部的其他人也会这么做。如此一来，大家就会被分散注意力，而整个遴选流程也可能会引发候选人之间的敌意和中伤。当有最终候选人在某件事情上有优异表现时，我不会吝惜表扬；当他们做得不够好时，我也会提出批评。通常我会在会议上提一些开放式的问题，然后试着从他们的回答中了解他们对各种业务问题的思考。

杜瑞哲被任命为性能材料和技术部门（年营收规模达 110 亿美元）的总裁和首席执行官。从业务的规模和复杂性上看，这是一项跃迁式的任命。从一开始，他的勤奋和对不可预见问题的处理能力就给我留下了深刻印象。性能材料和技术部门的许多客户都属于石油和天然气行业，在杜瑞哲接手之时，这些行业就因为油价低迷而陷入了严重衰退，其程度甚至比经济大衰退时还要严重许多。为了应对这些问题，杜瑞哲通过强制休假和裁员削减劳动力成本，同时提升了业务运营效率。那些未受到衰退影响的业务也被他经营得风生水起。他不顾许多管理者和员工的反对，采取了多项成本削减和效率提升举措，并且实现了预期业绩。

有时，我们的“跃迁”任务极具挑战性，以至这些候选人（虽然我从来没有直说，但此时他们已经意识到他们是我的继任候选人）根本不知道该做什么。2015 年底，我们要求他们每个人准备一份战略规划，并且要在第二年 2 月向董事会做正式汇报，我也会在场。我们之前讨论过我是否应该在场的问题。因为害怕影响讨论，我原本计划不出席，但正如一位董事对我说的："如果他们在你还在的时候都不能畅所欲言，那等你走了之后，我们还能指望他们跟我们说什么呢？"我觉得这个说法有道理。如果候选人现在想要拍我的马屁，他们以后很可能也会拍董事会的马屁。我们需要的是一位自信且有责任心的首席执行官，他们必须敢于说出自认为对公司最有利的真实想法。

我们给每位最终候选人调配了一位财务分析师，帮助他们研究战略规划。此外，我们还给每位候选人指派了一位副董事长导师。任务完全是开放式的，候选人可以自主决定讨论议题。我对所有候选人明确表示，我不会提供任何意见或者指导，也不会提前审查他们的规划草案。我们的一位董事，美国驻世界贸易组织前代表琳内特·戴利说："我们想了解他们的思维方式。他们会有多大胆？他们又会多严谨？"[1] 从时间上看，这项任务意味着入围者需要在圣诞节期间加班加点地研究和制定他们的战略规划。杜瑞哲后来回忆说，他知道这次汇报事关最终的人选决定，因此在两个月的时间里，除了完成自己的本职工作，他每周还要花约 50 个小时准备汇报，最后形成的汇报文件长达 240 页（他也知道自己不可能把 240 页报告讲完，因此还制作了一份简短的执行概要，后来证明这种方法的效果不错）。

所有的汇报都可圈可点，然后经 6 项关键标准比对之后，我们发现杜瑞哲就是我们的最佳人选。在准备汇报期间，另外一位候选人多次就汇报向我寻求建议，他急切地想要知道其他董事会成员和我的兴趣点。杜瑞哲没有这样做。在我告诉他可以按自己的想法确立战略规划之后，他便开始自行做准备，这体现了他独立思考的品质。他在内部以作风强硬著称，很多人对他存有恐惧心理，但我喜欢这一点，而且在我看来，这恰恰说明他非常渴望成为“内部的首席执行官”。来自小型公司码捷的他经验丰富，视角独到，而且在他的公司被霍尼韦尔收购后，他很快就适应了大公司的环境并迅速成长起来。

在履行“跃迁”任务期间及以前，他就展现了持续的担当和对胜利的持久渴望。有一次，他建议霍尼韦尔卖掉他主管业务下的一家公司。通常而言，这可不是一个竞争高位者敢做出的决策（一般来说，他们更希望掌握更多的财务职权，而不是相反）。我本来已经否决了这笔交易，因为我觉得价格不理想，而且还存在税务问题，但杜瑞哲的坚持促使我重新对这笔交易进行了更为严谨的评估。最后我们把这项业务转给了股东，这样就避免了税务问题。霍尼韦尔的股价没有受到影响，相反，我们还凭空为公司创造了 15 亿美元的价值。在杜瑞哲的领导下，霍尼韦尔实现了业务重塑，而我们也从这件事情上受益良多。

汇报结束后，董事会又对每位最终候选人进行了两个小时的面试。在之后的投票环节，董事会一致推选杜瑞哲为我们的下一任首席执行官。为了验证我们的选择，我们还聘请了两家咨询公司为我们提供独立建议。在准备汇报的过程中，这两家公司对候选人进行了全方位的评估并且让他们接受了高强度的心理测试。杜瑞哲后来回忆说：“我接受了六个周末的高强度测试，其中四个周末是性格测试，两个周末是认知测试。所有这些测试都是在汇报准备以外的时间进行的……那是我生命中最艰难的日子之一。”

如果你想为公司建立智识的严谨性，你希望组织内的领导者学会处置大规模管理工作，那你就应该在聘请外部顾问方面慎之又慎。但我们这次聘请外部顾问的目的，是让他们验证我们的分析，而不是替我们工作。尽管咨询公司一再请求，我们始终没有告诉他们我们对候选者的偏好。结果证明我们的选择是明智的：这两家公司都认为我们应该任命杜瑞哲为我们的下一任首席执行官。①

做好交接

既然已经选定下一任首席执行官，我们就需要进行权力交接，而至于交接原则，一是要把对公司内部的影响降到最低，二是要有利于新领导者在未来施展拳脚。许多公司和领导者都喜欢快速过渡，在公司陷入困境的情况下，这未尝不是最佳方法，毕竟你这时候最想要的是和过去一刀两断，而且你也不希望老领导占据位置过久，碍手碍脚。但对我们这种成功企业来说，平稳过渡更具优势。因为这可以让组织有适应的时间，也可以抚慰那些担心业绩下滑的投资者。更长的交接期也有利于新领导者向离任者学习，当然前提是这位即将卸任的领导者愿意放下手中的权力，并且能和继任者维系一种健康有益的关系。与此同时，继任者也必须具有足够的自信并愿意和前任共事。为了公司的利益，双方都必须放下自己的虚荣心。

我们商定了一个为期两年的过渡期。在第一年里，杜瑞哲将担任首席运营官一职和我共同管理公司，我们的办公室也会挨在一起。我主要负责实现公司业绩，而他在前 6 个月的主要任务是和各业务领导者进行交流，以便更加深入地了解公司业务（另外我也吸取了当年

① 当我告诉杜瑞哲我们选择了他时，他非常震惊地对我说："你可别戏弄我了，我什么也不知道。"这也说明了我们整个遴选流程的独立性。

的教训，从一开始就给了他接触所有数据的权限）。他的另一个工作重点是对霍尼韦尔的现有业务组合展开评估。我用了 16 年时间把霍尼韦尔的市值从 200 亿美元提高到了约 1200 亿美元，而他如果想要取得和我相提并论的成绩，就需要将公司的市值从 1200 亿美元提高到 6000 亿美元。根据大数定律，这是一个更具挑战性且不太可能完成的任务。所以为了尽可能增长，他必须就发展和剥离何种业务做出明智的选择。在最初的 6 个月中，杜瑞哲把大量时间都用在了业务分析上，并就未来战略向我（以及其他人）征求意见。

在接下来的 6 个月里，杜瑞哲开始负责主持战略评审、运营规划评估、增长日、运营日和财务规划等一系列正式会议。在前 6 个月时，我还是会坐在会议室的中间位置，杜瑞哲仍坐在一边。但在接下来的 6 个月我们开始共同坐在中间位置，共同制定和批准决策。我希望通过此举让所有人都明白，我支持杜瑞哲，而他将成为我的接班人。我不会单独做任何决定，他也不会在未取得我的同意之前就制定决策。我完全不再参加战略评审和运营规划的讨论，但会在事后与杜瑞哲就某些问题进行商议。我希望所有的领导者知道他们的汇报对象不再是我，而是即将上任的首席执行官杜瑞哲，否则他们完不成目标就有可能拿我当挡箭牌。

杜瑞哲也和我一同出差，拜访客户，参观工厂，与政治领导人会面。在第一年中，杜瑞哲通过这些方式“浮出水面”，我们逐步确立了他作为首席执行官的领导地位，而我则转向幕后提供日常的指导和支持。他每天都会和我提起他自己的观察，准备做出的决策，以及与他人的互动等，我们几乎无话不谈。我非常喜欢这样的交流，越发相信杜瑞哲就是我们的最佳选择。

第二年，杜瑞哲接任首席执行官，我则作为执行主席继续履行有限职责。我公开且无条件地支持他行使职权，与此同时，也根据他的需要继续提供建议。我向公司的高级别领导者明确表示，我不会再过多地和他们接触，若有任何建议我都会直接和杜瑞哲反映。我清空了我的办公室，搬到了杜瑞哲担任首席运营官时使用的小办公室。这是一则关于谁现在说了算的象征性声明。我对大家说，虽然我对自己在任期间所取得的成就感到非常自豪，但我们的公司并不完美，霍尼韦尔必须在杜瑞哲的领导下继续发展。在我们年度战略领导者会议的最后一次演讲中，我告诉领导者们，我不希望公司里有任何东西以我的名字命名，因为我们必须让公司面向未来，不能对过往有任何眷恋。

心怀公司，放下自我

起初杜瑞哲对两年的过渡期并不是很有信心。他不需要手把手指导，毕竟他以前就是首席执行官，在经营大型企业方面有丰富经验。而且他也不确定是否能和我愉快合作。他后来回忆说："我最担心的问题之一就是，我不知道德威是否真的愿意后退一步，让我主导。他真的会给我指导，放手让我决策，让我在过渡期逐步提升对全公司的影响力吗？我最不愿意的就是变成一个木偶，任由德威在后面发号施令。"[2]

但因为我们都能以正确的心态处理权力交接，因此这种过渡安排取得了成功。我愿意让他成为我的合作伙伴，正如我所说的，我已经准备好卸任，我很高兴把决策权交给他，而且我希望以合作伙伴而非老板与下属的关系和他共事。我希望杜瑞哲能独立决策，因为我清楚他有和我不同的视角，能够发现我看不到的机会和威胁，找出需要变革的业务要素。

很多人觉得之前霍尼韦尔做得不错，因此最好是一切都保持原样。但我告诉所有的利益相关者（投资者、员工、管理层、董事等），我留给杜瑞哲的不是一家完美企业。从任何角度看，霍尼韦尔都要比我刚来到这儿时好很多，它也可以比我离开这儿时好更多。公司若想蓬勃发展，就必须持续变革，不断向前，而要带领大家实现这个目标的不是我，而是杜瑞哲。从个人层面来说，我也希望能帮他取得成功，我渴望能把所有可能帮得上他的知识和见解都毫无保留地分享给他。

杜瑞哲本人非常善于学习，即便在掌握权力独立决策时也是如此。他从不会觉得请教我或请我帮忙就是对他地位的威胁。事实上，他从来不觉得凡事都得亲力亲为。最终，为了公司利益，我们两个人都把虚荣心放到了一边。我们如团队般携手合作，并且在权力交接的过程中建立了互信。公司中的其他人看到我们如此团结，也就从心理上接受了这种自然过渡，不再视之为一场突如其来或令人恐慌的转变。

留下一片洁净

引导组织顺利实现交接的最后一个策略，就是要安然度过你任期的最后几个月，以免给你的继任者留下任何棘手的意外。要做到这一点，你就必须迅速处置新出现的问题。2016 年，当我准备卸任首席执行官时，我发现公司的在家工作政策存在一点儿问题。我们正在规划开发新的办公场所，而我们的房地产团队负责计算我们到底有多少员工需要办公空间。结果发现，我们其实并不需要想象中那么多的办公室。杜瑞哲当时是我们的首席运营官，他觉得这是因为我们有很多人在远程办公。我们便安排团队进行分析，结果发现我们 13.5 万员工中有大约 5000 人是在家上班的。

这个数字听起来不算大，但我和杜瑞哲却不这么认为。我们一直希望在家办公政策能够帮助员工克服一些短期的困难，例如，照看生病的父母或者孩子等，但总体上我们认为让员工面对面交流是一件非常重要的事情，而且为了促进员工的自发交流，我们也和很多公司一样对办公室进行了改造。我要求团队找出所有在家办公的员工，并且评估他们是否有必要如此。结果我们发现，大约 80% 在家办公的员工违背了我们的政策精神。很多经理都对此睁一只眼闭一只眼，而这有时候仅仅是因为他们觉得不能或者不应该拒绝员工。

我们的很多高层领导者也默许了这样的行为。他们认为年青一代喜欢这样的做法，如果我们收紧政策，就会显得很老派。杜瑞哲和我对此观点并不赞同。远程办公的效率低下，而且久而久之，每天不辞辛劳到公司上班的那 13 万名员工就会对这些在家办公的人产生怨恨情绪。杜瑞哲和我一致认为，我们必须对此做出改变。

我本来可以安心坐等退休，把这件事情交给杜瑞哲解决，这样我就不用得罪员工，而他则要扮演一个坏人的角色。但作为即将离任的首席执行官，我希望作为继任者的杜瑞哲能有一个良好的开端，他应该把精力集中在增长和其他重要问题上，不能在员工管理问题上浪费时间。另外，我也觉得，既然问题是在我的任期内出现的，我就有解决它的责任。因此在 2016 年 10 月，我宣布了新政策，要求全公司大幅减少远程办公者的数量，同时强调了面对面办公的重要性。我要求从此刻起，所有的远程办公请求都必须经过全球人力资源主管的批准。那些在家办公的雇员当然不喜欢这样的变化，但因为这是我的政策，所以起码杜瑞哲不用在上任的头几个月为此而苦恼。有趣的是，和很多高层领导者的预期相反，我们并没有遭遇多少反弹，而且我们的招聘也没有因为这项政策的改变而受到影响。

除了改变在家办公的政策，我们还精心安排了杜瑞哲的就任时间，以便他很快就能拿出一份漂亮的财务成绩单。根据公司的 5 年规划，我们在 2016 年会有一笔 5 亿美元的费用损失（每股约 50 美分），而按照我们一贯保守的会计政策，这笔费用不会出现在资产负债表上。之后随着收获多年前的投资成果，我们的预期利润会出现飙升。如果让他在这个时间点和我交接，那么这 5 亿美元的费用就要记到他的头上。因此我一直待到 2016 年并承担了这笔损失，这样他就可以有一个非常好的开局之年。

为了让杜瑞哲有一个更好的就任环境，我在霍尼韦尔的最后一年也主动承担了不少财务上的损失。2015—2016 年，工业部门衰退对我们的业务产生了一定影响。2016 年第三季度对我们来说尤其困难。我本来可以向各业务施加压力，让他们实现业绩，但我们没有这么做，所以最后我们的每股收益比预期低了 2 美分（这个业绩确实还处在预测区间的底部位置，而且还通过额外重组获得了 25 美分的收益），而这样的业绩也给杜瑞哲提供了更大的发挥空间。重组事关未来的长期业绩，因此我并不想在这方面减少投入。在 2016 年第四季度，我为霍尼韦尔的一批债务进行了再融资，而这是一笔不小的开支。这可能会让投资者对我产生意见，但考虑到之前我和投资者的良好关系，我觉得这也不至于毁掉我的声誉。与此同时，这些举措也会帮助杜瑞哲，因为它会压低公司在 2017 年、2018 年以及之后的利息支出。如果杜瑞哲一上任就必须应对财务问题，那么投资者就会质疑这个人到底行不行，或者是不是公司因为交接不利，又出现了什么问题。所以还是由我承受这些打击更好。

当上首席执行官之后会遭遇各种意想不到的混乱，我对此深有感触，而且这件事一点儿也不好玩。正是因为我的亲身遭遇，我才会立下誓言，无论如何也不会让继任者步我的后尘。我会留下一片“洁净”的空间，这样继任者就无须忙着到处灭火，从第一天开始就可以专注企业的长期发展。他们会有更大的机会缔造出色的短期和长期业绩。当然，我不是说杜瑞哲无须努力就可以取得优异的财务业绩，很显然，他工作勤奋，成绩斐然，但起码他不必和我刚就任首席执行官时那样，每天都要忙着处理各种定时炸弹。

继任：战略的重要组成部分

在处理继任问题时，千万不要有拖延思想。当你越发深入地从短期和长期视角观察你的业务时，你就越发意识到，其实为继任者做好安排并不是一项额外任务，相反，这是你的战略的一个重要组成部分，是你为培养优秀领导团队持续付出而收获的成果（参见第六章）。如果你做不好团队或组织中的继任规划，也恐怕很难处理好高管的继任问题。

杜瑞哲在 2018 年底告诉我，他虽然就任还不到两年，但也已经开始寻找和培养有可能接替他的未来领导者。“这是你（作为一个领导者）的一贯职责。如果我还没找到接班人，那就说明我没有做好工作。”他说。认真审视你的潜在继任者名单，你会通过什么方法了解他们的真实能力？尽量让整个过程保持低调，要意识到你对此讨论得越多，别人也会对此更为关注。如果你没有找到足够多的合适候选人，那不妨到组织外搜索一番，但同时也别忘了看看你的领导团队以及你所实施的继任规划流程是否存在问题。也许他们没有你想的那么强大。遴选的过程不要拖得太长，否则你会面临失去最优秀人才的风险。杜瑞哲就曾说，如果整个遴选流程不能及时完成，他也做好了另谋高就的准备。“我一直想做一把手，但如果整个流程需要拖上三年五载，我估计自己也等不了。”[3]

与继任者建立制胜联系

无论你做什么决定，都要与继任者展开持续对话，以确定哪些业务元素值得保留，哪些则需要做出改变。在指导继任者的过程中，我发现他们更倾向于关注现有业务中存在的问题，但这并不是看待问题的最周全的方式。在任何行业中，即使你认识到变革的重要性，也总能找到继承发扬的方法。作为一名即将离职的领导者，你可以通过分享你对企业的客观真实看法帮助继任者制定明智周全的战略（同时一定要了解继任者认为需要改变的地方）。

如果你即将担当领导角色，那么你也应当进行这样的对话。即使你接手的是一个失败的团队或者组织，向前任了解他对这个团队或者组织及其所面临挑战的看法也不是一件坏事。如果你的前任成绩卓著，那你更需要花时间了解他的观点。即使你无法享有两年这么长的过渡期，也应该将前任视为一位潜在的导师，并且通过非正式渠道和他展开沟通。

当一段为期较长的交接过程开启，你和继任者也要尽早制定基本的对话规则，以实现公开和诚实的沟通。杜瑞哲和我一致同意，我们任何一方同董事会成员或其他人进行的任何重要对话，都应该告知对方，而如果我们没能理解对方的言行，也应该直接告诉对方。这种公开的沟通方式对我们很有帮助，让我们避免了某些情况下的误解和可能出现的紧张状况。我们还确立了一个共识，那就是我们双方都可以保留不同意见，而这并不会破坏我们的关系。杜瑞哲对此回忆说："我们都不会感情用事，因为大家不可能总是意见一致。两个理智的人偶尔会有分歧，这是一件很正常的事情。"[4] 当然，重要的是不能把分歧公开化，否则你们可能会在别有用心者的诱导下走上相互对抗之路。无论在何种情况下我都明确表示，现在做决策的是杜瑞哲而不是我。

有时候你可能会发现，即便确立了明晰的规则，你也可能无法和自己的继任者愉快合作。这时，你就要考虑这是不是你的问题。如果你要求继任者必须随时向你通报他和董事会成员或其他领导者的谈话，而你却没能这么做，那么关系破裂就不足为奇了。反过来，如果经过实事求是的分析后，你发现继任者才是你们不合的根源，那么你们就有必要进行开诚布公的对话，找出改善问题的方法。如果你尽了最大努力却还是没能解决问题，那你就应该有所质疑：组织真的选对接班人了吗？或许没有。

让董事会参与进来

在挑选继任者以及权力交接的漫长过程中，记得要让董事会参与进来。在遴选阶段，你应当帮助董事会成员了解潜在候选人（我的整个管理层团队都参与了所有的董事会会议），并要让他们有机会直接观察最终候选人（例如，我们在董事会会议上安排的战略规划汇报）。董事会显然要就继任人选做出决定，但如果有首席执行官（假设他是一位非常成功的领导者）觉得董事会的投票权无足轻重，那就大错特错了。董事们每年见到候选人的机会不过八九次，而首席执行官则要天天和候选人打交道，因此在遴选过程中首席执行官扮演着至关重要的角色。即便如此，你也不能为了让自己喜欢的人成为继任者而过度干预遴选过程。在最终候选人做完汇报之后，董事们会花些时间思考。当一位董事会成员询问我的看法时，我毫不犹疑地告诉他我会选择杜瑞哲，但我也坚持认为集体投票代替不了所有人的投票。我希望大家的决定和我一致，但我也必须确保董事会拥有最终决定权，不会受到我个人意见的干扰。结果当然如我之前所提到的，他们得出了和我及外部顾问相同的结论：杜瑞哲就是我们需要的人。

在过渡期间，新任领导者通常需要从零开始一步步赢得董事会的信任。董事会成员也要给予新任领导者相应的自由权限。有时，董事会成员会把领导交接当作他们推进心仪战略的良机，但实际上这些战略一直都在被卸任领导者嫌弃。董事会成员有时会变得过于自信，对新任领导者指手画脚。新任领导者也会因此自我怀疑，开始变得小心翼翼，甚至要看董事会成员的脸色行事。领导者和董事会成员都必须对自己的角色有充分认知，他们必须牢记公司利益为先，否则过犹不及。

为了确保你能把最好的团队或组织移交给继任者，你需要坐下来，打开你的蓝皮笔记本，然后尽量列出你的继任者可能会遇到的各种难题。想清楚你在离任之前可以解决多少你所列出的问题。如果你不想解决这些问题，而且还担心自己的领导形象受损，那么你就要检视一下自我及你的工作排序。伟大的领导者永远把组织放在第一位。

尘埃落定

2017 年 2 月 14 日，也就是在我离任前的 6 个星期，一家名为 Third Point 的激进对冲基金投资者给杜瑞哲写了一封信，建议他剥离整个航空航天业务。在很多公司里，这样的举动往往会引发风雨欲来的担忧，大家甚至怀疑我们即将被收购，但我们却不这么看。如果这位投资者真有什么提升公司价值的好主意，我们愿意洗耳恭听。毕竟我们和 Third Point 有共同的目标，那就是提升霍尼韦尔的股价。

我们与 Third Point 会面，以了解为什么他们觉得出售航空航天业务是个好主意。这不是一场针尖对麦芒的讨论。他们尊重我们近年来取得的成就，我们也很重视他们的商业敏锐度。但因为杜瑞哲已经对我们的业务组合做了充分调研，因此我们对未来发展已经有了充分规划。我们不会剥离航空航天业务，但决定出售部分住宅和建筑技术业务以及涡轮增压器业务。正如杜瑞哲所解释的那样，我们在航空航天业务上投资甚巨，对这块业务寄予了厚望。与此同时，另外两块业务如果被剥离出去，也可以取得比现在更快的增长。我们进行了财务分析，和相关的领导者进行了交流，并且咨询了投资银行。虽然我自始至终都参与其中，但杜瑞哲才是整个过程的领导者。

他用逻辑征服了霍尼韦尔的投资者，因此他们没有支持 Third Point 的动议，而是给我们的方案投了赞成票。这是一项明智的决定，因为我们的计划获得了成功，在从 2017 年 1 月 1 日开始的 12 个月中，我们的股价飙升了 32%。相比之下，同期标准普尔 500 指数仅上涨了 19%。包括 Third Point 在内的所有人都成了赢家。与此同时，一位激进投资者的出现也让其他投资者对我们产生了兴趣，进一步推高了我们的股价。投资者认识到杜瑞哲的能力，并确认这并非另一场失败的业务转型。这是我们发展过程中的一个转折点，它让我们清醒地认识到，权力交接已经完成，杜瑞哲已经牢牢掌控公司。他表现出了强韧的领导力，即使面临来自 Third Point 的重压，也从未丧失斗志。他也非常谦逊地咨询我的建议，让我参加会议，因此也可以在自主决策的同时借鉴我的经验和知识。总之，他让我和每个人都清楚地感觉到，我们选择他是一个绝对正确的决定。

目前为止，杜瑞哲的表现一直非常出色，在方方面面持续展现着他的聪明、自律、果断以及独立等优秀品质。在他担任首席执行官的头两年，霍尼韦尔股票的股东投资回报率达到 55%，而同期标准普尔 500 指数的回报率为 32%。[5] 我们为遴选并顺利实现交接而付出的时间和努力，显然都收获了回报。

2017 年，我参加了在霍尼韦尔的最后一场投资者日会议，当我介绍完我们选择杜瑞哲的整个过程，并且和大家道别时，全场约 150 名观众起立向我鼓掌致意。这种反应很不寻常，在场的人从没在这样的会议上遇见过类似的状况。事实上，如果我们没有建立一个如此漫长及严谨的遴选流程，我们永远不可能选出杜瑞哲这样的领导者。正如我之前提到的，他本来不在我们的最初候选人名单上。当他们把他加到名单里之后，他也绝对不是最热门的候选者。但我们耐下心来对我们的最终候选人进行了充分考察，最后杜瑞哲脱颖而出，成为我们的最佳人选。而一旦确认了他为继任者，我们便从一开始就给他提供各种所需的时间、空间以及指导等资源。此外，我们也给了组织和投资者充分的时间适应和接纳这位新的首席执行官。

毫无疑问，我对这套流程深感自豪，也为杜瑞哲感到骄傲。杜瑞哲出生在波兰，11 岁移居美国时还不会说英语，但他后来在密歇根州立大学获得了电子和计算机工程学位，在锡拉丘兹大学获得了计算机工程学位，并在哈佛大学获得了 MBA 学位。曾经在小型企业（码捷）担任领导者的他，同时拥有大型企业和小型企业的运营经验，因此能够帮助霍尼韦尔实现小公司的速度和大公司的效率。最重要的是，他是一个独立的思考者，他不仅了解霍尼韦尔如何运作，而且知道它应该如何运作。无论从何种意义上，他都是一位真正的“内部 CEO”。

我在霍尼韦尔时也并非样样事情都做得很好，但想到杜瑞哲以及我卸任后公司的发展情况，我必须说我自我感觉好得不得了。我可能并不认可杜瑞哲所做的每一项决策，但我绝对会因为他的领导而在未来 10 年甚至更长的时间内开心地持有霍尼韦尔的股票。

问题清单

1. 你是已经在考虑继任者问题，还是推迟了相关计划，等到以后再说？
2. 如果你刚刚上任，那你现在是否已经确定潜在继任者名单，并且在持续考察和培养这些候选人？在你即将离任时，你的组织将如何开展继任者遴选工作？
3. 你是否会认真考察内部候选人，还是只从外部寻找候选人？
4. 你的组织内部的继任规划质量如何，它是否只是由人力资源推动的一堆形式和流程？
5. 你是否会独立思考遴选流程，还是觉得把这件事儿交给顾问或董事会处理就行？
6. 你的团队或组织的下一任领导者应该具备哪些关键品质？
7. 你是否考虑过给潜在继任者分配“跃进”任务并考察他们的表现？你是否给了他们足够的自由决策权，以便于了解他们的真实想法？
8. 你是如何让董事会参与遴选继任者的？
9. 基于当前组织或团队的表现，你觉得权力过渡期是应该长一点儿还是短一点儿？怎么做才能取得最好的结果？
10. 在进行权力交接前，你需要处理哪些突出的问题或者议题？

结　语

在这本书中，我讲了很多关于霍尼韦尔的故事，但有一个和我个人生活相关的故事我还没有分享。1970 年从高中毕业时，我既不勤快，也不成熟，对生活也缺乏方向感。当时的我只是着急地想要开始自己的生活，却不知道该奔向哪里。我被新罕布什尔大学录取，但一开始我并不想去读书，而是打算先在父亲的汽修厂工作一阵子，然后再去密歇根和我叔叔一起当木匠。但这个想法并没有变成现实，后来经过我跟学校的再三申请，学校同意我无须重新申请就可以回去读书。而我对此表示感激的方式就是把接下来的几年时间都花在了喝酒、抽烟和打牌上。在我大二快结束的时候，学生处副主任把我叫到她的办公室，然后跟我说，他们不再允许我住在学校里。我也没犯什么特别严重的错。相反，她说我就是个一般的捣蛋鬼，我走到哪里，麻烦就跟到哪里。

第二年，在继续学业的同时，我在新罕布什尔州胡克塞特的通用电气工厂里找到了一份开冲压床的夜班工作。打算在缅因州约克港开创商业捕鱼生意的我还和一个朋友购置了一条有 17 年船龄的 33 英尺[①]长的渔船。要干的事情太多，因此只能做些取舍。我是怎么做取舍的呢？在大三的下学期，我完全放弃了学业，结果只得到了1.8的绩点。我第二次选择放弃学业，下定决心要通过捕鱼和在通用电气上夜班的方式发财致富。捕鱼可比上学有意思多了。我朋友的父亲说我们船上的空啤酒罐比港口里的任何船上的空啤酒罐都多，我们没做好的不过是捕鱼。因此6个月后，当我的朋友结婚的时候，他的妻子问他："你不会继续和你的白痴朋友捕鱼吧？"他当然不会。

把船卖了之后，我又不知道该往哪里去了。和女朋友结婚似乎是最好的一个主意。时值1975年4月，我们住在一间三层楼的公寓里，没有暖气也没有保温设施，我们就这样一天一天地待着，对未来毫无打算。我们都有工作，所以养活自己似乎不成问题。然后，在我们的婚礼一个月后，我的妻子告诉我她怀孕了，尽管她在服用避孕药。几个月后，她告诉我，因为怀孕，她不能再工作了，养家糊口变成了我的职责。

我惊恐万分。我们的银行账户上只有100美元。我坐下来盘算一下，结果发现我们每周的花销要比我的薪水高出两美元。即使我们把生活预算降到最低，那么不出一年的时间，我们即便不会被冻死，也会彻底破产。你可能从没去过新罕布什尔，那里真是个寒冷的地方。我们楼下的几户人家还有我房间里煤气炉旁的吹风机就是我在这个公寓里的唯一热源。晚上，我躺在床上辗转反侧。我的孩子会在下一年2月出生，但我却担心他会死掉，因为我是无法养活家人的大懒蛋。

我必须认真生活，毕竟这关系到我们一家能否生存下去。我需

---

① 1英尺≈30.48厘米。

要一份薪水更高的工作，而这意味着我必须完成大学学业并获得学位。于是我在白天回到学校上课，晚上则继续在通用电气工作。一夜之间，我的生活彻底改变了。我戒了烟，开始锻炼身体，在工作上也变得更加勤奋。我不再浪费突然稀少的时间，如果我想成功，就必须集中精力。在每学期开始的时候，我都会提前制订规划，准确地确定我应该在哪一天和哪个小时学习与写论文。虽然以前我总是晚交作业，但现在我却能够提前完成，有时甚至可以比截止日期早 6 周上交作业。之前我只有 3.1 的绩点（包括那个学期得过的 1.8），现在我的成绩全部是 A。

我的儿子瑞恩于 1976 年 2 月 24 日出生。我还记得当时为了不让寒风吹进来，我用胶带把窗户缝封起来的情景，看着他在婴儿床上被裹得严严实实的样子，我担心自己永远也照顾不好他。这就是我必须继续拼命工作的全部动力。1976 年 5 月，我大学毕业。大约 6 周后，我申请并得到了我的第一份带薪工作，成了马萨诸塞州林恩市的通用电气飞机引擎公司的一名内部审计员。我自此踏上征途，开启了一条奋斗之路。

正如我们所见，要想同时赢得今天和明天，我们的领导者、团队和组织就必须有非一般的努力和付出。我分享我如何找回自我的故事，其实是为了说明一个简单但经常被忽略的事实：无论是个人，还是团体，都可以承受超出自我想象的压力且走得更远。之所以有如此众多的团队和组织做不出令人满意的短期或长期业绩，不仅是因为它们没能找到另辟蹊径的运营方法，也是因为它们不相信自己能找到另外一条新路。作为领导者，只要能不断地提供鼓励、指导和监督，同时确保让正确的人待在正确的岗位上，你就绝对能让员工在同一时间做两件看似相互矛盾的事情，而你的员工也绝对有能力实现你的期许。在提供指导时，不要只说“继续努力”这样的话，而是要想办法提供建议，引发思考，鼓励员工通过不同角度对当前问题展开思考。

把不可能变为可能

压力可以给员工和组织带来动力，对此我深有体会。1994 年，我接手通用电气的硅酮业务时（参见第三章），摆在我眼前的是一家业绩不佳已超过 10 年的企业，此前的四个总经理有三个是被开除的。整个硅酮行业的年增速为 5%，但这家企业的销售额却一直停留在 5 亿美元左右，而且经常无法实现其业绩承诺。工厂一片混乱，从本质上说，那简直就是一个危险废弃物的堆放场。当我的老板把我介绍给那里的团队时，他漫不经心地问环保负责人，地下垃圾填埋场的火怎么样了。环保负责人则回应说没什么大问题。我问他火已经烧了多久，他说大概 4 个月了。我本来以为他在开玩笑，结果并不是。我们又花了 4 个月的时间才把火扑灭。

上任数周后，在一场为期两天约 200 人参加的小组会议结束时，我发表了一个热情洋溢、慷慨激昂的演讲。我说我们的表现简直糟透了，而且我们只有先拥抱问题才能解决问题。我之所以要这么讲，是因为在第一天会议结束后一位工会领导者找到我说：“德威，我不知道你为什么说我们这儿有问题。我们觉得一切都很好。”他说的没错，大家确实感觉良好。为了突出这种斗志昂扬的感觉，会议上每个发言者都在说公司经营得如何出色。但我们说的根本不是现实。我在演讲中明确提出了我对业绩的期望，并且强调我会开除那些不愿意为公司奋斗的人。虽然这让管理层有些恐慌，但会后几十名低级别员工却对我表示感谢。他们说："我们知道公司有问题，而且我们想要一个长久的工作。我们必须解决问题，我们愿意帮忙。"这不仅出乎我的意料，也给我上了宝贵的一课：阻碍企业发展的往往不是一线员工，而是领导者。

事实上，也是在那次会议上，我们的生产部门领导者对我说，因为许可证有问题，我们必须停止一种叫作硅氧烷的化学物质的生产。这是一个致命的打击。工厂里的所有化学过程都需要硅氧烷，如果没有它，我们就不得不完全停产。我非常愤怒。冲动的我直截了当地告诉这位领导者，我不会接受停产，他必须和环境领导者和技术领导者开会，然后在第二天下午 5 点之前给我一个不同的解决方案。

第二天早上开车上班时，我的心情非常糟糕，心想着我得怎么跟老板汇报停产的事儿。没想到早上 7 点半到达公司后，制造业的领导者立马出现在了我面前，而且他看起来精神很好。他告诉我，经过前天晚上和其他几个人的数小时商谈，他们想出了解决许可证问题并保持生产的办法，不仅如此，这个办法还能让我们每年省下 10 万美元。我震惊又兴奋地问道："你们一开始为什么不这么做？"

"以前从来没有人让我们这么做过。"他回答道。

我就是这样持续给他们加压，拒绝接受一些通常的借口及解决办法。在接下来的几年里，我们改进了新产品线，在员工中培养了一种高绩效文化，实现了在全球的扩张，并在各个层面都增加了人才储备。我们的销售额翻了一番，利润翻了不止一番，变成了通用电气内部的一个传奇，而这全都是因为我们扩大了对自身潜力的认识，并且能够为了实现目标而不断自我加压。

永不止步

在霍尼韦尔，我们不轻易放弃，不随便找借口，也不会把一直以来的行事方式当成最佳或者唯一的选择，相反，我们挑战自我，自上而下重塑组织和文化，以求能够同时完成两件互相冲突的事。我们坚持不懈，确保执行到位，并为团队提供成功所需的工具。转变并非易事。再想一下我们的短期—长期绩效三原则：让会计和商业惯例反映现实；在不牺牲短期回报的前提下投资未来；在保持固定成本不变，增强灵活性的同时实现增长。然后再回想一下我们所实现的各项具体的变革：

- 要求管理者对员工进行实质性考核，不再任由员工自我评估。
- 改变薪酬政策，使其更加公平，更好地与实际业绩及长期支持挂钩。
- 制订强有力的继任计划。
- 使战略规划成为现实。
- 在全公司范围内制定与客户交付和质量相关的严格标准。
- 清理财务数据，消除所有簿记收益、一次性“特别”收益和经销商加载。
- 更改收购和剥离政策，调整我们的业务组合。
- 推动“一个霍尼韦尔”文化。
- 实施全方位的流程改进，尤其是推广霍尼韦尔运营系统。
- 创建和推行一系列增长举措。
- 从战略上和财务上妥善解决遗留问题。
- 应对经济衰退，同时着眼于随后的复苏。
- 成功进行首席执行官的权力交接。

在推进这三项原则以及这些具体改革的过程中，我们在组织内部遭遇了相当大的阻力。即使有些人愿意尝试新事物和新方向，也不确定是否能够在做好现有工作的同时实现创新。我的团队和我必须直面这种阻力，推动组织和我们自己朝着一个未知的方向不断前进。唯有领导者如此，我们才有可能真正取得进步，同时赢得现在和未来。当然，我们也千万别好高骛远。不要制定不现实的预期，也不要让员工做那些绝对不可能做到的事。但你确实可以提出一些看似不可能但实际可能的要求，并且以友好甚至幽默的方式告知员工。有时，我们确实会提出过分的要求，例如，我也会犯这种错误。但总体来说，如果组织、员工和领导者对自己的要求更高，他们就会表现得更好。无论做什么，都要保持激情。投资者经常问我什么问题会导致我们无法实现预期业绩，他们觉得我会将此归咎于某些行业或者经济问题，但我的答案始终如一："如果我们失去激情。"领导者首先要有激情。

当我即将结束在霍尼韦尔的职业生涯时，投资者还问我，为什么我们表现得要比同行好。正像我经常告诉他们的那样，这不是因为我们当时做了什么，而是因为我们 5 年前就播下了收获的种子。要创造一种良性循环，在为投资者交付满意短期业绩的同时也要保持对长期的投资。如果能这么做，你会发现随着时间的推移，你越来越不用担心短期业绩。你还会发现受益的不只是投资者，还包括公司里的每一个人。我们在霍尼韦尔所采取的各项举措让员工和社区受益匪浅。我们不仅创造了 2500 个 401（k）百万富翁，还给我们的养老金计划贡献了数十亿美元，为员工增添了未来保障。除了投资 35 亿美元解决我们所有的环境问题，我们还对公司进行了重组，以使我们的运营更加可持续。

你可以通过浏览本书的各个章节，找出自己需要重点关注的最具优先级的领域。要为你所需要的结果投入足够的资源，以严谨客观的标准衡量在这些领域的表现。你要始终关注团队或组织中的话语质量，召开会议，充分听取事实和观点。

同时也要注重你的思考质量。为蓝色笔记本训练留出时间，并充分利用我提到的其他思考技巧。在对业务或组织展开反思的时候不断挑战自己。要独立思考，记住，聪明的领导者比比皆是，但是能够独立思考的领导者却是稀有动物。不要理会身边那些让你把所有精力和资源都用于“完成业绩”以及那些让你把问题拖到未来的人；也不要理会那些热衷于摆脱短期主义，认为你必须牺牲短期业绩才能投资未来、创造未来的人。你真的不能这样做。同时完成两件看似冲突的事情是完全可能的，事实上也是必要的。要成为这样的领导者，一切都从你开始。

致　谢

经常有人问我，我的领导力课程的主要灵感来源是谁，我的回答始终如一，那就是我的父母。虽然他们只上到了 8 年级，但在孩子应该遵循哪些价值观方面，他们拥有丰富的知识（我母亲在我上大学的时候读了夜校，并最终获得了高中文凭）。

我们八个人住在一个拥有六间卧室和一个浴室的小房子里。我是家里第一个获得高中文凭的人。在我的少年及青年早期，我的父母一直跟我强调努力工作、照顾家庭和独立思考的重要性。独立思考比聪明难得多，而且他们不停地教导我说，要努力做一个领导者而不是跟随者。我父亲说过，如果每个男人都能照顾好自己的家庭，世界就会变得更好。

我非常庆幸能够成长于一个注重愉悦人生所必需的价值观的良好家庭。我们都有缺点，都会犯错，所有的家庭都是如此，但我从家庭中所获得正面启迪远多于各种负面问题。我自己的家庭也一直是我的焦点和快乐的源泉。是的，我也会犯错误，但多数的问题都可以通过某些方式获得解决。

我的两个儿子、8个孙女、孙子，还有我的妻子莫琳，他们一直是我灵感的源泉。

在我的生命中，我很幸运地拥有一些非常好的朋友和关系。如果没有亨利·保尔森和巴拉克·奥巴马的鼓励，我可能不会写出这本书。他们都认为我有一些值得写的东西，我也正是因此才下定了写作的决心。

如果没有霍尼韦尔所有员工的出色成就，我也不会有这么多支撑起本书的故事。我在本书中只提到了部分人的名字，但实际上还有成千上万每天在为客户和投资者提供服务的员工。我们之所以能在五大战略举措（增长、生产力、现金、人才以及经营赋能器）方面取得成就，全都要归功于他们。领导者打造了实现卓越发展的适当环境和正确方向，但如果没有员工的努力工作，这一切都不会变成现实。是霍尼韦尔人成就了我的这本书，对此我感激不尽。这里尤其要提一下我的继任者杜瑞哲，在他的领导下，霍尼韦尔正在一如既往地实现着客户和投资者心目中所期待的辉煌业绩。

我在独自完成了本书的初稿后将它交给我的出版代理人吉姆·莱文，希望听听他对这本书的意见。善良的吉姆对我说，我写的内容很棒，但可能不会畅销，因为我把它写成了一本回忆录，而且我的名气也不够大，它需要重新包装。我承认我确实还不够出名，但这本书写的都是霍尼韦尔，而不是我在6年级干的事情。吉姆说那它还是本回忆录。我几次试图说服他，但都以失败告终，最后我让他给我推荐一位代笔人，他于是把我介绍给了赛斯·舒尔曼。赛斯·舒尔曼果然与众不同！虽然还有其他工作要做，但赛斯却能从不同的角度看事情。我们在电话里来来回回沟通了很多次，赛斯不断询问我到底想要表达什么观点、确立什么主题，以及会用什么故事支撑某个具体观点等问题。而这时真正的写作还没有开始！之后我们开始逐章对内容进行一遍又一遍的审核，然后我们又对整本书进行了讨论。在他的推动下，我更加专注到本书的写作上，而且觉得这非常值得，我真的为能完成这本书感到骄傲，而且我相信20年后，这本书仍然值得一读。可以肯定的是，如果没有赛斯，这本书也不可能有如今的样貌。谢谢吉姆，感谢你的指导，也谢谢赛斯，感谢你的辛勤工作。因为你们的帮助，这本书比最初的版本好了太多。

我发现一本书要想获得成功，关键就在于它背后的团队。吉姆和赛斯就是这本书的关键先生。此外如果没有哈珀·柯林斯出版社领导层，尤其是萨拉·肯德里克和西西里·埃克斯顿的大力支持和指导，这本书也不会面世。他们在很早的时候就在我身边，帮助我解决了出版过程中的无数问题，对此我感激不尽。我们的公关人员马克·福捷和我们的演讲活动负责人戴维·拉文也为本书的出版提供了大力支持。玛丽·艾伦·基廷从一开始就给了我莫大的帮助，她给我指明了正确的方向，还把我介绍给了吉姆。

写作和出版一本书并不是特别开心的过程，然而结果却是令人难以置信地感到愉悦。它让我更加深刻地思考了家庭、朋友和良好商业伙伴给我的人生带来的巨大改变。

我希望你喜欢这本书，并希望它能对你的职业生涯有所帮助。

敬请品读！

注　释

序言

1. "Measuring the Economic Impact of Short-Termism," McKinsey Global Institute (February 2017): 1, 2, 4, https://www.mckinsey.com/~/media /mckinsey/featured%20 insights/Long%20term%20Capitalism/Where %20companies%20with%20a%20 long%20term%20view%20outperform %20their%20peers/MGI-Measuring-the-economic-impact-of-short -termism.ashx.
2. Dennis Carey et al., "Why CEOs Should Push Back Against Short-Termism," *Harvard Business Review*, May 31, 2018, https://hbr.org/2018/05 /why-ceos-should-push-back-against-short-termism.

第一章

1. Tim Mahoney (senior vice president of enterprise transformation at Honeywell), interview with author, November 12, 2018.
2. The quote originally appeared in his *Lettres Provinciales*; Tania Lombrozo, "This Could Have Been Shorter," National Public Radio, February 3, 2014, https://www.npr.org/sections/13.7/2014/02/03/270680304/this-could-have -been-shorter.
3. Kate Adams (senior vice president and general counsel at Apple), interview with author, November 16, 2018.

第二章

1. Roger Fradin (former Pittway president and longtime Honeywell executive), interview

with author, October 24, 2018.

第三章

1. "Honeywell: Downgrading on Environmental Uncertainty," analyst report, JP Morgan, North America Equity Research, April 27, 2006.
2. Quoted in Maria Newman, "Court Orders Honeywell to Clean Up 34-Acre Site," *New York Times*, May 17, 2003, https://www.nytimes.com/2003/05/17 /nyregion/court-orders-honeywell-to-clean-up-34-acre-site.html.
3. "Lakeside Toxic Tombs," *Post-Standard* [Syracuse, NY], November 26, 2003; Amanda J. Crawford, "Honeywell Sued on Toxic Fuel Test Facility Releases at Issue for Arizona," *Arizona Republic*, July 10, 2004.
4. Victoria Streitfeld, "Former Honeywell Manufacturing Site Becomes National Brownfield Model," *Honeywell*, March 18, 2015, https://www.honeywell.com/en-us/newsroom/news/2015/03/former-honeywell -manufacturing-site-becomes-national-brownfield-model
5. Timothy B. Wheeler and the *Baltimore Sun*, "Dundalk Port Cleanup Plan Set," *Baltimore Sun*, September 23, 2012, https://www.baltimoresun.com /news/environment/bs-gr-port-chromium-cleanup-20120923-story.html.
6. Honeywell promotional video, untitled and unpublished.
7. "Honeywell: Upgrading to Neutral," JP Morgan, North American Equity Research, January 11, 2008.
8. Evan van Hook (vice president of Health, Safety, Environment, Product Stewardship & Sustainability at Honeywell), interview with author, October 26, 2018.
9. For more on this time, please see Donald H. Thompson, *The Golden Age of Onondaga Lake Resorts* (Fleischmanns, New York: Purple Mountain Press, 2002).
10. Rick Moriarty, "When Onondaga Lake Crackled with Dancing and Rides: A Search for Our Lost Resorts," Syracuse.com, updated March 22, 2019, https://www.syracuse.com/empire/2015/07/a_search_for_the_lost_resorts _of_onondaga_lake.html.
11. Catie O'Toole, "Onondaga Lake Cleanup Continues; Next Up: Dredging, Capping Contaminated Lake Bottom," Syracuse.com, updated March 22, 2019, https://www.syracuse.com/news/index.ssf/2012/03/onondaga_lake _cleanup_continue.html.
12. "Onondaga Lake Superfund Site," Atlantic States Legal Foundation, accessed October 10, 2019, http://onondagalake.org/Sitedescription/OnondagaLakeBottomSediments/docs/Onondagalake_asFS1Aand%201B_ver%203.pdf.
13. S. W. Effler and R. D. Hennigan, "Onondaga Lake, New York: Legacy of Pollution," *Lake and Reservoir Management* 12, no. 1 (1996), DOI: 10.1080/07438149609353992.
14. Matthew Liptak, "A Bunch of People Just Went Swimming in One of the US' Most Polluted Lakes for the First Time in 75 Years," *Business Insider*, July 23, 2015,

https://www.businessinsider.com/r-swimmers-take-dip-in-long-polluted-new-york-lake-to-hail-cleanup-2015–7; David Chanatry, "America's 'Most Polluted' Lake Finally Comes Clean," National Public Radio, July 31, 2012, https://www.npr.org/2012/07/31/157413747/americas-most-polluted -lake-finally-comes-clean.

15. Liptak, "A Bunch of People" ; Chanatry, "America's Most Polluted."
16. "Superfund Site: Onondaga Lake Syracuse, NY," United States Environmental Protection Agency, accessed October 6, 2019, https://cumulis.epa.gov/super cpad/SiteProfiles/index.cfm?fuseaction=second.cleanup&id=0203382.
17. William Kates, "Honeywell Agrees on $451 Million Plan to Onondaga Lake in Syracuse," *Post Star*, October 12, 2006, https://poststar.com/news /honeywell-agrees-on-million-plan-to-onondaga-lake-in-syracuse/article _7213adc9–3965–5d44-a8aa-5a8d29b2f700.html; consultation with current and former Honeywell executives.
18. "Onondaga Lake," *New York State*, accessed October 9, 2019, https://www.dec.ny.gov/lands/72771.html#Revitalizing; Liliana Pearson, "Onondaga Lake Sees the Return of Threatened Bird Species," *NCC News*, July 28, 2017, https://nccnews.expressions.syr.edu/2017/07/28/onondaga-lake-sees-the -return-of-threatened-bird-species/; "Onondaga Lake Cleanup Progress," New York Department of Environmental Conservation, October 2017, https://content.govdelivery.com/attachments/NYSDEC/2017/10/23/file _attachments/901196/OL%2BProgress%2BFact%2BSheet%2B10.23.17 %2BFINAL.pdf.
19. Honeywell promotional video, untitled and unpublished.
20. Honeywell promotional video, untitled and unpublished.
21. Glenn Coin, "Onondaga Lake Cleanup, Decades in the Making, Will Be Done This Month," Syracuse.com, updated January 4, 2019, https://www.syracuse.com/news/index.ssf/2017/11/onondaga_lake_cleanup_decades_in _the_making_will_end_this_fall.html.
22. Glenn Coin, "Survey Asks: Would You Swim at an Onondaga Lake Beach?," Syracuse.com, updated January 15, 2019, https://www.syracuse.com/news /2019/01/survey-asks-would-you-swim-at-an-onondaga-lake-beach.html.

第四章

1. "From Bitter to Sweet," *Economist*, April 14, 2012, https://www.economist.com / business/2012/04/14/from-bitter-to-sweet.
2. "From Bitter to Sweet."
3. Shawn Tully, "How Dave Cote Got Honeywell's Groove Back," *Fortune*, May 14, 2012, http://fortune.com/2012/05/14/how-dave-cote-got-honeywells-groove-back/.273
4. Joe DeSarla (manufacturing head of Honeywell's Automation and Control Solutions

business unit), interview with author, November 5, 2018.
5. "Toyota Production System," *Toyota*, accessed October 8, 2019, https://www.toyota-global.com/company/vision_philosophy/toyota_production_system /origin_of_the_toyota_production_system.html.
6. Joe DeSarla, interview with the author, November 5, 2018.
7. "Honeywell Performance," *Annual Report* (2006): 10.
8. Joe DeSarla, interview with the author, November 5, 2018.
9. "Honeywell Performance," 17.

第五章

1. Mark James, senior vice president of Human Resources, Security, and Communications at Honeywell, interview with the author, March 18, 2018.
2. Mark James, interview with the author, March 18, 2018.
3. Darius Adamczyk (CEO of Honeywell), interview with author, March 18, 2018.

第六章

1. William Oncken Jr. and Donald L. Wass, "Management Time: Who's Got the Monkey?" *Harvard Business Review*, November-December 1999 (reprint), https://hbr.org/1999/11/management-time-whos-got-the-monkey.

第七章

1. Tim Mahoney (president and CEO of Honeywell's Aerospace division), interview with author, November 12, 2018.
2. Dan Sheflin (chief technology officer and vice president of Honeywell's Automation and Control Solutions business), interview with author, March 12, 2019.
3. "CMMI Maturity Levels," *Tutorials Point*, accessed October 8, 2019, http://www.tutorialspoint.com/cmmi/cmmi-maturity-levels.htm.
4. "How Honeywell Found Success in China," interview with Shane Tedjarati, *Edward Tse* blog, March 10, 2016, http://www.edwardtseblog.com/view /gao-feng-viewpoint-how-honeywell-found-success-in-china/.

第八章

1. Roger L. Martin, "M&A: The One Thing You Need to Get Right," *Harvard Business Review*, June 2016, https://hbr.org/2016/06/ma-the-one-thing-you -need-to-get-right.

2. Roger Fradin, former vice chairman at Honeywell and president and CEO of its Automation and Controls Solutions business, interview with the author, February 25, 2019.
3. Roger Fradin, former vice chairman at Honeywell and president and CEO of its Automation and Controls Solutions business, interview with author, February 25, 2019, and October 24, 2018.

第九章

1. Jamie Dlugosch, "Recession Proof? Honeywell Runs a Tight Ship," *Investor Place*, February 2, 2009, https://investorplace.com/2009/02/recession-proof -stock-honeywell-runs-tight-ship/.
2. Sandra J. Sucher and Shalene Gupta, "Layoffs That Don't Break Your Company," *Harvard Business Review*, May–June 2018, https://hbr.org/2018 /05/layoffs-that-dont-break-your-company.
3. Mark James (senior vice president of Human Resources, Security, and Communications at Honeywell), interview with author, March 18, 2019.
4. "Lessons Learned from the Recession of 2008–2009," Honeywell internal white paper, November 2011.
5. Prior to the recession, 80 percent of employees viewed the company favorably, as compared with 78 percent in 2009: "Lessons Learned from the Recession of 2008–2009," Honeywell internal white paper, November 2011.
6. Mark James (Honeywell's head of Human Resources), interview with author, March 18, 2019.
7. Unpublished personal letter to future Honeywell CEOs concerning the Great Recession, July 13, 2011.

第十章

1. "Honeywell's CEO Succession and Transition: Lessons Learned," unpublished white paper.
2. Darius Adamczyk (COO and CEO at Honeywell), interview with author, March 18, 2019.
3. Darius Adamczyk (COO and CEO at Honeywell), interview with author, November 2, 2018.
4. Darius Adamczyk (COO and CEO at Honeywell), interview with author, March 18, 2019.
5. Total shareholder return and market capitalization numbers are for the period between March 31, 2017, to July 2, 2019.